"十二五"国家重点图书出版规划项目

国家出版基金项目

杨慧林 主编

人文学科关键词研究
Anatomy of Interdisciplinary Ideas in Contemporary Academia

道说
从逻各斯到倾空

芮欣 著

Logos

北京大学出版社
PEKING UNIVERSITY PRESS

图书在版编目(CIP)数据

道说:从逻各斯到倾空/芮欣著.—北京:北京大学出版社,2013.5
(人文学科关键词研究)
ISBN 978-7-301-20985-1

Ⅰ.①道… Ⅱ.①芮… Ⅲ.①西方哲学－研究 Ⅳ.①B5

中国版本图书馆 CIP 数据核字(2012)第 163140 号

书　　　名：	道说——从逻各斯到倾空
著作责任者：	芮　欣　著
组 稿 编 辑：	张　冰
责 任 编 辑：	朱丽娜
标 准 书 号：	ISBN 978-7-301-20985-1/I・2496
出 版 发 行：	北京大学出版社
地　　　址：	北京市海淀区成府路 205 号　100871
网　　　址：	http://www.pup.cn
电　　　话：	邮购部 62752015　发行部 62750672　编辑部 62754149
	出版部 62754962
电 子 邮 箱：	zbing@pup.pku.edu.cn
印 刷 者：	北京汇林印务有限公司
经 销 者：	新华书店
	650 毫米×980 毫米　16 开本　12.25 印张　257 千字
	2013 年 5 月第 1 版　2013 年 5 月第 1 次印刷
定　　　价：	25.00 元

未经许可,不得以任何方式复制或抄袭本书之部分或全部内容。
版权所有,侵权必究
举报电话:010－62752024　　电子邮箱:fd@pup.pku.edu.cn

目 录

总序　当代西方思想对传统论题的重构……………………杨慧林 1
导言　"上帝死了"之后 ……………………………………………… 1

第一章　太初有言 ……………………………………………… 15
　第一节　古希腊传统中的逻各斯：理性？道说？………… 15
　第二节　犹太—基督教文化中的
　　　　　逻各斯：书写！解释！……………………………… 35

第二章　太初有意 ……………………………………………… 60
　第一节　意义的缺在 ……………………………………… 60
　第二节　巴别塔之后 ……………………………………… 75
　第三节　关于"神学语言"的论争 ………………………… 92

第三章　太初有力 ……………………………………………… 105
　第一节　事件的神学与上帝之名 ………………………… 105
　第二节　一个自我倾空的寓言 …………………………… 114

第四章　太初有为 ……………………………………………… 127
　第一节　奥古斯丁的"忏悔" ……………………………… 127
　第二节　祈祷的现象学 …………………………………… 145

余论　从"逻各斯"到"倾空" …………………………………… 166
参考资料 ………………………………………………………… 169
索引 ……………………………………………………………… 178
后记 ……………………………………………………………… 183

总 序
当代西方思想对传统论题的重构[*]

杨慧林（签名）

莱因霍尔德·尼布尔（Reinhold Niebuhr）有一段著名的祈祷文："请赐我从容，以接受我不能改变的；请赐我勇气，以改变我所能改变的；请赐我智慧，以理解不同于我的。"[①] 就西方学术之于中国学人的意义而言，我们所能"接受"、"改变"和"理解"的又当如何呢？个中之关键或许在于对其所以然的追究、对其针对性的剥离、对其话语逻辑的解析，从而思想差异和文化距离才能成全独特的视角、激发独特的问题，使中国语境中的西学真正有所作为，甚至对西方有所回馈，而不仅仅是引介。

与西方学者谈及上述想法，他们大都表示同意；然而最初构思这套"人文学科关键词研究"的时候，有位朋友却留下了一句调侃："你是想把真理的蛋糕切成小块儿，然后称之为布丁吗？"[②] 与本研究的其他作者分享这句妙语，于是"蛋糕"与"布丁"或者"布丁"与"蛋糕"的关系亦成为这项研究的写作背景和问题意识。

如果细细品咂"身体"、"虚无"、"语言"等典型的"布丁"，则会

---

[*] 本丛书为教育部人文社会科学重点研究基地重大项目"当代神学—人文学交叉概念与学术对话之研究（项目号 06JJD730006）"结项成果，并得到中国人民大学"211 工程"和"985 工程"重点建设项目"人文学与神学交叉概念研究"的资助，特此说明。

① Grant me the Serenity to accept the things I cannot change, the Courage to change the things I can, and the Wisdom to know the difference.

② You would divide the cake of truth into small pieces, and call it pudding?

发现它们既可以在密尔班克(John Milbank)那里支撑"激进的正统论"①,也可以让罗兰·巴特(Roland Barthes)合成"文本的愉悦"②,还被泰勒(Mark C. Taylor)用来解说"宗教研究"③。"布丁"之于"蛋糕"的微妙,由此可见一斑。不仅如此,也许只有当"真理的蛋糕"被"切成小块儿"的时候,我们才可能借助"布丁"理解"蛋糕"的成分、品质、关系和奥秘,乃至重构"真理的蛋糕"。当代西方在多个领域共同使用的基本概念,正是这些拆自七宝楼台,却又自成片断的"布丁"④,即使曾经远离尘嚣的神学的"蛋糕"也不能不从中分一杯羹。

所以"相关互应"(correlation)⑤早已成为神学家们的普遍关注:保罗·蒂利希(Paul Tillich)主张"属人的概念与属神的概念"相关互应,谢利贝克斯(E. Schillebeeckx)强调"基督教传统与当下经验"相关互应,汉斯昆(Hans Küng)申说"活着的耶稣与现实处境"相关互应,鲁塞尔(Rosemary Radford Ruether)论述"多元群体与先知启示"相关互应等等⑥;而在特雷西(David Tracy)看来,这根本就是"神学本身的相关互应"(theological correlation)⑦,因为"我们正迅速走向一个新的时代,在这个时代如果不认真地同其他伟

---

① John Milbank, Catherine Pickstock and Graham Ward edited, *Radical Orthodoxy: A New Theology*, London and New York: Routledge, 1999.

② Roland Barthes, *The Pleasure of the Text*, translated by Richard Miller, Farrar, Straus and Giroux, Inc., 1975.

③ Mark C. Taylor edited, *Critical Terms for Religious Studies*, Chicago: The University of Chicago Press, 1998.

④ 南宋词人张炎在《词源》中评价吴文英:"吴梦窗词如七宝楼台,炫人眼目,拆碎下来,不成片断。"

⑤ 蒂利希:《系统神学》第一卷,龚书森等译,台湾:东南亚神学院协会,1993,第84页。

⑥ 关于"相关互应"的理论以及当代神学的超越,请参阅 Francis Schüssler Fiorenza, *Systematic Theology: Task and Method*, Francis Schussler Fiorenza & John p. Galvin edited, *Systematic Theology*, volume I, Minneapolis: Fortress Press, 1991, pp. 55—61.

⑦ Francis Schüssler Fiorenza, *Introduction: A Critical Reception for a Practical Public Theology*, see Don S. Browning and Francis Schüssler Fiorenza edited, *Habermas, Modernity, and Public Theology*, New York: The Crossroad Publishing Company, 1992, p. 5.

大的传统对话,已经不可能建立什么基督教的系统神学"。①

当然,在一些交叉概念被共同使用,特别是神学与人文学的对话成为常态的过程中,双方的细微差异常常难以得到充分的辨析。因此哈贝马斯(Jürgen Habermas)声称一些神学家误解了他的意思②,麦考马克(Bruce McCormack)则认为有关德里达(Jacques Derrida)思想的神学理解全部都是牵强附会③。然而无论如何,这些"交叉概念"终究被切成了"布丁",从而"相关互应"已经不仅是神学家们的观念,也是一种语言的事实。

随着西方经典的大量译介,尤其是近百年来的思想对话,西方的基本概念实际上也同样被中国学人普遍使用;或者说,可以"切成小块儿"的"布丁"也在我们自己的厨房里烘烤成新的"蛋糕"。乃至逐步打通尘障的不仅是在圣俗之间、学科之间、传统与现实之间,其实也是在一种文化与他种文化之间。较之西方自身,这些"布丁"带着差异和辩难进入中国学人的研究视野时,所导致的混淆更是在所难免,但是它们也包含着更多的启发。因为不同的"蛋糕"之所以能够切出同样的"布丁",不同领域的概念工具之所以有所"交叉",恰恰透露出某种当代思想的普遍关注、整体趋向和内在逻辑。其中最突出的问题,也许就是如何在质疑真理秩序的同时重建意义。

真理秩序与既定意义的瓦解,首先在于"建构性主体"(constitutive subject)④和"投射性他者"(projected others)⑤的逻辑惯性遭到了动摇。无论以"建构"说明"主体",还是通过"投射"去界定"他者",都可以还原为同样一种自我中心的单向话语;简单说,在我们习惯已久的"中心"话语中,实际上除去叙述者之外并没有什么真正的"他者",一切都成为"我们"所建构的"对象",一切都

---

① David Tracy, *Dialogue with the Other: the Inter-religious Dialogue*, Leuven: Peeters Press, 1990, Preface: "Dialogue and Solidarity."
② Francis Schüssler Fiorenza, *Introduction: A Critical Reception for a Practical Public Theology*, see Don S. Browning and Francis Schüssler Fiorenza edited, *Habermas, Modernity, and Public Theology*, p.17.
③ Bruce Lindley McCormack, "Graham Ward's *Barth, Derrida and the Language of Theology*," see *Scottish Journal of Theology*, vol. 49, No.1, 1996, pp.97—109.
④ John D. Caputo, *The Weakness of God: A Theology of the Event*, Bloomington & Indianapolis: Indiana University Press, 2005, p.139.
⑤ David Tracy, *Dialogue with the Other: the Inter-religious Dialogue*, p.4.

成为"我们欲求的投射"①。因此单向的"建构"和"投射"不仅是思想的谬误,也是无可排解的现实冲突之根本缘由。

西方文化既然是以基督教为根基,似乎应该更多要求人类的敬畏,而不是僭越。因此,"认知……就是服从"②本来有着久远的神学依据。比如马丁·路德(Martin Luther)曾故意把《圣经》中的"因信称义"译作"唯独因信(才能)称义",并且终生不改;③至卡尔·巴特(Karl Barth)又有所谓"独一《圣经》主义"(sola scriptura)、"对上帝的认知……永远是间接的"等等。④ 有趣的是,路德的"唯独"、巴特的"独一"起初都针对着人的限度,最终却无法绕过读经和释经的"主体",乃至"阅读"和"解释"成为理解的"唯一标准"(exclusive criterion)。⑤ 其中"唯一"的直接涵义,正是"排他性"。

以赛亚·伯林(Isaiah Berlin)曾经将这一问题说到了极处:"坚持自然或道德的唯一性,本来是要'拯救人们脱离错误和迷惘',结果却使人被'唯一性'所奴役,正所谓'始于拯救,而终于暴政'。"⑥ 伯林的警告绝非耸人听闻,可能正是基于这一危险,德勒兹(Gilles Deleuze)才认为萨特(Jean-Paul Sartre)写于1937年的文章《自我的超越性》(The Transcendence of the Ego)是一切当代哲学的起始,因为他"在这篇文章中提出了'非个人的超越领域(an impersonal transcendental field)——其形式既不是个人的综合意识(a personal synthetic consciousness),也不是主体的身份,而恰好相反:主体永远是被构成的(the subject... always being

---

① David Tracy, *Dialogue with the Other: the Inter-religious Dialogue*, p. 49.
② Karl Barth, *Church Dogmatics, a Selection with Introduction*, New York: T & T Clark, 1961, p. 49.
③ 罗伦培登:《这是我的立场》,陆中石等译,南京:译林出版社,1993,第304—309页。
④ Karl Barth, *Church Dogmatics, a Selection with Introduction*, p. 40.
⑤ Werner G. Jeanrond, *Theological Hermeneutics: Development and Significance*, London: Macmillan, 1991, p. 31.
⑥ Isaiah Berlin, *The Roots of Romanticism*, Princeton: Princeton University Press, 1999, p. 3.

constituted)'"。① 由此，不同学说对单向主体的共同警觉逐渐成为当代西方思想的重要特征，从而我们看到一系列对于"主体"的重新界说，特别是从主格(I)到宾格(me)的转换。

对中国读者而言，潘尼卡(Raimon Panikkar)的"宾格之我"(me-consciousness)可能流传最广②，但是西方学者通常认为是莱维纳斯(Emmanuel Levinas)更早"以宾格的形式重述主体"(reintroduce the subject in the accusative)。就此，卡普托(John Caputo)有一段必须细读才能得其要领的归纳："莱维纳斯的重述……可以前溯到基督教的《新约》和克尔凯郭尔(Søron Aabye Kierkegaard)，后推至巴丢和齐泽克(Slavoj Žižek)，勾连其间的则是《新约》中的圣·保罗。而在莱维纳斯和克尔凯郭尔的主体之间，共同的命名者(the common denominator)就是由回应所构成的责任主体(the subject of responsibility is constituted by a response)。"③何谓"由回应所构成的责任主体"？为什么圣·保罗可以"勾连其间"？"命名者"又是由何而来？

从时间线索看，卡普托认为"呼唤"与"回应"的结构已经成为一种范式(the paradigm...of the structure of call and response)，最初可见于《旧约·创世记》上帝要亚伯拉罕将儿子以撒献为燔祭的试探："上帝……呼叫他说'亚伯拉罕！'他说'我在这里'。"(创22:1)此处的希伯来文 bineni, me voici，被直译为 see me standing here，从而"回应"和"宾格之我"都在其中。据卡普托分析，由"回应"(response)而生的"责任"(responsibility)，是"他律的"(heteronomy)而非"自觉的"(autonomy)，"无主的"(anarchy)而非"自主的"(autarchy)的，所以"主体"的"责任"是"受制于他者的需要，却不是……满足自身的需要"④，"责任的主体"也只是在这样的

---

① Alain Badiou, "The Event in Deleuze," translated by Jon Roffe, *Parrhesia*, Number 2, 2007, p. 37. 这篇文章摘译自 Alain Badiou, *Logiques des mondes* (2006: Editions du Seuil, Paris), pp. 403—410.
② 潘尼卡：《宗教内对话》，王志成等译，北京：宗教文化出版社，2001 第 51 页。
③ John D. Caputo, *The Weakness of God: A Theology of the Event*, p. 139.
④ Ibid., pp. 137—138.

意义上才成立。正如巴丢的名言:"人并不自发地思想,人被迫思想。"①

克尔凯郭尔在《恐惧与战栗》一书也特别论及"以撒的牺牲",而德里达进一步将"以撒的牺牲"与《新约·马太福音》"你的父在暗中察看"并置为"语言的奥秘",使《新约》与《旧约》在这一问题上得以联系。② 按照德里达的思路,这两段经文同样是"上帝看着我,我却看不见他",那么"一切决定都不再是我的……我只能去回应那决定",于是"'我'的身份在奥秘中战栗","我是谁"的问题(who am I)其实是要追问"谁是那个可以说'谁'的'我'"(who is this "I" that can say "who")。③ 这样,"'我'的身份在奥秘中战栗"也就不得不重新审视"我"的"名字"。或可说:究竟"名字"属于"我"还是"我"因"名字"而在,这未必不是个问题。

于是我们可以联想到1980年到1998年间14位风采各异的思想者先后去世,德里达为他们写下哀悼之辞,后来被合编为《追思》一书④。其中反复提到:一个生命从得到名字的那天起,"名字"就注定会更为长久,注定可以"无他而在"(the name begins during his life to get along without him);与之相应,"追思"本身也才成全了德里达的文字游戏——"当'追'而成'思'的时候"(when mourning works)。⑤无论"无他而在"还是"'追'而成'思'","名字"实际上都成为"生成和使用当中才有的一种语义,而不是一个放在那里的、等待我们去解释的名词"⑥;这可能就是卡普托所谓的"命名"(denomination),也是莱维纳斯将"哀悼"视为"第一确定性"⑦的原因。

---

① Slavoj Žižek, "Hallward's Fidelity to the Badiou Event," see Peter Hallward, *Badiou: a Subject to Truth*, p. x.
② Jacques Derrida, *The Gift of Death*, translated by David Wills, Chicago: The University of Chicago Press, 1995, p. 88.
③ Jacques Derrida, *The Gift of Death*, translated by David Wills, Chicago: The University of Chicago Press, 1995, pp. 90—92.
④ Jacques Derrida, *The Work of Mourning*, edited by Pascale-Anne Brault and Michael Naas, Chicago: The University of Chicago Press, 2001. 这14位思想者包括罗兰·巴特、保罗·德-曼、福柯、阿尔都塞、德勒兹、莱维纳斯、利奥塔等。
⑤ Ibid., pp. 13—14.
⑥ Jacques Derrida, *Acts of Religion*, edited by Gil Anidjar, New York: Routledge, 2002, p. 57.
⑦ Maurice Blanchot, "Notre compagne clandestine," *Texte pour Emmanuel Levinas*, éd. par François Laruelle, Paris: J.-M. Place. 1980, pp. 86—87.

至于保罗"勾连其间"的作用,则有如巴丢和齐泽克的共同评价:保罗所建立的"基督教正统象征",实际上是通过"呼唤"与"回应"的转换,"为真理过程(truth-procedure)构置了形式"①。说到底,其基点仍然是对"主体"的重构,并借助基督教的经验来揭示那个"被中断的主体"(the punctured Subject)②、揭示普遍的意义结构。用卡普托的话说,这正是巴丢和齐泽克看中《圣经》传统的主要原因:使"不可决定的"得到了"决定"(decision of the undecidable)③,也使"主体"随之"被构成"(it constitutes existential subjects)④。

以上种种论说看似云里雾里、不食人间烟火,其实处处踏在红尘,处处显露着直接的现实针对性。有如伊拉克战争之于德里达⑤,卡拉季奇(Radovan Karadzic)受审之于齐泽克⑥,当今世界许多并没有多少哲学意味的政治动荡都会引发哲人的玄奥思辨;反而观之,"主体"从"建构性"(constitutive)转换为"被构成"(constituted)的逻辑线索亦复如是。甚至在我们的日常生活中,可供同一类思辨的例子也无处不在。

比如巴丢曾就"非法打工者"进行解析:他们在打工地工作和生活,但是"非法移民"的身份标明了"效价"(valence)的不确定性或者"效价"的无效价性,他们生活在打工地,却并不属于打工地。因此他们的"主体"其实是呈现于"非法移民"这一"命名"。爱情交往也是如此:主体在爱情中的呈现(the subjective present)就在于"我爱你"的宣称,由此,"一种不可决定的选言综合判断便被决定

---

① Slavoj Žižek, *The Puppet and the Dwarf: the Perverse Core of Christianity*, Cambridge: The MIT Press, 2003, pp. 9,173.

② Robert Hughes, "Riven: Badiou's Ethical Subject and the Event of Arts as Trauma," 2007 *PMC Postmodern Culture*, 17.3, p.3.

③ Alain Badiou and Slavoj Žižek, *Philosophy in the Present*, edited by Peter Engelmann, translated by Peter Thomas and Alberto Toscano, Cambridge: Polity Press, 2009, pp. 36—39.

④ John D. Caputo, *The Weakness of God: A Theology of the Event*, p. 318, note 5.

⑤ 德里达关于"伊拉克政权"与"谴责伊拉克政权不尊重法律的国际联盟"之讨论,可参阅 Jacques Derrida: *The Gift of Death*, translated by David Wills, pp. 86—87.

⑥ 齐泽克从卡拉季奇的诗句发掘"历史进程"与"上帝意志"的共同逻辑,即都是将自己视为"实现更高理想的工具"。见2010年5月17日和18日齐泽克在中国人民大学和清华大学的演讲稿,第1—3页。

(an un-decidable disjunctive synthesis is decided),其主体的启始也就维系于一种事件宣称的结果(the inauguration of its subject is tied to the consequences of the eventual statement)。……事件的宣称(the evental statement)暗含于事件的出现—消失(the event's appearing-disappearing),也表达了'不可决定的'已经被决定(an un-decidable has been decided)……被构成的主体(the constituted subject)随这一表达而产生,同时也为普遍性打开了可能的空间(opens up a possible space for the universal)"。①

上述的意义链条中最为独特之处在于:由"回应"而生成的"责任"和"身份",因"不可决定"的"决定"而被构成的"主体"和"普遍性",其实无需实体的,而只需逻辑的依托。即使被"宣称"的"事件",从根本上说也是"不及物的"(the event is intransitive),"出现"亦即"消失"的(disappears in its appearance)②,可以超越政治、文化、个人或者理论,而仅仅是"思考的事件"③。这大概就是诗人马拉美(Mallarmé)的启示:"除去发生,什么也没有发生"(Nothing took place but the place)。④

这一思想线索的针对性不言而喻:在形而上学的传统上,"从黑格尔、加缪,到尼采、海德格尔、德里达,更不要说维特根斯坦和卡尔那普(Rudolf Carnap),我们都可以发现一种或许是哲学之死的哲学观念";然而用巴丢的话说,"终结"常常是积极的,比如"对于黑格尔,哲学的终结是因为哲学最终可以理解抽象的知识;对于马克思,解释世界的哲学可以被改变这个世界所取代;对于尼采,旧哲学的否定的抽象化必将被摧毁,以唤起一种真正的肯定,对一切存在的肯定;对于分析哲学,形而上学的语句纯粹是胡扯,因此

---

① Alain Badiou and Slavoj Žižek, *Philosophy in the Present*, edited by Peter Engelmann, translated by Peter Thomas and Alberto Toscano, pp. 36—38. 巴丢关于这一问题的公式 E→d(ε)→π,详参本研究之《意义:当代神学的公共性问题》第二编第二节"经文辩读"与"诠释的循环"。

② Alain Badiou and Slavoj Žižek, *Philosophy in the Present*, edited by Peter Engelmann, translated by Peter Thomas and Alberto Toscano, pp. 31,36—37.

③ 《本体论与政治:阿兰·巴丢访谈》,见陈永国主编《激进哲学:阿兰·巴丢读本》,北京:北京大学出版社,2010,第337页。

④ Alain Badiou and Slavoj Žižek, *Philosophy in the Present*, edited by Peter Engelmann, translated by Peter Thomas and Alberto Toscano, p. 32.

必须被现代逻辑范式下的清晰陈述所消解"。①

当"真理的蛋糕"被"切成小块儿"的时候,当我们"倾听"由"身体"、"礼物"、"书写"、"行动"、"法则"、"焦虑"甚至"动物"所生成的种种"道说"和"意义"的时候,"布丁"共同凸显的逻辑线索,正是一种积极意义上的"终结"。

如果就这一线索作出最简约的描述,那么也许只能留下另一个有待切割的悖论式"蛋糕",即名词其实是动词性的,动词其实是交互性的。初读书由简而繁,再读书出繁入简,唯此而已。

---

① Alain Badiou, *Philosophy as Creative Repetition*, pp. 1—3, see www.novaPDF.com.

导　言
"上帝死了"之后

　　当浮士德（Faust）在书斋中渴求寻找生命的本原时，《新约》（*The New Testament*）中的启示之光驱使他怀着真诚的情愫，将这神圣的精义译为他所热爱的德文，但刚刚开始，浮士德就陷入了困境。面对着这样的字句："In the beginning was the Logos (λόγos)"，起初，浮士德将其翻译为"太初有言（Word）"，但他马上意识到不能对"言"有如此高的评价；又转为"太初有意（Mind）"、"太初有力（Power）"，可它们似乎都无法作为化育万物的始源；蓦然间，他豁然贯通、心领神会，放心地译作"太初有为（Deed）"。①

　　在《浮士德》（*Faust*）丰富的阐释史中，现代民族主义和纳粹时期的评论者曾将浮士德解读为"超人"，在他身上可以找到"德意志的全部精神属性，以及这种属性在世界史上的全部意义"，而浮士德的一系列"壮举"则被视为"具有伟大风范的元首般的统治"；但在二战后"反巨人主义"的反思中，一些受到海德格尔（Martin Heidegger）等人存在主义哲学影响的学者，如雅斯贝尔斯（Karl Jaspers）则将《浮士德》看作是"不受限制的行为的悲剧"，而伯默（Wilhelm Böhm）等人更是称浮士德"不是一个追求更高意义的领袖"，而"仅仅"是歌德（Johann Wolfgang von Goethe）用以"警示所有盲目行为"的例子。② 无论如何，这两种对《浮士德》截然不同的

---

　　① 歌德：《浮士德》，绿原译，北京：人民文学出版社，2008 年，第 33 页。Johann Wolfgang von Goethe, *Faust: A Tragedy*, trans. Walter Arndt, New York: W. W. Norton, 2001, p. 30.
　　② 此处关于《浮士德》的阐释，参见梁坤主编：《新编外国文学史评论：外国文学名著批评经典》，北京：中国人民大学出版社，2009 年，第 135—136 页，具体德文材料来源于 F. v. Dingelstedt, *Eine Faust-Trilogie: Dramaturgische Studies*. In, Deutsche Rundschau. 7(1876) S. 383f.; K. Jaspers, *Goethes Menschlichkeit. Rede*. In, Basler Universitötsreden. 26 (1949), S. 16.; W Böhm, *Faust der Nichtfaustische*, Halle, Niemeyer, 1933. S. 81.

阐释恰恰佐证了当今众多西方学者对浮士德"太初有为"式的、曾经所向披靡的、充满乐观与胜利色彩的现代理性精神提出的深刻质疑，而"现代的消极性"(modern negativity)正表现为我们不得不面对的"艰难的现实"(hard reality)：无论是二战奥斯威辛(Auschwitz)的大屠杀，广岛(Hiroshima)与长崎(Nagasaki)的原子弹爆炸，还是2001年震惊世界的"9·11"恐怖袭击，以及20世纪后半叶后现代快速蔓延带来的碎片化的无法承受之轻的生命样态等等，"没有哪个约伯(Job)能够忍受这样的痛苦与灾难"①。

而与此相关的另一个需要我们注意的问题是，那曾与浮士德打赌的魔鬼梅菲斯特(Mephistopheles)，正如他对自身的命名②，这"否定的神灵"总是在现代理性长驱直入地进入历史发展时空的过程中不断地搅扰着人们的思想。尽管在那个经启蒙运动与狂飙突进洗礼的时代，浮士德博士与魔鬼的故事无论被解释为宗教式的堕落与救赎还是觉醒式的个人与自我灵魂的斗争，都难免被打上黑格尔(G. W. F. Hegel)辩证法的印记③，而歌德这位终生的好朋友更是在《精神现象学》等论著中对《浮士德》进行了大量引用，并将其称之为"绝对的哲学悲剧"④，而在经过"否定之否定"这种"扬弃"式的阐释后，《浮士德》无疑也成为那个时代正反合逻辑命题的突出例证，但"否定"的幽灵已远远溢出了它在文本中的特定意义

---

① Michael Hardt and Antonio Negri, *Empire*, Cambridge: Harvard University Press, 2000, p. 46, 转引自 John D. Caputo and Gianni Vattimo, *After the Death of God*, edited by Jeffery M. Robbins, New York: Columbia University Press, 2007, p. 2.

② "浮士德：你叫什么名号？
　……
梅菲斯特：我是那种力量的一体，
　　它常常想的是恶而常常做的是善。
浮士德：你说这谜语有什么意义？
梅菲斯特：我是不断否定的神灵！"
　　　——歌德：《浮士德·书斋》
而在对这段文字的注解中，"不断否定的神灵"被解释为"与肯定的真善美的对立……而且反映了他想破坏真善美而无能为力，反倒刺激人类对真善美的进一步追求，也就是'常常想的是恶，而常常做的是善'"，这种对"否定"的理解正是一种黑格尔辩证法的体现，参见歌德：《浮士德》，绿原译，第35、147页。

③ "歌德曾与黑格尔谈论辩证法"，参见爱克曼辑录：《歌德谈话录》，朱光潜译，北京：人民文学出版社，1980年，第161—162页。

④ G. W. F. Hegel, *Vorlesungen zur Aesthetik*, hg. Von F. Bassenge, Bd. 2. Berlin&Wimar, Aufbau, 1976, S. 574., 转引自梁坤主编：《新编外国文学史评论：外国文学名著批评经典》，第132页。

始终盘旋在历史的上空①。许多年后,阿多诺(Theodor W. Adorno)《否定的辩证法》(*Negative Dialectics*)使否定的精神打破黑格尔式的虽然斗争但却仍然和谐的乐章发出无调之音,他明确地批判称:"把否定之否定等同于肯定性是同一化的精髓……在黑格尔那里,在辩证法的最核心之处一种反辩证法的原则占了优势,即那种主要在代数上把负数乘负数当作正数的传统逻辑"②,而否定的辩证法则是"始终如一地对非同一性的意识"③。但阿多诺的"否定"始终没有摆脱"肯定的特征",他的辩证法所倚重的"否定性"基础仍是一种绝对的确定性,这也成为他日后无法摆脱的理论窘境。而在德里达(Jacques Derrida)这里,"否定"既非通向肯定的螺旋上升式阶梯,也非拒绝同一化压制的武器,而是一种"反向的限定"(negative determination)、"打叉(X)的修辞策略",在"如何避免言说:否定"(How to Avoid Speaking:Denials)一文中,他论述到:

> X(可以是文本、书写、踪迹、增补、药……等等)不是这也不是那、不是感觉也不是理智、不是肯定也不是否定、不是内也不是外、不是超越也不是内化、不是积极也不是消极、不是在场也不是缺席、但也不是中立、不是辩证法的第三时刻、不是任何扬弃……这 X 不是一个概念,甚至不是一个名字;而是一系列的名字,它要求另一种语法,超出论断性话语的秩序与结构,它不是/不说它'是'什么,它以完全别样的方式被书写出。④

---

① 《浮士德》中的魔鬼是周身充斥着希腊传统文化精神的、强大的否定精灵,他是对立、矛盾、斗争(contradictive)的体现;而《新约》中耶稣基督则是"因软弱被钉在十字架上,却因神的大能仍然活着"(《哥林多后书》13:4),这越愚越智的智慧(negative wisdom)彰显于保罗神学中,参见齐泽克对保罗论述,Slavoj Zizek, *The Puppet and the Dwarf: the Perverse Core of Christianity*, Cambridge,Mass. MIT Press, 2003. 杨慧林:"'反向'的观念与'反转'的逻辑:对齐泽克'神学'的一种解读",《道风:基督教文化评论》(香港),2010年春季号第32期。
② 阿多诺:《否定的辩证法》,张峰译,四川:重庆出版社,1993年,第156页。
③ 同上书,第3页。
④ Jacques Derrida, "How to Avoid Speaking: Denials," *Derrida and Negative Theology*, edited by Harold Coward & Toby Foshay, New York: State University of New York Press, 1992, p.74.

更值得我们关注的是,在世人们普遍将德里达的毕生工作看作充满激进的否定锋芒的解构事业时,他却说到:"它不是否定,对我而言它总是伴随着一种积极肯定的紧迫要求,我甚至可以说如果没有爱它绝不会有任何发展。"①然而,在西方进入现代以来,这"否定"的始作俑者却是那宣布"上帝死了"②的尼采(Friedrich Wilhelm Nietzsche)。意大利当代思想家瓦蒂莫(Gianni Vattimo)称"尼采意识到上帝之死的发生是与对形而上观念的消解分不开的"③,因为尼采这句话的重点并不在于它最简单的人类学意义④,而是使"我们不再相信那构筑世界理性结构的希腊的形而上的上帝","上帝死了"正是对"基督死在十字架上的宣告",他是与理性之神完全不同的基督宗教的上帝,这是对"形而上学"、"真理"、"本体论神学"的终结,而"基督宗教的核心观念则是对世界必然地客体化、理性结构的否定"⑤。

海德格尔在"形而上学的本体—神—学构成"(Onto-theo-

---

① Jame K. A. Smith, *Jacques Derrida*: *Live Theory*, New York & London: Continuum, 2005, xv.

② "上帝死了"这一名言,首次出现在尼采中期作品《快乐的科学》(也译为《欢愉的智慧》)卷三的起始处,"上帝死了,……而我们——我们仍然必须克服他的形象!"之后,在一篇题为"疯子"的故事里,可以看到谋杀上帝的戏剧性描写,以及那不可避免的结局;在卷五开篇继续写到"最近发生的几件大事,其中最重要的莫过于'上帝已死';对于基督教上帝——已不值得信仰——的信念已开始抛弃其初次覆盖在欧洲的阴影"。参见尼采:《欢愉的智慧》,余鸿荣译,台北:志文出版社,1991年,第145页,158—159页,245页。倘若我们将这一名言重新置入尼采写作的时代及尼采自身的思想框架内,可以发现,"上帝死了"并非对上帝存在的简单否定。对此,可以参照那部被看作集中反对基督宗教的著作《敌基督》来分析。基督宗教是尼采清算西方哲学过程中重要的一环。尼采认为,正因为没有摆正基督宗教与哲学这两者的关系,导致了西方哲学的虚无主义。因此,尼采并不是简单武断地否定基督宗教。在尼采心中存在一个真正的耶稣,这个耶稣本来是哲人的天性,但在福音书传说中却被变成了一个教士,一个灵魂低级的人。尼采认为,哲人的天性被现代启蒙分子摧毁了。正是在这个意义上,尼采称自己是敌基督者。参见尼采:《反基督》,刘歧译,台北:志文出版社,1981年。在尼采生活的时代,宗教的权威已经被打破,但理性主义同样开始令人失望,因而"上帝死了",那"空无"(nothingness)将乘虚而入。在这样一个所有价值都有待重新评估的文化语境中,尼采主张"现在我们要使超人活起来",但事实证明这种强力哲学并没有带来令人满意的效果。但不可否认的是,尼采对形而上拆解的努力的确对20世纪西方后现代思想家产生了深远的影响,这使他们以多种角度重新思考人与上帝的关系成为可能。

③ John D. Caputo and Gianni Vattimo, *After the Death of God*, p. 90.

④ "上帝死了"的人类学意义在于,人不再认为上帝对于人而言是个必需的存在。参见 John D. Caputo and Gianni Vattimo, *After the Death of God*, p. 89.

⑤ Ibid., p. 91.

logical Constitution of Metaphysics)一文中指出:"'自因'(causa sui)是哲学上帝(the god of philosophy)恰当的名称,对于这个上帝,人们既不能祈祷也不能为之奉献……而不信神的想法——抛弃哲学的上帝、作为自因的上帝——也许更接近神圣的上帝(the divine God)。"①"上帝死了",他正是被那些相信他的人杀死了,在这些形而上先生们所建构的苍白的概念之网中,肉身(flesh)的上帝被消耗殆尽,成为"一个理念"(an ideal)、"纯粹精神"(pure spirit)、"自在之物"(thing in itself),因而,瓦蒂莫甚至宣称,"感谢上帝,我是一个无神论者"②,这看似吊诡地表达中讲述的正是对形而上上帝的批判。由此可见,尼采的"上帝死了"标志着西方形而上学的结束,不仅如此,它还标志着建立于这种思想之上的基督宗教世界(Christendom)的上帝的死亡。罗宾斯(Jeffrey W. Robbins)曾在《上帝死了之后》(After the Death of God)一书的"导言"中论说,基督宗教信仰(the faith of Christianity)与基督宗教世界的文化(the culture of Christendom)之间独特的张力一直占据着西方基督宗教历史的中心位置,而两者之间的区别正产生于公元4世纪康斯坦丁大帝(Emperor Constantine)将基督宗教设立为罗马帝国的国教,这种教会与城邦联盟的模式在接下来的1500年里始终盛行,以至于大多数基督徒都在基督宗教世界的文化语境中学习并实践自身的信仰,而教会更是通过确立经典、信经来划定正统的范围、树立权威,以保证信仰观点的同质性与统一性,但是,在教会的胜利中,对基督受难与死亡的见证却渐渐失落了,对此,罗宾斯甚至称,教会的荣耀正是建立于对基督作为受迫害者的厌弃,而它甚至反转成了迫害者。③ 于是,面对着"现代的消极性",基督宗教世界的上帝不仅无力作出令人信服的回答,他更是造成这一结果的主要力量之一。

然而,"上帝死了"并未造成信仰的坍塌,反而激起了"(更)虔诚地基督宗教"④,因为"作为一种系统哲学的形而上学(它为'存在'的结构提供一种稳固的、统一的、根基性表述)的衰落,使对上

---

① Martin Heidegger, "Onto-theo-logical Constitution of Metaphysics," *Identity and Difference*, trans. Joan Stambaugh, New York: Harper & Row,1974, p. 72.

② Gianni Vattimo, *After Christianity*, trans. Luca D'lsanto, New York: Columbia University Press, 2002, p. 7.

③ John D. Caputo and Gianni Vattimo, *After the Death of God*, pp. 3—6.

④ Ibid. , p. 7.

帝存在进行哲学上的否定成为不可能"①。20 世纪的德国基督教思想家朋霍费尔(Dietrich Bonhoeffer)与丹麦神学家克尔凯郭尔(Søren Kierkegaard)正是倡导这种"上帝之死神学"②的先驱：前者以他的生命为代价③切断了基督对门徒的呼召及基督宗教与政治力量合谋之间的关联；后者写作《攻击基督宗教世界》(Attack Upon Christendom)④对基督宗教世界及当今教会进行尖锐的批评，提出一种新的反体制、个体化的基督信仰来对抗宗教与社会的简单联姻，而这样一种神学则是在文化与信仰的危机中提出的一种批判的、先知的声音，它使人们从旧有的宗教确定与保证中解放出来，转向一种完全不同的宗教感受。⑤

的确，尼采的宣言开启了一个新的文化语境的到来，后世有学者将其概括为"后现代神学"(the postmodern theology)，而在与之相关的讨论中，"上帝之死"不仅与 20 世纪不断发展的哲学解构思想密切相关⑥，更是现代世俗精神发展到高潮的结果⑦，这在接下来我们对"后现代"与"后现代神学"更进一步地讨论与分析中可以略见一二。

自从"后现代"(postmodern)这个概念出现开始，对它的定义一直莫衷一是。事实上，"后现代"已经成为一个时髦的形容词：后现代文学、后现代哲学、后现代建筑、后现代艺术、后现代历史、后现代神学……这个排列还可以无限延长。1979 年，利奥塔(Jean-Francois Lyotard)出版了他的《后现代状况：一份关于知识的报告》

---

① Gianni Vattimo, *After Christianity*, p. 13.
② John D. Caputo and Gianni Vattimo, *After the Death of God*, p. 9.
③ 朋霍费尔因卷入对希特勒的暗杀中被捕入狱，并在他生命的最后一段时间中写作了《狱中书简》，表达了他对基督信仰的理解。Dietrich Bonhoeffer, *Letters and Papers from Prison*, translated from German Edition edited by Christian Gremmels, Eberhard Bethge, Minneapolis: Fortress Press, 1972.
④ Søren Kierkegaard, *Attack Upon Christendom*, Princeton: Princeton University Press, 1972.
⑤ 参见 John D. Caputo and Gianni Vattimo, *After the Death of God*, pp. 7—9.
⑥ 泰勒(Mark C. Taylor)在他的代表性著作《差错：一个后现代的非/神学》中称"解构是对上帝之死的阐释"，见 Mark C. Taylor, *Erring: A Postmodern A/theology*, Chicago: University of Chicago Press, 1984, p. 6.
⑦ 世俗文化的发展不断对宗教体制产生怀疑，参见 John D. Caputo and Gianni Vattimo, *After the Death of God*, p. 9.

(*The Postmodern Condition: A Report on Knowledge*)①,将"后现代"表述为一场独特的知识、文化运动,一种新的时代"状况"(condition)。而正如这个名称所显现的那样,"后现代"始终没办法与"现代"脱离关系,因此,利奥塔的报告始于对现代科学知识的讨论以及我们该如何解释它的权威。

"现代"意味着"任何一种依靠元话语(meta-discourse)使自身合法化的科学,而这元话语明显地诉诸于某种宏大叙事(grand narrative)"。②在利奥塔看来,这种"元话语"、"元叙事"(meta-narrative)③好比一个"主故事"(master story),其意义与作用就在于为所有事物提供一个可理解的解释框架。因而,可以说,现代性的话语就是那些正在讲述启蒙思想家如何克服了无知与迷信,利用现代科学将人类带入了一个更加健康、丰富的生命的叙事。④ 与之相对应的则是"后现代状况",它是对元叙事的怀疑与拆解。用利奥塔的话来讲,"宏大叙事已经失去了它的可信性……无论它是一个遐想的叙事还是一个解放的叙事"⑤,在后现代的语境中,我们看到的只是众多"微叙事"(mere narrative),它们不再为那些所谓普世性的科学知识权威所控制。

然而,对于现代与后现代的关系还存在着另外的表述,正如哈贝马斯(Jürgen Habermas)所论说的,现代性是一项尚为完成的事业。而一些学者甚至指出,利奥塔的精彩论述显然集中于"后现代"与"现代"在知识上的某种断裂,强调了"后"的意义,却忽视了"后现代"对"现代"的依附性,并且批评利奥塔有将现代性与启蒙思想简单等同的倾向,他对"现代"的解释没有更仔细地考虑社会现实的实际状况。⑥ 的确,"现代"与"后现代"之间的关系远比我们想象得更复杂。对此,美国当代学者史密斯(James K. A. Smith)指出,"'现代性死了'的消息被过度地夸大,启蒙计划还依然生机

---

① Jean-François Lyotard, *The Postmodern Condition: A Report on Knowledge*, Manchester University Press, 1986.

② Ibid., xxiii.

③ "metadiscourse"与"metanarrative"在大陆学界通常被译为"元话语"与"元叙事",但译为"后设话语"与"后设叙事"更恰当,但为遵循惯例,此处仅以脚注加以说明。

④ Kevin J. Vanhoozer, *Postmodern Theology*, Cambridge University Press, 2003, p. 9.

⑤ Jean-François Lyotard, *The Postmodern Condition*, p. 37.

⑥ Steven Best and Douglas Kellner, *The Postmodern Turn*, New York: The Guilford Press, 1997, p. 165.

勃勃、有条不紊地进行着,笼罩在欧洲大地上并逐渐向北美扩张,尤其在努力开辟出'世俗'(secular)领域的政治运动中,这股启蒙的力量更加明显"①。这场世俗化的计划,更激进地释放了启蒙运动的精神,将各种"限定的"(determinate)宗教告白形式看作是"教义式的"(dogmatic)并对其进行反对,即便是德里达与卡普托(John D. Caputo)的解构计划也正是在这一思想脉络中展开,因为他们对世俗中"人"的关心并不比传统意义上的启蒙思想家有所减弱。而我们所知道的上帝,仅仅是由人的理性制造出来的概念偶像,那个被尼采宣布已死的上帝,同样也只是现代"本体论神学"(ontotheology)的建构,那么在这个意义上,后现代的解构与虚无观念实际上是现代发展趋势的逻辑至高点。② 由此,我们也许可以说,"人们所认为的后现代来临,事实上仅仅是一个现代性的加剧"③。

  基于后现代与现代之间的这种既断裂又依附的吊诡关系,我们可以大致勾勒出后现代状况的基本特征④。一、无家可归的游荡者:支撑现代社会运转的空间、时间、秩序被后现代抹平,因而人经验世界的方式发生了变化,不再是稳固、确定的,而是漂浮、变动的。二、对"自然"的怀疑:没有"自然秩序"、"自然法"、"自然观念",一切都是历史、政治的叙事。三、反偶像运动:破坏各种"主义"(如,存在主义、结构主义、马克思主义),将概念化偶像崇拜的最后残余清除出知识的圣殿,但后现代的反偶像不是抛弃理性,而是康德对理性进行限定的激进化表述。四、被压迫者的回归:现代知识体系总是将不符合自身的事物排除出去,将其称为非理性、非科学的,但这正是现代要求最大的自我矛盾之处——现代追求建立一个普适化、总体化的体系,进而排除、压制在它之外的事物,恰恰在这一点上引起了我们对这种普适化、总体化要求的怀疑,因而,那些曾经被压迫的"他者"(the other)成为后现代尊重的对象。五、"弥赛亚的"(messianic)宗教复苏:在现代性当中,最受压制的他者之一就是宗教,它被努力排除在公共领域之外,并被归入个人

---

  ① James K. A. Smith, *Introducing Radical Orthodoxy: Mapping a Post-secular Theology*, Grand Rapids: Baker Academic, 2004, p. 31.
  ② Kevin J. Vanhoozer, *Postmodern Theology*, pp. 21—22.
  ③ James K. A. Smith, *Introducing Radical Orthodoxy*, p. 32.
  ④ 后现代状况基本特征的具体论述,参见 Kevin J. Vanhoozer, *Postmodern Theology*, pp. 14—18.

喜好;而后现代不仅关注他者,更主张"超越"(beyond),譬如德里达在后期研究中开始讨论超越解构的东西,而卡普托更清晰地指出,"解构的分析试图在某些可以被确定的不可解构的东西中展开"①;但"弥赛亚的"与"弥赛亚主义"(messianism)不同,后者代表一个特定的弥赛亚(Messiah)已经来临,而前者的到来则是无法预见的,它一直被渴望但从未被获得,它为我们打开了一个面向未知未来的希望。

由此看来,后现代神学不仅依靠对本体论神学中道德的形而上上帝进行批判为后现代主义的发展提供了基础,而且为独特的圣经信仰(基督信仰)的复苏准备了条件,它不再强调上帝的力量与荣耀而是更加关注耶稣基督的受难与爱。② 而这样一种转变正可以从"逻各斯"(Logos)到"倾空与虚己(kenosis)"的过程中得到见证。

《约翰福音》(*John*)开篇称,"太初有道,道与神同在,道就是神。"从一开始,逻各斯就被抬到了一个至高无上的位置,对此,海德格尔称,早期教会的教父们对福音书中逻各斯的解读是对赫拉克利特(Heraclitus)"走样"的阐释,而因为赫拉克利特已经谈到逻各斯,希腊人直接站到绝对真理门前,也就是达到基督宗教所启示的真理了,不仅如此,海德格尔还引用他那个时代非常流行的观点来论证人们对逻各斯的普遍看法,"随着真理以耶稣神人的形态现实显现出来,希腊思想家关于逻各斯支配一切在者的哲学认识就被确认了。此一证实与确认就指明了希腊哲学的经典性"。③ 在海德格尔看来,从巴门尼德(Parmenides)开始,欧洲文化思想尤其是欧洲哲学就逐渐处于形而上学的统治之下,而在这种形而上学的本体—神—学构成中,"逻各斯成为了唯一入口"④,这意味着只要我们遵循形而上学的逻辑,就能够把握实在的最终基础与本质,而这些都是超越时空永恒存在的真理。但随着"上帝死了"一声宣告,作为形而上学基石的逻各斯(哲学的上帝)被掩埋了,那个肉身

---

① John D. Caputo, *Deconstruction in a Nutshell*, New York: Fordham University Press, 1997, p. 128.
② John D. Caputo and Gianni Vattimo, *After the Death of God*, p. 9.
③ 海德格尔:《形而上学导论》,熊伟、王庆节译,北京:商务印书馆,1996年,第127页。
④ Ben Vedder, *Heidegger's Philosophy of Religion*, Pittsburgh: Duquesne University Press, 2006, p. 134.

化的上帝(logos became flesh/incarnation)重新出现在世人面前，正如《腓利比书》(*Philippians*)中所说，"(他)反倒虚己，取了奴仆的形象，成为人的样式"①。而这倾空了神性的上帝具有反对一切偶像崇拜的潜力，正因为这样，海德格尔称"尼采的思想并非表明他不再属于形而上学，而恰恰是对形而上学的完成"②，因为尼采仍旧把"权力意志"(will to power)视为最终的真理。不仅如此，被倾空的还有作为肉身的耶稣的生命，死在十字架上的耶稣表明了上帝永远地缺席与不在场，这是一个无法被填补的"空地"(the empty space)，"不仅上帝消失了，意识、理性、进步的权威也随之不在"③。因而，也正是因为上帝的永恒缺在，史密斯将"道成肉身"看作言说上帝的策略，认为语词的作用正在于它的指示(pointer)功能④；因而，也只有不断地忏悔与祈祷，人们才能倾听到那已经与我们决断的原初性的召唤。

"上帝死了"，那个十字架上带着荆棘冠的君王呈现给人们一副苦弱的样貌，这同样也是对理性软弱与消极的承认。在这样一种后形而上的语境中，卡普托称，他想提供一种信仰，但却与事实上已经存在的各种具体的历史信仰保持距离，这不是一种强力的神学(a theology of power)，而是将上帝的苦弱与对穷苦人、需要帮助者的伦理责任相关联的"苦弱的神学"(a theology of weakness)，这是一种没有确定答案的神学；而瓦蒂莫则与他那些意大利的后海德格尔学者们一同倡导一种"苦弱的思想"(weak thought)，它谈论存在的逐渐衰弱，使当代哲学不再受困于真理的形而上学而是作为阐释的实践，因为任何对终极真理的信仰不过是一种神话，而将某种思想体系看作是不言自明的标准，这观念本身就是一种意识形态。⑤

后期的海德格尔专注于"在之历史"(history of Being)的研究，在他看来，只有将"在"看作"事件"(event)、"发生"(occurrence)而非客体化结构的思想才是重新思考"在"的非形而上的途径，也即

---

① 《腓利比书》(2:7)。
② Ben Vedder, *Heidegger's Philosophy of Religion*, p. 134.
③ Ibid., p. 154.
④ J. K. A. Smith, *Speech and Theology:Language and the logic of incarnation*, London and New York: Routledge, 2002, p. 116. 这也类似于海德格尔所说的"形式指引"。
⑤ John D. Caputo and Gianni Vattimo, *After the Death of God*, p. 16.

是说,我们所经验到的对象总是在一个视阈中被给出,这视阈如同光亮可以使事物显现,但视阈却并非客观可见;而罗宾斯则更明确地指出,"我们生活在一个后形而上时代,这里不再有绝对的真理,一切只是解释,信仰的范畴在我们所处的传统中才能被再次使用"①。正如耶稣所说:"我就是道路、真理、生命,若不藉着我,没有人能到父那里去"②,那"通向真理的路,也就是真理本身"③。而无论是后现代的"苦弱的神学"还是后形而上学的"衰弱的存在"都是为了捍卫一个多元而民主的世俗社会,为了对他人的责任与爱,并为各种差异与不一致保留公共开放的空间。

"道说"(logos)④,音译为"逻各斯",作为众多人文思想文本中的关键词,它曾在西方文化思想传统中产生过重要的辐射性影响。而这个语词的标志性源头有三个:一是古希腊思想家赫拉克利特在他的著作残篇中对"逻各斯"的使用,目前的翻译主要有"交谈、谈话"(discourse),"理论、学说"(theory),"说明、阐述、解释"(account),"言说、言语"(speech),"理性、推理"(reason/reasoning);二是圣经文本《约翰福音》中"In the beginning was the Logos"的表达,中文翻译为"道"或"言";三是"logos"是对希伯来语"davar"的翻译,它同时意味着"语词"(word)与"事物"(thing)。这三种起源体现了三种思想的不同特质,它们在"道说"中汇聚,并型塑了这个语言概念的内在张力结构,而《哥林多前书》(1:17—18)中对十字架上逻各斯(Logos of the cross)的记载则以一个事件诠释了"道说"的悖论精神。它被保罗(Saint Paul)描述为"倾空"

---

① John D. Caputo and Gianni Vattimo, *After the Death of God*, p. 17.
② 《约翰福音》(14:6)。
③ Peter Hallwar, *Badiou: a Subject to Truth*, University of Minnesota Press, 2003. xxvi. 转引自杨慧林:"'反向'的观念与'反转'的逻辑:对齐泽克'神学'的一种解读"。
④ "道说"(logos),音译为"逻各斯"。而对这个语词的翻译目前主要依据两个来源:一是圣经文本中的《约翰福音》,译为"道"或"言";二是古希腊赫拉克利特及巴门尼德的残篇,通常译为德文 Rede(谈话、言辞、说明、演讲),译为英文 discourse(讲话、言论),theory(理论、学说),account(说明、阐述、解释),speech(说话、言论),reasoning(理性、推理)。此处译为"道说"是为了表明"logos"作为一个语言符号自身的内在力量与功能,其理论来源有二:一是海德格尔对语言本身进行的思考,不是我们说语言,而是语言自己"说",二是德里达对语言(声音、书写)中延异现象所做的分析,语言总有着不断脱离自身的内在趋向。因而,标题的翻译采用"道说",以反映"logos"所承载的这种理论精神,而论文中对这个语词的使用仍以音译"逻各斯"为主,以便更清晰地展现"logos"的发展历程。

(kenosis),在基督宗教的教义中则被表达为"道成肉身"(Incarnation)。本文即是以"从逻各斯到倾空"为线索,借用歌德《浮士德》中浮士德博士在书斋中对《约翰福音》"In the beginning was the Logos"的四种翻译:"太初有言"、"太初有意"、"太初有力"及"太初有为"为题结构全篇,并通过内容上的反转性论述,展现当代西方学者对"逻各斯的批判及再阐释"及其对"逻各斯向倾空的延展及其意义"的深入讨论,进而梳理和剖析"道说"(logos)这一西方思想及文本中的关键词的内在趋向,及其在西方后现代思想中的延展及其意义功能,以此观照当下西方学者对"现代的消极性"与"艰难的现实"所做出的深入思考,进而考辨他们对存在、主体乃至真理、意义等重要问题域的重新阐释。

首先,"太初有言"主要梳理逻各斯在希腊、基督宗教文化及犹太思想中的特点及发展。古希腊思想传统中,有关逻各斯的讨论深刻影响了人们对于世界本质、人的理性及语言的看法,而通过20世纪德国思想家海德格尔对古希腊逻各斯所做的清理,对赫拉克利特及巴门尼德文本中的"逻各斯"进行的分析,显示出逻各斯从一个"大神的暗示"发展成为存在与语言关系的讨论,而在这过程中,逻各斯这个语词正在悄悄地发生变化。在海德格尔看来,这是逻各斯原初涵义 λόγου(逻各斯)与 φύσιν(自然/本性)的自身分离,这在柏拉图(Plato)与亚里士多德(Aristotle)那里得到完成。由此,逻各斯作为"语言本身的自行道说"被遮蔽了,并逐步凝固为"理性"的代名词。为了破解这种概念化、表达性的语言观念,海德格尔提出了"形式指引"。不仅如此,在"犹太—基督宗教文化的思想理路中,呈现出不同于希腊的另一种逻各斯观念:逻各斯/言语作为原书写,本身已经是一个解释。这里分析了三个主题:即德里达对作为"药"的"原书写"的分析、保罗.利科(Paul Ricouer)对亚里士多德"死的隐喻"的解放以及哈德曼(Susan A. Handelman)对犹太人"书"的传统的论述,以此揭示希腊—基督宗教式"太初有言"的宣告恰恰是对语言本身的忽视与贬低,它制造了一种声音优于书写、灵魂优于身体、精义优于字义的二元等级式划分的假象,相反,犹太—基督宗教文化中的逻各斯则充分释放了语言本身的能量:不断的书写与解释。

希腊化"太初有言"的表达其实正是德里达所批判的西方"语音中心主义"的表现,它背后的理论支撑是"逻各斯中心主义"与

"在场的形而上学",其主要目的是为了完成对意义准确无误地表现与传达,但这不过是一种虚构的逻各斯神话。因而,"太初有意"中所讨论的正是对"意义"的拆解。首先,分别从胡塞尔(Edmund Husserl)几何学梦想的建立与破灭,美国当代学者泰勒(Mark C. Taylor)对历史作为一种叙述的阐释这两个主题,讨论了绝对真实意义的缺在。通过分析本雅明(Walter Benjamin)和德里达对巴别塔事件的不同阐释,揭示了最初传达绝对真实意义的"纯语言"的失落及对它进行翻译的不可能性;而在基督宗教的创世叙述中,作为世界意义的奠基者及人类语言的创造者——上帝正是以"变乱"之名对人的语言及意义多元性的肯定赋予了人们平等言说的权利。然而,嘈杂的人声所隐含的多元主义的危险使卡尔.巴特(Karl Barth)这样的学者坚持以"神学语言"来守候那珍贵的绝对真实的意义,他的这样一种努力也吸引了激进正统与解构思想的代表人物——沃德(Graham Ward)与卡普托对于神学与语言问题展开了讨论,而他们之间思想理路的异同则都表明了,真正的语言本身之中具有着根深蒂固的神学性,这即是在对不可能被传达的绝对真实意义的不断言说中,语言将人引向那个绝对真实的意义,因而,正是获得意义的"不可能性"保证了对意义的渴望。

长久以来,逻各斯以一种稳定性的结构功能对西方思想文化传统产生了重大的辐射性影响,这主要表现在人们将逻各斯视为一个名称,相信它能够堆积历史的力量和世界的权威,建构强力而稳定的制度。相反,十字架上的逻各斯则是上帝自我倾空(self-empty/kenosis)的启示事件,他虽然"苦弱",但却蕴涵着解构(搅扰)名称的无力之力,而这正是正义与爱的要求:一个自我主体的断裂与消失。在"太初有力"中,通过对卡普托关于"事件神学与上帝之名"的讨论,表明卡普托所谈论的"事件"正如德勒兹(Gilles L. R. Deleuze)说的"匿名的冲动"及齐泽克"易碎的绝对",是对一个代表着强力与权威的固有名称(proper name)及秩序的不断搅扰。而无论是基督宗教发展史中保罗所论述的十字架神学,还是20世纪法国学者阿兰.巴迪乌(Alain Badiou)对于保罗皈依经历的阐释及其思想遗产的继承,都表明了十字架事件是"一个自我倾空的寓言",这种"不……而"式的自我分裂的主体结构将为一种普适性平等的到来提供可能。不仅如此,泰勒还通过结合具体的西方艺术作品对福柯(Michel Foucault)"词与物"的讨论进行分析,表明了十字架上上帝之死的观念与人主体的自我消失紧密相关,进而揭示:学着去言说一个"没有自我的自我"其实是对另一个"他"的无条件欢迎。

最后一部分"太初有为"是对前三章进一步的延伸讨论,通过具体分析基督宗教中的"忏悔"与"祈祷",表明十字架上上帝的自我倾空表现了这个"无力之力"的事件是一种"为他人"的行为,而这也是以一种特定的宗教事件启示给人们的普遍性伦理要求。奥古斯丁(St. Augustine)的《忏悔录》(*Confessions*)是基督宗教中对于忏悔最集中的文本体现,而通过分析海德格尔及德里达对奥古斯丁"忏悔"的再阐释,以展现当代西方人文学者借助传统的宗教思想资源对于自我与存在问题的重新检视与探讨,进而表明一个自我的寻找恰恰是一个主体的自我打开,是发现"他者"的过程。而在对"祈祷"的讨论中,主要从分析祈祷作为一种"前赋谓"的话语入手,展现德里达"不知向谁祈祷"的祈祷、埃克哈特(Meister Eckhart)"祈求上帝免除我的上帝"的祈祷、勒维纳斯(Emmanuel Levinas)"没有要求的祈祷"以及南希(Jean-Luc Nancy)"解神话的祈祷"的论述。由此可以发现,祈祷并不提出任何要求,也不涉及任何超验事物,祈祷只是让我们"倾听"一种将自我从主体中摆脱出来的"道说"。因而,祈祷是一个自我倾空的事件,但也正在这种弃绝自身的行为中,一种对"真"的体验成为可能。

第一章

太初有言

第一节　古希腊传统中的逻各斯：理性？道说？

1950年,海德格尔在那篇题为"语言"①的演讲中,引述了1784年8月10日哈曼(Johann Georg Hamann)致赫尔德尔(Johann Gottfried von Herder)一封信中的内容:

> 倘若我像德莫斯提斯(Demosthenes)那样口若悬河,那么,我顶多也只能把一个惟一的词语重复三遍:理性就是语言,就是 λόγος(逻各斯)。我啃着这块硬骨头,并将终身啃咬下去。对我来说,在这一深渊之上始终还是幽暗莫测的。我却总是翘首期待着一位天使,为我捎来一把开启此深渊之门的钥匙。②

这里尤其需要引起我们注意的,是一个重复三遍的惟一的词语:"理性就是语言,就是 λόγος(逻各斯)。"而在海德格尔看来,"对哈曼来说,此种深渊在于:理性就是语言。哈曼试图去言说何谓理性;做这种努力时,他回到语言那里"③。的确,"惟语言才使人能够成为那样一个作为人而存在的生命体。作为说话者,人才是人,这是威廉姆·冯·洪堡(Wilhelm von Humboldt)的一个讲法。"④十六年后,当海德格尔的得意门生伽达默尔(Hans-Georg Gadamer)

---

① 马丁·海德格尔:《在通向语言的途中》,孙周兴译,北京:商务印书馆,2004年,第1—29页。
②③ 同上书,第3页。
④ 同上书,第1页。

在探讨《人和语言》①的问题时,明确地称:"赫(尔)德尔和威廉(姆)·冯·洪堡认为,语言在本质上就是人类的,而人类在本质上就是语言的生物,他们还指出了这种见解对于人关于世界的观点所具有的根本性的意义。"②而在这文章的开篇,曾被哈曼不断重复的那个词语又出现了,只是这次伽达默尔让我们看得更加清楚。这种表述其实很早就开始了,而且一直扎根于西方文化传统中:"亚里士多德为人的本质下了一个经典性的定义,根据这个定义,人就是具有逻各斯的生物。在西方文化传统中,这个定义成为一种规范的定义。它表明,人是具有理性的动物……这样,人们就以理性或思想的含义解释了逻各斯这个希腊词。实际上,逻各斯这个词的主要意思是语言。……人是一种具有语言的生物。"③由此可见,从西方思想的发端之时,理性、语言、逻各斯就始终处于一种彼此纠缠而又难以言说清楚的复杂关系中。

海德格尔与伽达默尔的论述的确又一次印证了"语言现象在我们思考人的本性问题中的优先地位"④。也许正因为此,才使得歌德笔下的浮士德博士起初不假思索地将《约翰福音》开篇的译文写为"太初有言",而哈曼在努力探询理性时也选择回到语言本身。但语言真的如千百年来所流行的观念所表述的那样,"就是人对内在心灵运动和指导这种心灵运动的世界观的表达"⑤吗?如果是这样,难怪浮士德博士马上意识到不能对"言"有太高的评价,因为语言仅仅是一种表达,而它所表达出的意义与内涵以及操控表达的理智与思想似乎更重要一些,于是,又出现了"太初有意"的翻译。但这种将语言看作"一种肉体现象的有声表达(语言中的纯粹感性因素)与所说之含义内涵和意义内涵(语言中的精神因素)"⑥的结合体,无疑是一种二元对立等级式的表达,这并不能使我们恰当地了解作为逻各斯的语言究竟如何。

---

① 汉斯-格奥尔格·伽达默尔:《哲学解释学》,夏镇平、宋建平译,上海:上海译文出版社,2004年,第60—71页。
② 同上书,第62页。
③ 同上书,第60—61页。
④ 同上书,第61页。
⑤ 海德格尔认为这种在西方传统中一直流行的语言观念束缚、禁锢了我们理应对语言本身进行的思考。参见马丁·海德格尔:《在通向语言的途中》,第9页。
⑥ 同上书,第199页。

哈曼"对理性的考察落入某个深渊深处。但此种深渊仅仅由于理性是以语言为依据的吗？甚或，语言本身就是这个深渊吗？"①"深渊"(Abgrund)一词在德文中是否定前缀 Ab-加"基础"(Grund)构成的，海德格尔称深渊是基础之消失和基础之缺乏，因而探讨语言，既不是要把语言带向它所赖以建基的其它事物，也不是要说明语言是其它事物的基础，而是坚持语言说话，它让我们盘桓于某个深渊之上。② 相似的论述也可以在伽达默尔那里见到，"我们只能在语言中进行思维，我们的思维只能寓于语言之中，这正是语言给思想提出的深奥的谜"。③ 语言是深渊，是谜，要了解语言，我们只能听从语言的自行道说，而如果如"亚里士多德所说，人实际上就是具有语言的生物。一切与人有关的事情，我们都应该让它们说给我们听"④。

Λóγos 希腊文的最初意义即"道说(Sage)和言说(Spruch)"⑤，它早已将语言的奥秘、最古老的本质显示出来。但"自古以来，赫拉克利特的 λóγoς（逻各斯）得到了不同方式的解释。人们把它解释为 Ratio（理由、理性）、Verbum（言语）、世界法则（Weltgesetz）、逻辑和思想之必然性（das Logische und die Denknotwendigkeit）、意义（Sinn）、理性（Vernunft）等。其中总是一再透露出一种呼声，要求把理性当作有为和无为的尺度。"⑥ 这样一条哲学史的道路——"通过将语言改造为概念、理性、尺度，让'逻各斯'逐渐变成'理性'最后发展到'逻辑'的道路"⑦——是如何形成的呢？也许，现在是我们重新回到赫拉克利特的时候了。

---

① 马丁·海德格尔：《在通向语言的途中》，第3页。
② 参见马丁·海德格尔：《在通向语言的途中》，第3—4页。表述有所改动。
③ 汉斯-格奥尔格·伽达默尔：《哲学解释学》，第63页。
④ 同上书，第70页。
⑤⑥ 马丁·海德格尔：《演讲与论文集》，孙周兴译，北京：三联书店，2005年，第220页。
⑦ 参见邓晓芒：《思辨的张力——黑格尔辩证法新探》，湖南教育出版社，1998年，第一章第一节"语言学的起源"。

一　大神的暗示

在赫拉克利特的一百多条残篇①中,"逻各斯"一词共出现在六个地方②(残篇1、2、45、50、108、115),它当之无愧地成为人们理解赫拉克利特那些谜语般句阵的关键词。而"这个'逻各斯',虽然永恒地存在着,但是人们在听见人说到它以前,以及在初次听见人说到它以后,都不能了解它。虽然万物都根据这个'逻各斯'而产生,但是我在分别每一事物的本性并表明其实质时所说出的那些话语和事实,人们在加以体会时却显得毫无经验。另外一些人则不知道他们醒时所做的事,就像忘了自己睡梦中所做的事一样。(残1)"从一开始,"逻各斯是什么"就显得扑朔迷离,而整个残篇中,赫拉克利特虽然在不同的意义上使用"逻各斯",但都未见对这个语词做出清晰明确的阐释,这更加引起后来人无尽的遐想与猜测。于是,"他的'逻各斯',却借由众人的'逻各斯',穿越了千年,一代代传递了下来"③。

汪子嵩与范明生先生在考察了《希英大词典》与当代古希腊哲学史家格思里(W. K. C. Guthrie)《希腊哲学史》第一卷中对逻各斯一词的解释后,总结出有关这个语词的近十种含义④,它的含混与多义至今难以让我们对其进行严格清晰的界定。亦或"界定"的尝试本身就是一种徒劳与枉然,因为赫拉克利特早就说过,"那位

---

① 有关赫拉克利特残篇的中文引文主要参考两本著作北京大学哲学系编译:《古希腊罗马哲学》,北京:商务印书馆,1982年,第14—31页;赫拉克利特:《赫拉克利特著作残篇》,罗宾森英译,楚荷中译,桂林:广西师范大学出版社,2007年。本文出现的残篇引文,除特别需要注明外,其余均只标出残篇目次。

② "逻各斯"在《古希腊罗马哲学》与《赫拉克利特著作残篇》中出现的次数有些许出入,主要原因是翻译造成。此处主要采用《赫拉克利特著作残篇》的出现情况作为统计标准。在《古希腊罗马哲学》中,"逻各斯"出现于残篇1、2、50、72、115,其中72在《赫拉克利特著作残篇》中没有对应的残篇译文,而在《赫拉克利特著作残篇》出现"逻各斯"的残篇45与108,在《古希腊罗马哲学》中对应的翻译分别为"边界"(limit)与"讲演"(account):"[45]灵魂的边界你是找不出来的,就是你走尽了每一条大路也找不出;灵魂的根源是那么深。""[108]我听过许多人讲演,在这些人中间,没有一个能够认识到智慧是与一切事物有别的东西。"也正因为此,西方学者相应地将"逻各斯"理解为具有普遍适用性意义的"尺度"、"范围"与"叙述"、"言论"、"陈述"。

③ 赫拉克利特:"中译本前言",《赫拉克利特著作残篇》,第12页。

④ 参见汪子嵩、范明生、陈村富、姚介厚:《希腊哲学史》第一卷,北京:人民出版社,1988年,第456—457页。W. K. C. Guthrie, *A History of Greek Philosophy* volume 1, Cambridge University Press, 1962, pp. 420—424.

在德尔斐发神谶的大神不说话,也不掩饰,只是暗示。(残 93)"暗示是一种没有语言的语言,它没有说出任何明确有效的信息,只是一个行动、一个符号的暗中指引。而即便是貌似简单的翻译工作也无法完成,logos 这个神秘的希腊语词"在英语中却找不到一个可以逐词对应的同义词"①,在中文中只能勉强将其音译为"逻各斯"。介于声音与意义的到来之间,逻各斯是不同于任何对逻各斯进行表述的语言的语言,是前语言的语言,是隐匿着的语言。也正因为它是隐匿着的,"……'逻各斯'虽是人人共有的,多数人却不加理会地生活着……(残 2)","他们即便听到它,也不了解它,就像聋子一样。……(残 34)""……对于他们顷刻不能离开的那个东西,对于那个指导一切的东西,他们格格不入;对于每天都要遇到的那些东西,他们显得很生疏。(残 72)"但恰恰是真实本身善于将自己遮蔽起来,而"隐蔽的关联比明显的关联更为牢固(残 54)"。由此,赫拉克利特告诫人们:"如果你不听从我本人而听从我的'逻各斯',承认一切是一,那就是智慧的。(残 50)"

的确,对于"逻各斯",赫拉克利特说了很多,却又似乎什么都没说。它像是一道恒久的谜题横亘在试图对其窥见一二的人们面前,却又并非无处破解,神秘的谶语暗示出一条隐而未见的踪迹。在这条道路上,"逻各斯"已经先于任何一种语言将自身道说,它即是语言本身;而人与逻各斯的首要关系不是"言说",而是"聆听"②,这是在精神上对启示自身、显现自身的逻各斯的应和与顺从,也只有这样,人们在听到逻各斯的道说时才不会充耳不闻。在赫拉克利特看来,"人们既不懂得怎样去听,也不懂得怎样说话(残 19)",重要的原因就在于多数人虽然每天依存着逻各斯生活,却从未对它加以理会,"好像他们有一种独特的智慧似的(残 2)"。而如果不听从逻各斯,又怎样能获得智慧呢?赫拉克利特毫无疑问是"爱智者",他与众多早期希腊思想家一样,执着于探索宇宙、世界中那主宰一切、自身又永不停息的东西。因而,对他来说"智慧只在于一

---

① 汪子嵩、范明生、陈村富、姚介厚:《希腊哲学史》第一卷,第 457 页。
② "在我听过的所有逻各斯当中,没有谁达到这一点:将智能者辨识出来,并同其它一切分离。(残 108)"见赫拉克利特:《赫拉克利特著作残篇》,第 120 页。其它两处:"这个'逻各斯'虽然永恒地存在着,但是人们在听见人说到它以前,以及在初次听见人说到它以后,都不了解它。(残 1)""如果你不听从我本人而听从我的'逻各斯',承认一切是一,那就是智慧的。(残 50)"参见《古希腊罗马哲学》,北京大学哲学系编译,第 18 页、第 23 页。

件事,就是认识那善于驾驭一切的思想(残 41)",而"思想是最大的优点;智慧就在于说出真理,并且按照自然行事,听自然的话(残 112)"。赫拉克利特充分肯定了思想对人的价值:"人人都秉赋着认识自己的能力和思维的能力(残 116)",但这种能力并非仅仅是后世哲学中逐渐发展形成的所谓讲究逻辑思维的"理性",而是一种听从灵魂中逻各斯召唤的充满暗示与诗性的"智慧"。

赫拉克利特的残篇充斥着象征、隐喻、含混……难免在阅读时让人陷入层层迷雾中,但它同时却又渗透着弓与琴①的思辨色彩,后人将与之相关的语句归纳为"对立统一"的思想,甚至将其称为当之无愧的"辩证法的奠基人"②。据此,我们或许可以推论,赫拉克利特的确已经在人类从神话过渡到哲学的思想道路上迈出了至关重要的一步,主张人的理性在认识真理、认识逻各斯过程中不可替代的作用,但他始终在理性的源头上保留了那份不可说又不得不说的神秘的暗示。也许正因为此,他才强调"人的心没有智慧,神的心则有智慧(残 78)",逻各斯并不是人心所有,而"是灵魂所固有的,它自行增长(残 115)"。或许那个可以与逻各斯划等号的、值得哈曼终身去啃的硬骨头——深渊一样的理性,应该由"human reason"(人的理性)更改为"spiritual reason"(灵的理性)。

"逻各斯"的提出在早期希腊世界中是一个历史事件,这是人们在语言中追寻世界本原的努力尝试。而此刻,"哲学"③(philosophy)无论作为一个概念还是一门学科都远未出现,但它最朴素的内在意蕴在赫拉克利特残篇 35 中已经显露出来:"爱智慧的人应当熟悉很多事物。"因而,后世的人们将古代希腊先贤对宇

---

① 弓的名字是生,它的作用是死(残 48)。他们不了解如何相反者相成:对立造成和谐,如弓与六弦琴(残 51)。

② 汪子嵩、范明生、陈村富、姚介厚:《希腊哲学史》第一卷,第 518 页。

③ 哲学(philo-sophy)由希腊词 philos 与 sophia 构成,对应的英文为 loving 与 wisdom,可翻译为"爱智慧"。亚里士多德在《形而上学》第四卷中将哲学与科学区分清楚,认为哲学是专门研究"作为存在的存在(Being as Being)",而别的学科只是割取了"存在的一部分"作为自己的研究对象,比如数学就是这样。参见亚里士多德:《形而上学》(1003a22—26),李真译,上海:人民出版社,2005 年,第 83 页。

宙与自然的追问看作是有关自然哲学①问题的探索。而泰勒斯（Thales）无疑是他们当中的第一人。

"水"最初被看作是世界万物的本原。乍看起来，泰勒斯的这种主张的确很符合后来亚里士多德对"始基"的界定："一个东西，如果一切存在物都由它构成，最初都从其中产生，最后又都复归为它……那就是存在物的原素和始基（άρχή）。"②不仅如此，亚氏还为泰勒斯的观点提供了两点颇具说服力的解释："他之所以得到这个看法，也许是由于观察到万物都以湿的东西为滋养，以及热本身就是从潮湿中产生，并且靠潮湿来保持的"；"然而有些人认为，那些话在离现在很久很久以前，最初对神圣的事物从事思考的古人，对本体也是持这样的看法，因为他们把'俄克阿诺斯'（Oceanus）和'蒂希斯'（Tethys）③当作创造万物的祖先，而神灵们对着起誓的见证也是水，就是那个为诗人们所歌颂的冥河（Styx）。"④但是，这种完全来自纯粹物质世界的感性认识以及充满神话般色彩的文化根源并不能满足日益发展强烈的"爱智"式的哲学追求，正如后来赫拉克利特所说的，"博学并不能使人智慧"（残 40），重要的是"认识那善于驾驭一切的思想"（残 41）。而泰勒斯最致命的问题在于

---

① 关于"自然哲学"，汪子嵩等人论说，"古希腊虽有不同的宗教和神话思想，但他们都将自然力量人格化，并且以追溯神谱的方式，探求自然最初始最根本的起源。希腊神话中的这种特点，直接影响了早期希腊哲学着重于探讨自然哲学的中心问题，就在于探索自然万物的本原。""希腊哲学开始时的自然哲学，除了探讨万物的本原外，主要讨论的就是宇宙的起源与演化等问题，……实际上已经以幻想的神话形式，对宇宙的生成和演化作了朴素的猜测，（但自然哲学的探讨）甚至有了对自然现象总体作某中理性解释的萌芽。"参见汪子嵩、范明生、陈村富、姚介厚：《希腊哲学史》第一卷，第 76—77 页。亚里士多德称"在那些最初从事哲学思考的人中间，多数人都是只把物质性的始基当作万物的始基。"这样一些人可以被称为自然哲学家。亚里士多德：《形而上学》第一卷第三章（983b），第 21—22 页；柏林版第尔斯（H. Diels）辑《前苏格拉底哲学家残篇》D12，转引自：北京大学哲学系编译，《古希腊罗马哲学》，第 4 页。

② 亚里士多德：《形而上学》第一卷第三章（983b），第 21—22 页；柏林版第尔斯（H. Diels）辑《前苏格拉底哲学家残篇》D12，转引自《古希腊罗马哲学》，北京大学哲学系编译，第 4 页。

③ 俄克阿诺斯（Oceanus）是希腊神话中的海洋之神，蒂希斯（Tethys）是他的妻子，是天神乌拉诺斯（Uranus）的女儿，十二提坦神（Titan）之一。

④ 亚里士多德：《形而上学》第一卷第三章（983b），第 22 页；柏林版第尔斯（H. Diels）辑《前苏格拉底哲学家残篇》D12，转引自《古希腊罗马哲学》，北京大学哲学系编译，第 4 页。译文略有改动。

"把始基看成是有限的"①。他的学生阿那克西曼德(Anaximander)对其进行了修正,指出"这个包容一切世界的始基是永恒的和无始无终的"②,应是"阿派朗"(απειρου)③,即"无定形的东西"。尽管阿那克西曼德同泰勒斯一样未能完全脱离早期自然哲学朴素信念("力图用感性自然本身来解释感性自然"④)的束缚,他毕竟还是向前迈进了一大步,"他说始基并不是水,也不是大家所承认的任何其它原素,而是一种不同的本体,这种本体是无限的……"⑤,这种否定性的描述表现出他试图在抽离具象物质领域的过程中寻找对世界本原的表达。阿那克西美尼(Anaximenes)则主张"空气在水之先,并且是一切物体的最单纯的始基"⑥。这一结论当然立足于他细心观察到的自然现象,但更重要的原因在于,在阿那克西美尼看来"气"与其它物质相比较而言更具有精神性的超越向度:"正如我们的灵魂是空气,并且是通过灵魂使我们结成一体一样,嘘气和空气也包围着整个世界。"⑦

在追问"什么是世界本原"的过程中,我们似乎可以隐约看到一个如后来柏拉图所说的那样一个不断上升的阶梯,无论是"水"、

---

① "在那些承认一个唯一的推动始基,并为亚里士多德恰当地称作自然哲学家的人中间,有些人把始基看成是有限的;艾克萨尼亚的儿子米利都人泰勒斯,以及希波就说过水是始基。感性的现象使他们得出了这个结论。"参见辛普里丘(Simplicius):《物理学》第 23 章,§21"德奥弗拉斯特论自然哲学家的意见,残篇 1";柏林版第尔斯(H. Diels)辑《前苏格拉底哲学家残篇》D13,转引自北京大学哲学系编译:《古希腊罗马哲学》,第 5 页。

② 希波吕特(Hippolytes),《参考资料》第一卷第六章;柏林版第尔斯(H. Diels)辑《前苏格拉底哲学家残篇》D11,转引自北京大学哲学系编译:《古希腊罗马哲学》,第 7 页。

③ Απειρου:α 表示否定,即"没有"、"无",πειρου 来自 περας,意思为"界限"、"规定"。北大哲学系译的《古希腊罗马哲学》(第 7 页)中将其翻译为"无限",但现在来看这种译法并不妥当,因为,不仅时间和空间上的思想是后来逐渐形成的,而且"无限"作为一个明确的概念在当时也还没有产生。范明生先生经过分析后将这个希腊词翻译为"无定体"。参见汪子嵩、范明生、陈村富、姚介厚《希腊哲学史》第一卷,第 191 页。邓晓芒则认为应该译为"无定形的东西",即一切无定形之物的总称。参见邓晓芒:《思辨的张力——黑格尔辩证法新探》,第 17—18 页。

④ 邓晓芒:《思辨辨张力——黑格尔辩证法新探》,第 18 页。

⑤ 辛普里丘(Simplicius),《物理学》第 24 章,§21"德奥弗拉斯特论自然哲学家的意见,残篇 2";柏林版第尔斯(H. Diels)辑《前苏格拉底哲学家残篇》D19,转引自北京大学哲学系编译,《古希腊罗马哲学》,第 7 页。

⑥ 亚里士多德:《形而上学》第一卷第三章(984a),第 22 页。

⑦ 北京大学哲学系编译:《古希腊罗马哲学》,第 13 页。

"气"还是"无定形的东西",都已经不是通常意义上的自然物质,它们承载着古希腊哲人们对那个支配世界的永恒、普遍的规则、动力、不变之变的追求。准确地说,爱智者们对这时时刻刻可以经验到的东西虽然有着朦胧的认识,却无法找到恰当的语言将它准确地说出,只能勉强地对其冠以各种各样的名称。亦或普通的语言本身就不能摆脱"语词在意谓方面的感性局限",肩负起"它所承担的普遍使命",也正因为此,他们的努力"实际上可以看作是一种寻求语言的努力,一种超越日常语言而构思哲学语言①的努力"②,一种试图说出那"无法被说出"(the unsaid)的努力。

赫拉克利特认为"这个世界……过去、现在和未来永远是一团永恒的活火"(残 30),但马上又强调火的转化是遵照逻各斯。可见,作为物质世界元素的火并不是他要表达的万物的始基,"火"只是对"逻各斯"象征或者比喻性的描述。甚至可以说,赫拉克利特的整个残篇都是在语言的暗示中使那不可明确言说出来的逻各斯向我们呈现。的确,他没有说出"逻各斯是什么"却描述了"逻各斯是怎样的",逻各斯在那些语词中隐约地显现踪迹;它是否是某个变或不变的实体我们不得而知,但它确实处在与我们的日常关系中:逻各斯为人人所共有,人们不能顷刻离开逻各斯,但它却常常被不加理会。"逻各斯"作为一个语音符号,割裂了与具体意指的绝对关联,使语言处于声音与意义的中间状态,它在这里打开了一个神秘而富于想象的流动空间,防止某种对于表象进行武断判断而带来的静止与僵化的认知,保有了语言不可说的沉默状态,守护着那隐匿着的存在。也许正是在这个意义上,海德格尔说:"他(赫拉克利特)之所以是晦涩者,是因为他在追问之际思入澄明之中。"③

二 存在与逻各斯

早在公元前 5 世纪的希腊世界,logos(λόγos 逻各斯)已经成为一个人们普遍熟悉的语词。尽管后来赫拉克利特对逻各斯的使用和阐释将其带入了一个崭新的思想视阈,但这仍不能与这个语词的源初含义脱离干系。logos 衍生自 λέγιν(legein: to say),有"采

---

① 即一种概念化、抽象化的思辨语言。
② 邓晓芒:《思辨的张力——黑格尔辩证法新探》,第 15 页。
③ 马丁·海德格尔:《演讲与论文集》,第 309 页。

集"、"集聚"、"置放"的意味,在早期希腊,logos 作为一个动词(the verb)就是在这种意义上被频繁地使用的,它是指将采自于各部分的材料汇聚为某种整体并将其置放出来①。而这种对 logos 的词源学考察在海德格尔那里重新获得了重视,并将其表述为"让一起在场者聚集于自身而呈放于眼前"②。与之相关,logos 也常常被理解为言说(speech)、陈述(account)、话语(discourse)等,因为,"说话"或者"例举各种事实就是给出一种表述"③;而后来格思里在总结逻各斯的众多语义时,也首先指出它的含义即是"任何讲的以及写的东西,包括虚构的故事和真实的历史"④。荷马(Homer)尤其在这种"叙述"(narrative)的意义上使用 logos,而在那时,它与另一个重要的希腊语词 muthos(秘索思)⑤的基本意义接近。在《奥德赛》(*Odyssey* 4.595—597)中,墨奈劳斯(Menelaos)的口才使寻父的武勒马科斯(Telemchos)发出感叹,称"我原在此坐上一整年……你的故事(muthoisin)和谈论(epessi)使我心旷神怡",这里,荷马将 muthos 与 epos(词、话语)并用,而公元前 5 世纪的悲剧诗人则因袭了他的传统,也用 muthos 泛指话语(包括故事)。⑥ "秘索思是对那些所谓真实材料的汇集,以故事的形式呈现出来。逻各斯也具有相同的特征:提供一个关于人与事的故事"⑦,而希腊历史学家希罗多德(Herodotus)在讨论有关海伦的神话(the myth of Helen)时就使用了 logos(英译本为 tale,为"故事"、"叙述"意)一词⑧。尽管

---

① Raoul Mortley, *From Word to Silence: The Rise and Fall of Logos*, Bond University, 1986, p. 12. 如《奥德赛》(*Odyssey* 18, 359)的例子,"替我堆筑围墙,用一块块石头,种植树木,高耸在地面上"。荷马:《奥德赛》,陈中梅译,北京:燕山出版社,2002 年,第 312 页。

② 参见马丁·海德格尔:《演讲与论文集》,第 221—224 页。

③ Raoul Mortley, *From Word to Silence: The Rise and Fall of Logos*, p. 12

④ 北京大学哲学系编译:《古希腊罗马哲学》,第 456 页。

⑤ 希腊语 mythos 后来成为英语 myth 或 fable,指"神话"或"虚构的故事",而在荷马的时代,这个语词仍保持中性;A. J. 库登(Cuddon)将 myth 解释为"任何讲说出口的言词"。而对于 mythos 如何逐渐带上"虚假"、"虚构"、"不真实"等贬义色彩这一变化历程,详细论述可参阅陈中梅:"论秘索思:关于提出研究西方文学与文化的'M-L 模式'的几点说明",《柏拉图诗学和艺术思想研究》,北京:商务印书馆,1999 年,第 453—497 页。

⑥ 陈中梅:《柏拉图诗学和艺术思想研究》,第 456 页。荷马:《奥德赛》,第 67 页。

⑦ Raoul Mortley, *From Word to Silence: The Rise and Fall of Logos*, p. 12

⑧ See Raoul Mortley, *From Word to Silence: The Rise and Fall of Logos*, pp. 12—13.

赫希俄德（Hesiod）在《工作与时日》（Works and Days）中将他所讲述的五代家族的故事称为 logos，将其视为"蕴含哲理的叙述"以与以往荷马的神话相区别，修昔底德（Thucydides）更明晰地意识到 historia（真实的叙述）与 muthos（虚构的故事）的差异，需要在 logos 与 muthos 之间划出界限，以严谨的求真态度完成那部《伯罗奔尼撒战争史》（History of the Peloponnesian）。① "逻各斯"与"秘索思"这两个语词在讲述、故事、话语等意义上并没有完全绝对的区别，因而，"即使迟至公元前四世纪，在一些无须突出对比的上下文里，著述家们仍可无所顾忌的使用二者"②。但巴门尼德对逻各斯的运用已经为后来两者渐行渐远的两极化的道路做好了应有的准备，而到了柏拉图这位希腊思想的集大成者那里，与那些接连产生的众多二元对立的概念一道（真理与意见、理性与感性、本质与现象、真实与虚构等等），逻各斯与秘索思被明确划分到了两个不同的思想阵营中。

在《哲学史演讲录》（Lectures on the History of Philosophy）中，黑格尔曾不无赞誉地称，"真正的哲学思想从巴门尼德开始了"③，这很大原因在于，巴门尼德已经不满足于像他的前人那样将不断变动的水、气、火等视为万物的始基，在他看来这些不过都是不可靠的"凡人们的意见"，而真正让他感兴趣的是那永不消失、恒久不变的存在，这才是真理。这样，巴门尼德成功地完成了从可见、可听的表象世界到"思"的过渡，也就是后来人们习惯称之为抽象的理念世界，而这也开启了西方思想史发展的形而上④大门。现今流传下来的巴门尼德的著作残篇，只有一部用六韵步（Hexameter）诗句写成的名为《说教诗》（也译为《论自然》）的诗篇，存在（estin）、思想（noein）、真理（aletheia）无疑是这当中讨论的重点。⑤ 当然，在这里巴门尼德也继承了赫拉克利特有关逻各斯的论

---

① 此部分详细论述参见陈中梅：《柏拉图诗学和艺术思想研究》，第 459—461 页。
② 同上书，第 464 页。
③ 黑格尔：《哲学史演讲录》第一卷，北京：商务印书馆，1981 年，第 267 页。
④ "形而上学"（metaphysics），意为"物理学之后"，由于前缀 meta-也有"超越"之意，也可理解为"超越物理学"。原来指亚里士多德著作中论题的排列。在此可以了解，"形上学"的确如其字面所显示的那样：是希腊哲人不满于在物质领域中探询世界的本原，转而向更加抽象的理念及精神领域进行考察的努力。此处参考辅仁大学黎建球校长为第五届士林哲学讲习会讲授的《形上学》讲稿，及沈清松教授于 2009 年春于辅仁大学开设的"西方文化批判"系列讲座讲稿。
⑤ 北京大学哲学系编译：《古希腊罗马哲学》，第 50 页。

述成果,但却是在一个新的意义上对这个语词进行使用。

"逻各斯"在巴门尼德的残篇中出现了三次:第一次仅在这个语词通常的语义"言辞"、"话语"上对其进行使用①,无须赘言;第二次出现在残篇七中,"要使你的思想远离这种研究途径,不要遵循这条大家所习惯的道路,以你茫然的眼睛、轰鸣的耳朵以及舌头为准绳,而要用你的逻各斯去解决纷争的论辩",这里的逻各斯后来通常译为"理智"、"理性"(reason)。但这并非一个简单的翻译事实,如果继续把这段余下的文字读完:"你只剩下一条道路(hodos)可以放胆前进",并联系前文关于"真理"与"意见(doxa)"的论述②,可以更清楚地了解到"逻各斯"在巴门尼德这里已经成为人们如何获得真理的"途径"、"道路"。像赫拉克利特那样以"既……又……"的方式来思考逻各斯,不过是受到感官判断困扰产生的"意见",这种朴素的辩证逻辑在巴门尼德看来虽然是需要"加以体验的",但是仍然要以理智的判断、"全面彻底的研究"对其加以"制服"。于是,"逻各斯"(logos)由最初的"呈放"(legein)到"理性"(reason),再到后来的"逻辑"(logic);从大神的一个暗示,到认识真理的道路,再到成为一个哲学概念、范畴,它变得越来越抽象、精准,人们不再思考这个语词所道说的语言本身的秘密,而专注于它的语义与表达。

"逻各斯"的第三次出现是在残篇八中,"现在结束我关于真理的可靠的逻各斯和思想",目前的几种翻译为:第尔斯(H. Diels)译为德文 Rede(谈话、言辞、说明、演讲),基尔克、拉文(G. S. Kirk & J. E. Raven)译为英文 discourse(讲话、言论),弗里曼(K. Freeman)译为 theory(理论、学说),格思里译为 account(说明、阐述、解释),伯奈特(J. Burnet)译为 speech(说话、言论),康福德(F. M. Cornford)译为 reasoning(理性、推理),中文译为"言辞"③。表

---

① "少女们用恭维的言辞机智地劝说她(正义女神狄凯 Dike)将拴牢的门闩从大门上挪开"(残篇1),而关于巴门尼德对"逻各斯"的使用可参见汪子嵩等:《希腊哲学史》第一卷,第663—664页。

② "……所以你应当经验一切:圆满真理的不可动摇的核心,以及不含任何可靠真理的凡人们的意见。意见虽然不含真理,你仍然要加以体验,因为必须通过全面的彻底研究,才能制服那种虚幻之见。"北京大学哲学系编译:《古希腊罗马哲学》,第50页。有关巴门尼德残篇的中译文均可见此书,同时也参考了汪子嵩等著:《希腊哲学史》第一卷中的相关译文。

③ 汪子嵩等:《希腊哲学史》第一卷,第663—664页。

面上看，这些翻译一种是遵循了逻各斯在古希腊世界使用时的基本含义（"话语"、"言辞"）；另一种则是按照巴门尼德赋予这个词的理性与逻辑内涵进行翻译。而当巴门尼德将逻各斯作为一条认识真理的道路来使用这个语词时，他的确将赫拉克利特曾经有可能向我们打开的那个澄明之境遮蔽了起来，但是将这个第三次出现的逻各斯放入巴门尼德对存在与非存在、以及真理的完整讨论中来仔细分析时，有可能发现逻各斯这个语词自身原本丰富的"呈放"（legein：to say）能力，而这样一种逻各斯即是海德格尔意义上的赫拉克利特的逻各斯，也成为他重新解读巴门尼德的"存在"的突破口。

要想试图了解巴门尼德的"存在"，需要在几种关系中对其进行认识：存在与思想、表述、真理的关系。也许我们"与巴门尼德的对话达不到任何终点"①，但至少在通过对这些语词进行词源学的清理过程中，可以让它们呈现自身，在那晦暗不明的残篇中投下一道亮光。

巴门尼德指出人作为一个知者要面对的三条路②：存在之路、非存在之路、在又不在之路。第一条路是确信的途径，通向真理；第二条路是永远走不通的，什么都学不到；而第三条路则是表象之路，这是巴门尼德劝诫人们要避开的另一条途径，正是在这条路上"摇摆不定的念头进入胸中"，引起那么多虚幻之见（意见），这些不真实的表象使人"成为无判断力的群氓"，尽管用眼睛看、用耳朵听、用舌头说，你仍旧是被遮蔽着的，无法认识真理。

"真理"的希腊文为 Αληθεια（aletheia），指由于自身的力量将遮盖真相的东西去掉，露出真面目，显示出原来的样子；《希英大辞典》解释为 unconcealed，意为"去蔽"。③ 赫拉克利特曾论说过，真

---

① 马丁·海德格尔：《演讲与论文集》，第 278 页。
② 巴门尼德：《说教诗》残篇 4 论述了两条对立的道路："来吧，我告诉你，只有哪些研究途径是可以设想的。第一条是：存在物是存在的，是不可能不存在的，这是确信的途径，因为它通向真理；另一条则是：存在物是不存在的，非存在必然存在，这一条路，我告诉你，你什么都学不到的。因为你既不能认识非存在，也不能把它说出来。"残篇 6 论述了第三条路："……然后你还要避开另一条途径，在那条路上什么都不知道的凡人们两头彷徨。由于无计可施，因而摇摆不定的念头进入胸中，所以人们又瞎又聋，无所适从，成为无判断力的群氓，认为存在与非存在同一又不相同，认为一切事物都在相反的方向中行动。"相关论述可参见海德格尔：《形而上学导论》，第 111—114 页。
③ 汪子嵩等：《希腊哲学史》第一卷，第 641 页。

理就是按照自然本性（φύσις：physis）行动；而后来海德格尔称，Being（存在）的本质就是 physis（自然、本性），physis 本身是涌现出来的力量；涌现出来了就是 appearance（呈现、表露），原来隐藏着的本质、本性现在处于不隐匿的状态了，就是 unconcealment，即 aletheia。① 由此可见，"真理"本是自我去蔽的呈现，并非被动地等待人们去认识，难怪海德格尔说我们将这个字译成"真理"是完全误解了。

在残篇八中，巴门尼德称，"非存在"是不能被表述、不能被思想的；与之相对，能被表述、被思想的必定是"存在"。原因为何？"思想（νοεῖν：noein）"希腊文意为"认出"，在荷马史诗中，只有当主体直接接触到某个对象，认出它是什么东西或什么人时，才用到 noein。当女神阿佛洛狄特（Aphrodite）伪装成老妇人时，海伦就不能"思想"她；只有当海伦揭开了她的伪装，认出她是女神时，才能思想她。② 而思想既不是思想的器官，也不是思想的主体，思想就是思想。在巴门尼德看来，只要人具有理性、运用理智，就能够正确地思想，它是解决意见纷争通向真理的惟一途径；而且，"思想与被思想的存在是同一的；因为你找不到一个思想是没有它们所表达的存在者的"（残篇 8）。因而，在西方传统中，思想一直被看作是存在者之存在，即在场者的现时呈现（presentation）。但对于"存在者之存在作为在场状态显现之际基于何处却还是未经思考的"③。正如海德格尔后来所说，"就人具有思想的可能性而言，人是能思想的。只不过，这种可能性尚未保证我们真的能够思想。④"海德格尔之所以这样说，并非轻蔑地断言人们长久以来处于无思状态，也并非否定人的理性能力，而是试图表明：那个真正可思虑的东西乃是给予思想的东西，而且它是先于一切给予人思想的东西，它从自身而来召唤我们，要我们朝向它，但它却在朝向的范围内又扭身而去。也即是说，"有待思想的东西已经向人的本质有所允诺"，但它同时却"仍然隐匿"，而且这"自行隐匿者拒绝到达"，只有"由于被吸引到自行隐匿者中，被引向这个东西中并且因而向隐匿显示，人

---

① 海德格尔：《形而上学导论》，第 103 页。
② 汪子嵩等：《希腊哲学史》第一卷，第 604 页。
③ 马丁·海德格尔：《演讲与论文集》，第 151 页。
④ 同上书，第 135 页。

才是人(一个标志)"。① 正如海德格尔引用荷尔德林(Friedrich Hölderlin)的那首赞美诗：

> 我们是一个标志，无所表明
> 我们毫不痛苦，在异乡
> 几乎已经失去了语言。

因而，只有当有待思想的东西向我们发出允诺时，我们才被迫开始思想；否则，能做的只有一件事，"那就是等待"："期待着未被思想者，而且是在已经被思想者范围内期待着在已经被思想者中依然遮蔽着的未被思想者。"②

"表述"在巴门尼德那里使用的是"λέγειν(legein)"一词，这即是后来海德格尔认为应该用来理解逻各斯的那个语词："什么是 logos，要从 legein 中获知"③。尽管巴门尼德让逻各斯成为一条通向真理、认识存在的理性途径，但在这里，他却在更源头处使逻各斯的精神之光闪现。因而，存在、思想都与表述有着极其重要的关系("思想作为被表述者在存在者中"④)。"表述"意味着带向呈放，即"通过让事物一起呈放于眼前而把它们带向呈放"⑤，而"νοεῖν(思想)根植于λέγειν(置放、言说)中、并且根据λέγειν(置放、言说)而成其本质。"因为，"在λέγειν(置放、言说)中，发生着一种让在场者在其在场中呈放出来，惟作为如此这般呈放于眼前的东西，在场者之为在场才与νοεῖν(思想)相关涉。"⑥同时，λέγειν 这种置放是聚集着安放，而在安放中保存是第一位的，所以置放乃是一种庇护(bergen)。正因为这样，海德格尔才说，逻各斯于自身中就有这种既解蔽又庇护的特性；才有了那句"语言是存在之家"的名言，只有来自于λέγειν(置放、言说)的作为逻各斯(道说)的语言才是本真的语言，它既不是从有声表达方面得到规定的，也不是从意指方面得到规定的，而是从在场者的解蔽状态中发生出来的，它守护着存在。解蔽(A—λήθεια，即"真理"一词)基于遮蔽(Λήθη)并从中汲取力量。也许正因为此，如荷尔德林所说，当我们被逼入思想中

---

① 参见马丁·海德格尔：《演讲与论文集》，第138—142页。
② 同上书，第147页。
③ 同上书，第221页。
④ 同上书，第263页。
⑤ 同上书，第223页。
⑥ 同上书，第263页。

时"几乎已经失去语言",甚或可以不再需要通常意义上的语言(声音－表达),因为真正值得我们去倾听的是语言中的沉默之音。

巴门尼德坚持存在"完整"、"唯一"、"不动"、"无限",如果人能够凭借理智(logos)认真地思想它,并用语言将它表述出来,那也就达到了真理。这当中固然有他在那个时代合理的追求,但也正如海德格尔所论述的,这样容易存在着一种危险,执着于存在者而遗忘了存在。真理不再具有自我显现的能力,而是需要理性去揭示它,这样反倒使理性显得对人似乎更重要一些;而被迫地思想成为主动地认识①(epistēmē),忙于思想思想的对象,以致忽视了什么触动了思想;语言不再是对沉默的道说,而成了有声的表达。从巴门尼德开始,存在逐渐成为一个重要的概念范畴,人们不断努力对其进行理论上的认知;但海德格尔提醒我们,在那个理性构筑的理论世界之前,还存在着一个活生生的、前理论的生活世界(life-world),这是一个不断生成的世界,不断将隐匿带向澄明,事物并不是静止僵化的 thing,而是发生的 event(甚至是 eventing)②,存在不仅仅是 being,而是 mode of being(存在总是以某种方式存在),是 becoming③。

巴门尼德借由他的"存在"将我们带到了澄明的高亮处,在这条路上,理性成了那启蒙(enlightenment)之光。但困扰哈曼的那变幻莫测的深渊仍旧存在,因为,只有"这个源泉深处变得愈加幽暗,才呈现对一种更高光亮的允诺"④。

三 逻各斯 语言 形式指引(formal indication)

在《形而上学导论》(*An Introduction to Metaphysics*)中,海德格尔仔细分析了逻各斯是如何与语言产生关系的。逻各斯原本与语词、话语毫无联系,最初的含义源自 λέγειν,意为"采集"⑤。赫拉克利特的残篇 1 与 2 关于逻各斯所说的准确地符合这个词的本真

---

① 认识论(epistemology),本体论/生存论(ontology)。
② 有关"事件"(event)的详细论述,参见杨慧林:"'反向'的观念与'反转'的逻辑:对齐泽克'神学'的一种解读"。
③ 海德格尔论述"存在"一词最初与运动变化、自行生长显现相关联。参见海德格尔:《形而上学导论》,第 96—116 页。
④ 马丁·海德格尔:《演讲与论文集》,第 248 页。
⑤ 逻各斯的最初含义我们在前文中已经论述过,在《演讲与论文集》"逻各斯"一文中,及《形而上学导论》"对在的限制"中,海德格尔都对此进行了讨论。

含义,即为"经常在自身中起作用的原始地采集着的集中"①,但在残篇 1 中赫拉克利特还谈到了人们的"听",接下来在残篇 50 中,逻各斯与"听"之间的关系更是被直接说出,"在此 λόγος 就是被表达为'可听到的'。那么这个名称还会有什么别的含义吗?只会是公告、讲话与词语了;何况在赫拉克利特的时代,λέγειν 这个同根字已经被通用于说话与讲话的意义之下了。"② 但这里的逻各斯恰恰是与人们通常理解的讲话、词语相对立的,因为,赫拉克利特称,虽然人们已经听着而且听到了众多的语词,但在这"听"中却不能真正地"听到",本真的听话和耳朵与舌头的事情无关。既然这样,那真正应该被听到的是怎样的话语呢?海德格尔分析赫拉克利特残篇 1 中的 λόγου(逻各斯)与 φύσιν(自然/本性)为同一个意思,因此 λόγος 与 φύσις 是同一回事,而在海德格尔对"存在"进行词源学考察时,φύσις(升起在光明中者)③这个词即是"存在",这样看来,逻各斯与存在是交互相属的。因而,"只有当说和听指向在、指向逻各斯时才是真正的说与听,只有逻各斯敞开之处,语意才会变成词语"④,否则只是空洞的声音。

然而,当 λόγος 与 φύσις 出现分离,理性占统治地位的路程开始了,而这就发生在柏拉图与亚里士多德那里⑤:φύσις 成为 ἰδέα(理念),λόγος 成为 κατηγορία(范畴),在这一变化中,"作为无蔽境界的真理成为正确性的真理⋯⋯关于存在以及对存在者的诸多规定的学说成为追究范畴及其条理的学说了"⑥,于是,逻辑也应运而生了,而且直至今天还统治着我们的思和说。逻辑不仅颠倒了在与思的对立关系(以往的思是迎向在之思;而现在思与在的关系是主客体的关系),规定着思之规律、思之形式;也规定着语言之文法结构从而附带规定着人们对一般语言的基本态度⑦。这样一来,人被定义为理性的动物(ζῷον λόγον ἔχον),但此处出现的 λόγος 已经不是守护 φύσις、规定了语言本质的逻各斯,而是变成了"为言谈而取的名称",逻辑思维与范畴的表达者。但尽管如此,正如此节一

---

① ② 海德格尔:《形而上学导论》,第 129 页。
③ 同上书,第 71 页。
④ 同上书,第 133 页。
⑤ 具体论述参见海德格尔:《形而上学导论》,第 179—191 页。而 λόγος 与 φύσις 的分离也伴随着"在与形成"、"在与表象"对立关系的形成。
⑥ 同上书,第 187—189 页。
⑦ 同上书,第 121 页。

开篇所表述的,如今我们在探讨理性、人的问题时,还是会回到逻各斯、回到语言,因为这意味着:"恰恰不是把语言,而是把我们,带到语言之本质的位置那里,也即聚集入居有事件(Ereignis)之中。"①并且,在海德格尔看来,λόγος 与 φύσις 的分离是不可避免的,因为 φύσις 与 λόγος 的区分与它们之间的统一一样地原始,因而只有了解两者的最初的互置关系,能将自身的"此在安放在在者之在中"的人们才能掌握词语,他们就是诗人与思想家。

海德格尔在重新思考赫拉克利特的逻各斯时,所做的清理对我们来说无疑是大有裨益的,他发现了"曾几何时,在西方思想的开端中,语言之本质曾在存在之光中闪现"②。但此乃惊鸿一瞥,所有这一切并没有真正发生,"相反,语言——而且首先是通过希腊人——从有声表达方面被表象为声音……语言自始就进入我们后来以'表达'一词来刻划的那个基本特征中了。这种把语言当作表达的语言观虽然正确,但却是从外部来看语言的,它此后一直是决定性的语言观,在今天还是如此"③。

伽达默尔在《真理与方法》(*Thruth and Method*)"语言与逻各斯"④一章中讨论了希腊人关于语言问题的基本看法,这集中体现在柏拉图的《克拉底鲁篇》(*Kratylos*)中。在伽达默尔看来,语词与事物之间的关系无论是依循"约定原则"还是"自然原则"都预设了事物作为先于语言的自为存在,这样一来,对柏拉图而言,"在语言中、在语言对正确性的要求中,是不能达到实际真理的,因此我们必须不借助语词而纯粹从事物自身出发认识存在物"⑤,语词并不具有实际认识的意义,并非如海德格尔所论说的那样可以为人们开辟通向真理的道路,恰恰相反,"语词的'恰当性'[正确性]只有从事物的知识出发才能得到判断"⑥。柏拉图对待语言看法的思想基础正源于海德格尔所指出的 λόγος 与 φύσις 的分离,当 φύσις 成为 ἰδέα(理念),柏拉图始终坚持在语言中实现理念性。由此,构筑理性的符号系统与语言工具理论的理想逐渐开始形成,而概念、范畴、定义的发明与对语言透明、清晰、准确的要求又都是以"认知"

---

① 马丁·海德格尔:《在通向语言的途中》,第 2 页。
②③ 马丁·海德格尔:《演讲与论文集》,第 247 页。
④ 汉斯-格奥尔格·伽达默尔:《真理与方法》下卷,洪汉鼎译,上海:上海译文出版社,2004 年,第 524—542 页。
⑤ 同上书,第 526 页。
⑥ 同上书,第 527 页。

(know/cognize)事物/知识(knowledge)为前提的。

海德格尔在检视他的老师胡塞尔的现象学时,批判了西方哲学中这种一直占统治地位的传统:认知模式建构了人在此世中的存在,并赋予理论意识优先性①。这样,自我在世界中的存在总是一种认知(知识)的形态,而认知世界也成为此在的唯一标准范型。在海德格尔看来,这是将世界中的真实存在(factical being-in-the-world)仅仅化约为认识(cognition)的简单而粗暴的做法,自我被简化为主体,世界被简化为客体。但是,需要引起注意的是,"认知(knowing)是一种此在的模式(a mode of Da-sein),它根植于此世的存在(being-in-the-world)。这样,此世的存在作为一个根本的构造需要被优先解释"②,而这个此世的存在是一个前理论世界,这也是为何逻各斯对海德格尔而言是一个词语事件(word-event)。

前理论的(pretheoretical)经验、事实的经验(factical experience)抵制一般语言对其进行概念化的表达,并不是因为这经验与表达主体之间有距离,恰恰相反,正是因为它的亲近性与内在性与自我强烈地依附在一起。在事实经验中,主体并非完全从客体中分离出来,甚至可以说,在这里并没有主体客体的明确划分,"我"总是已经嵌入自身所处的世界与环境中,这是一种最亲近的联结关系,海德格尔称之为"自然态度"(natural attitude)③,我与事物的关系是上手(handle)、使用(use)、照料(take care of),它比认知关系更加原始地存在着④。因而,这种存在模式(mode of being)与概念化的理论描述不相符。海德格尔称,他对于此在与世界非认知关系的先在性(primordiality)发现并不是什么新的成就,在奥古斯丁与帕斯卡(Blaise Pascal)那里,早已经注意到了这种生存论⑤的基础(ontological fundament),这是一个心的逻辑(a logic of the heart),他们称真正知道的不是"认识"而是"爱与恨"(love

---

①② James K. A. Smith, *Speech and Theology*, p.79.
③ "自然态度"即指"自在"、"自然本身固有的联系",海德格尔在《存在与时间》中第一章第三节"存在问题在存在论上的优先地位"讨论了这个问题。参见海德格尔:《存在与时间》,陈嘉映、王庆节译,北京:三联书店,2000年,第10—14页。
④ 在海德格尔看来,"存在"这个问题恰恰源于之前就已经存在的对"存在"的日常理解,这是思考存在问题的前提,而不像胡塞尔那样将之完全取消。当我们问"存在是什么"时,我们已经处于一种对"是"的理解中,不能概念化地断定这个"是"意味着什么,这种理解比理论的、认知的知更原始。参见 James K. A. Smith, *Speech and Theology*, p.75.
⑤ 生存论与本体论是同一个词:ontology。

and hate);而帕斯卡说,我们不是借由理性认识真理,而是通过心,这是第一原则,在这种知识中理性没有任何位置,甚至与之竞争的尝试都是徒劳。①

柏拉图对语言的看法一直影响到近代西方,以至于人们曾经认为只要拥有了事物的概念就掌握了这个事物。但正如海德格尔所论述,我们绝不是通过一篇讨论游泳的论文来了解什么叫游泳,只消我们跳进河里,这一跳就会告诉我们什么是游泳了。② 理论的建构是对日常生活的沉淀,任何将"我"或"世界"作为不同的组成部分摘要出来,都是"此世中存在"(being-in-the-world)的衍生模式③;因而,理论化地描述总是试图将生活作为一个"客体",根据认知确定性地思考它,这就将具体、丰富、完满的生活凝固为抽象、僵硬的概念。而这种将事物化约到概念的测量中、将其削减到适合尺度中的做法,无疑是使事实的生活屈从于理论思考的条件中,这是概念对事实生活的自治实施的暴力。④ 因此,知性的认识与概念化的语言都不能公正地将生活世界中真实存在的众多"不相称性"(incommeasurability)与"不同性"(alterity)作为完全的他者(the wholly other)充分地给予尊重⑤。

那么,该如何言说前理论的经验、事实的经验,同时又使其避免在概念中遭受控制?海德格尔提出了一个新的语法:"形式指引"(formal indication),这是一个模糊的概念,非概念的概念,它指示但是不控制,尊重不同性/他性(otherness)/不相称性,使指引远离各种特定的联系,这是界于暴力与沉默之间的第三种言说方式⑥,它也可以被表述为"概念的圣像"(a conceptual icon)⑦。在《没有存在的上帝》(*God without Being*)中,法国学者马里翁(Jean-Luc Marion)指出"偶像与圣像为存在者决定两种存在方式,而不是两类存在者",两者的"区别仅在于他们以不同的方式表明,以各自的方式利用可见性",而表明的方式不是依赖于客体,而是由主

---

① James K. A. Smith, *Speech and Theology*, p. 80.
② 马丁·海德格尔:《演讲与论文集》,第 147 页。
③ James K. A. Smith, *Speech and Theology*, p. 76.
④ Ibid., p. 5.
⑤ Ibid., p. 10.
⑥ Ibid., p. 84.
⑦ Ibid., p. 92.

体的凝视(the "gaze" of the subject)所构成。① 在偶像那里,崇拜者的凝视满足于偶像本身并在此结束,而不能被指引超越偶像;而关注圣像的目光则可以不被困于当下的在场而指向不在场。"形式指引"的作用就像一个圣像,它可以跨越存在于"自然态度"中生动的前理论生活与理论描述的静止世界间的距离,勾勒出真实生命的轮廓②。

斯坦纳(George Steiner)在他对海德格尔的专论中写到,"《约翰福音》中的表白'太初有言'很明显地表现在(海德格尔)关于存在与言说的整个范式中。"③的确,海德格尔尤其看中语言,但这语言不是通常意义上概念化的语言、表达性的语言,也不是人说的语言,这正是对语言本身的遗忘;语言应是语言的自行"道说",是暗示、是路标、是形式指引,因为语言中保有存在的秘密/真实的秘密(the secret of facticity)④,而秘密是不能被公开地言说的,只能以不泄密的方式暗中传递。于是,语言始终是一个谜,而这迷的性质就属于语言的起源之本质⑤。

第二节 犹太—基督教文化中的逻各斯:书写! 解释!

这似乎并非巧合:史密斯在《德里达:活的理论》(*Jacques Derrida: Live Theory*)中称,"某天'太初有言'将是德里达全部文献最适合的题记"⑥,在他看来,德里达一生都在关注语言问题(或者更具体地说是关注书写)。斯坦纳对德里达评价的背后当然有

---

① Jean-Luc Marion, *God Without Being*, trans. Thomas A. Carlson, Chicago: University of Chicago Press, 1991, pp. 8—10.
② James K. A. Smith, *Speech and Theology*, p. 94.
③ George Steiner, *Heidegger*, London: Fontana Press, 1978, p. 54. 转引自 Graham Ward, *Barth, Derrida and the Language of Theology*, Cambridge University Press, 1995, p. 58.
④ J. K. A. 史密斯通过讨论克尔凯郭尔在论述基督教信仰经验的"间接交流"问题,来比照海德格尔所说的"此在的真实经验",认为两者的相似处在于都是非常自我的、惟一的、隐秘的,但这又必须要说出来,才能获得合法的真实性,才能为他人所了解,因而只能以秘密的方式来传递。参见 James K. A. Smith, *Speech and Theology*, pp. 87—92.
⑤ 海德格尔:《形而上学导论》,第 172 页。
⑥ Jame K. A. Smith, *Jacques Derrida: Live Theory*, p. 16.

着更广阔的思想文化语境,也就是我们通常所说的 20 世纪西方哲学中的语言学转向,而这其中一个最突出的代表就是海德格尔,正如我们在第一节开篇就已经论述的,他重新提起亚里士多德"人是理性的动物"这句名言,阐述逻各斯与语言的亲密关系:"人,这种具有逻各斯的存在,是有能力言说的存在"①;但我们也必须注意,语言转向所面对是西方思想中一段长长的传统:"对语言的遗忘与轻视",它不仅忘记了"哲学只发生在对话中,如:苏格拉底(Socrates)",更是"贬低语言的'第二性',把它看成是通向真理中的堕落"②。德里达通过书写重新看待语言在西方(从柏拉图到黑格尔)哲学系统中的位置,并以此透视更大的形而上学与本体论问题,而他讨论语言的初衷与期待则是探寻语言如何处理语言之外(other than language)、超越语言(beyond language)的事物。

在《柏拉图的"药"》(*Plato's Pharmacy*)③中德里达指出,柏拉图在《斐德若篇》(*Phaedrus*)④借苏格拉底之口对文字进行的指控表达了一种"言说先于/优于书写"的观念,而这种将言说/逻各斯与意义的在场/透明相关、书写/文字与意义的缺席/延异联系的思想模式,是对以往"原型/范本"(prototype)的再次表达,这种范本不仅存在于苏格拉底所借用的埃及神话中,更体现为对逻各斯所作的"犹太—基督教的解释"(Judaeo-Christian account),因为上帝以言创世正直接显现了逻各斯"思想成就行为"(thought-made-deed)⑤的力量。不仅如此,在德里达看来,这所谓犹太—基督教的解释更是预设了"柏拉图及其之后按照柏拉图立场(否定书写)建立的所有哲学"⑥,它的影响始终延续,甚至那些在西方智性发展史中对传统习惯提出挑战、做出转折性贡献的人物,不论是卢梭(Jean-Jacques Rousseau)还是索绪尔(Ferdinand de Saussure)都在

---

① 转引自 Jame K. A. Smith, *Jacques Derrida: Live Theory*, p. 16.
② Jame K. A. Smith, *Jacques Derrida: Live Theory*, p. 17.
③ Jacques Derrida, *Dissemination*, Chicago: The University of Chicago Press, 1981, pp. 61—120.
④ 柏拉图:《柏拉图文艺对话集》,朱光潜编译,北京:人民出版社,1980 年,第 90—177 页。
⑤ Christopher Norris, *Derrida*, Cambridge: Harvard University Press, 1987, p. 31转引自 *Derrida and Religion: Other Testements*, ed. Yonne Sherwood & Kevin Hart, New York & London: Routledge, 2005, p. 142.
⑥ Jacques Derrida, *Dissemination*, p. 109.

对柏拉图主义的重复中开创新的时代①。

的确,一直以来,柏拉图式的逻各斯神话(the Platonic myth of logos)似乎就等同于对逻各斯作出的所谓犹太—基督教的解释,而这种被德里达称为"逻各斯中心主义"(logocentrism)的传统后来经过亚里士多德"形而上学"(metaphysics)的润色更是构筑了海德格尔所论述的西方"本体—神学"(onto-theology)②。但学者们对"犹太—基督教"这术语所表现的思想观念本身一直就存在很大争论,在这里需要对此重新打量。一种观点认为,正如这个名称字面所表述的基督教割断自身与犹太教之间的联系延伸至罗马帝国的历史事实,犹太—基督教实际传达的是希腊化基督宗教(Greco-Christian)的思想(这即是前面刚刚论述的所谓"犹太—基督教的解释");一种则是强化犹太教与基督宗教两者之间的区别,在这里,基督教指逻各斯中心主义、柏拉图主义的基督宗教,而犹太教代表一种解构的精神与对犹太拉比(Rabbi)与卡巴拉(Kabbalah)传统的回归,这一观念辩护者是写作《杀死摩西的人》(*The Slayers of Moses*)③的哈德曼;而第三种是模糊两者间的界限,如诺里斯(Christopher Norris)不做批判地使用这个语词,认为"与其将犹太教与基督宗教视为两种限定严格的实在,不如让我们回到公元2—3世纪复杂的宗教系统,那时,犹太—基督教仅仅是边沿地区与游牧地带,对两者界限与准则的清晰区分还没有建立,而'犹太—基督教'这个名称所蕴涵的意义,应是消解两者表面上对立排斥的关系,表现它们彼此之间持续不断地相互影响(如同当时'社会的连续性'一样)"④。如此看来,无论将犹太—基督教看作一套固定统一的话语规则,还是两种对立的思想体系,都不如将其视为对另一个他者存在的提示性表达。正如德里达所说的,"逻各斯中心的母体是恒常的,我们在所有地方都能找到它",这是由于"哲学中对所

---

① Jacques Derrida, *Dissemination*, p. 158.
② 在早期著作中,海德格尔强调亚里士多德第一哲学中本体论与神学之间的关系,他指出,在亚氏的《形而上学》中存在的问题被系统地阐释,这第一哲学具有两方面特征:作为存在的科学(本体论)与作为最高真正实体的科学(神学)。Ben Vedder, *Heidegger's Philosophy of Religion*, p. 95. p. 98.
③ Susan A. Handelman, *The Slayers of Moses: The Emergence of Rabbinic Interpretation in Modern Literary Theory*, Albany: State University of New York Press, 1982.
④ *Derrida and Religion*, p. 154.

谓希腊语中那个大写逻各斯的某种承认与臣服"产生了"系统稳定性观念",对于这些"我"并没有什么意见,"不过必须看到这只是其它决断中的一种",而且还"存在着许多种聚集(逻各斯希腊语为"聚集")的模式,它们不一定是系统,系统观念只是这种聚集的一种特殊形式"。① 而本节即试图呈现出一些不同于希腊化的有关"逻各斯"的讨论。

一 言说作为书写(Speech/Word/Logos as Writing)

这是一个有趣的现象:哲学家"写",但他们却不认为哲学应该是"书写",不仅如此,美国哲学家罗蒂(Richard Rorty)更明确地指出,"哲学的书写,对于海德格尔及那些康德主义者来说,其真正的目的在于结束书写"②。而这种对书写的态度通过柏拉图可以追溯到苏格拉底,这位"从不写作的人"(尼采语)一生当中从未留下任何著作,只是热衷于各种各样的对话与辩论,其最终愿望是在这些活生生的言说中引导人们对"所说"进行直接地沉思。苏格拉底的理想一直为他后来的追随者所继承并影响深远,也正因为此,人们如亚里士多德一样,将"言语"视为"心灵的符号",而"文字"只是"言语的符号"③。因为,在言说(speech)中,虽然言语存在于某种沉思(mediation)中,但能指在它们被说出的那一瞬间就已经消失了,它们并不能对所指造成干扰,而对于任何含糊之处,在场的言说者(speaker)能够给予及时充分地解释以保证思想完好无损地直接传递给听者;但在书写中,表达中不尽人意的方面明显地暴露出来,语言符号(linguistic signs)在言说者缺席的情况下独自发生作用,它们的物质形式更容易捕获阅读者的注意力,干扰他们对符号所要表达的思想的把握,甚至还有可能造成误解。因而,对于哲学家而言,书写不过是"一种不幸的必需"(an unfortunate necessity),

---

① 雅克·德里达:"访谈代序",《书写与差异》,张宁译,北京:三联书店,2001年,第10—11页。

② 这句引文的后半句是,"对于德里达而言,书写总是导致更多的书写。"See Richard Rorty, "Philosophy as a Kind of Writing: An Essay on Derrida", *New Literary History*, 10(1978), pp. 145. 转引自 Jonathan Culler, *On Deconstruction: Theory and Criticism after Structuralism*, New York: Cornell University Press, 1983, p. 90.

③ 亚里士多德:《解释篇》(1.16a3),《亚里士多德全集》第一卷,苗力田主编,北京:中国人民大学出版社,1990年,第49页。

"对言说一种矫揉造作的替代"(an artificial substitute for speech)①,"是智慧的外表,不是真实的智慧"②。而对于将书写视为一种晚近发明③的柏拉图式观点,德里达始终采取质疑与批判的态度:"言说优于/先于书写"的表达在他看来不过是强调声音特权的"语音中心主义"(phonocentrism)的结果,其背后的理论支撑则是盛行于西方的"逻各斯中心主义"(logocentrism)及"在场的形而上学"(metaphysics of presence)传统,因为"声音的本质直接接近于思想中那与意义相关联的逻各斯"④。与之正相反,德里达不仅颠倒了柏拉图对言说与书写进行的二元等级划分,更抹平了两者间的区别,取消了所谓纯粹口述的单纯时代(the pre-lapsarian era of pure orality)的存在,"言说被解释为一种书写的形式"⑤,而这种"被称为衍生物的书写,无论它是多么真实与众多,只有在一种情况下才成为可能:那就是从未存在过一种'原初的'、'自然的'、未被书写玷污的语言,它一直就是书写",是"一种原—书写"(an arche-writing)⑥。

在《柏拉图的"药"》中,德里达对柏拉图《斐德若篇》中苏格拉底讲述的有关书写发明的埃及神话进行了具有解构特色的解读,揭示了逻各斯/言说与书写同样的第二位的身份。

当发明神泰悟特(Theuth)将"书写"呈献给众神之神塔姆斯(Thamus)时,他称这项技术将使埃及人更智慧,可以提高人们的记忆力,"我的发明是一种诀窍(药 pharmakon)"⑦,但是塔姆斯却给出了不同的评价。对此,德里达称,书写的价值并不在于自身,

---

① Jonathan Culler, *On Deconstruction*, p.90, p.92.

② 这是众神之神塔姆斯(Thamus)对发明神泰悟特(Theuth)所发明的"书写"的评价。此处译文原自德里达的版本《播散》。朱光潜先生译为"只是真实界的形似,而不是真实界本身",参见柏拉图:《柏拉图文艺对话集》,第169页。

③ 将书写看作"晚近发明",一方面表示书写是晚于言说而出现的语言表达方式,另一方面则表达了言说优于书写,可以更直接准确地传达思想。这种观念的形成与人们对"语言"与"真理"、"意义"的认识紧密相关:将语言视为表达思想、获得知识的工具,将真理、意义看作事物乃至世界运行发展的始基。这些在以德里达为代表的后现代思想家那里都得到不断反思,本文也将对此进行详细论述。

④ Jacques Derrida, *Of Grammatology*, trans. Gayatri Chakravorty Spivak, Baltimore and London: The John Hopkins University Press, 1974, p.11.

⑤ Jonathan Culler, *On Deconstruction*, p.101.

⑥ Ibid., p.56.

⑦ Jacques Derrida, *Dissemination*, p.75.

除非获得众神之神的称赞,否则书写将没有价值,而且,众神之神是只言说不写作的主体,以此来显示自身的权威,他允许臣仆将自己的言辞记下来但只是作为第二位的增补,不仅如此,众神之神将书写视为来自于外部/下面的产物①,虽然它等待神的评价来圣化自身的存在与价值,但神对它却保持怀疑的态度将其看作是"威胁"与"捣乱",因而,这言说的众神之神行事更像一个"父亲"。② 而在柏拉图的计划中,对这样一个神话的引用及对众神之神这样一个角色的设计当然出于对"言说"崇高地位的肯定,更重要的目的是"将言说的起源与力量,更准确地说,将逻各斯置入一种永恒的地位"③。但德里达指出,逻各斯不是"父",逻各斯的起源才是它的"父",而"言说的主体"是言说的"父",言说是"子",如果没有父亲的在场保护,子的在场将受到破坏,"没有了父,除了书写他一无所是",因而,书写的特征与父的缺席相关联,不仅如此,书写更有着对这种孤儿身份的向往及弑父的欲望,也正因为这样,书写被看作是"毒药",是对在场的危害。④ 在谈到父与子这个比喻时,德里达称"这个父并非任何真正意义上的创造者,先于或外在于所有语言关系"⑤,而将逻各斯"子"的位置揭示出来是为了提醒我们对父与子之间的"血统关系"进行关注:这不仅见证了一个最初起源的不可追,以及子无法避免的第二性(父同时也总是先父的子);更表明了不可见之先父缺席的必然,正如《理想国》(*Republic*)⑥中的例证,向往"光"的人无法直视太阳,否则只能带来眩晕,也正因为这样,父才更需要子,但这不是对父同一性的代表,而是差异性的不

---

① 将书写视为外部的产物,与胡塞尔为保持一个"内在的、单独的智性生活"(interior and solitary mental life)而排除所有因外来他者的介入而带来的主体间性(intersubjectivity)相类似,而这意味着取消所有"不在场",而它们正代表着"他性"(otherness)与"不同"(alterity)。参见 Jacques Derrida, *Speech and Phenomena*, trans. David B. Allison, Evanston: Northwestern University Press, 1973, p.37.

②③ Jacques Derrida, *Dissemination*, p.76.

④ Ibid., p.77.

⑤ Ibid., p.80.

⑥ 柏拉图《理想国》的卷六与卷七分别讨论了两个非常有名的比喻"太阳喻"与"洞穴喻",前者主要论述"真理与认识问题",柏拉图指出"太阳跟视觉和可见事物的关系,正好像可知世界里面善本身跟理智和可理知事物的关系一样",而眼睛最像太阳,但太阳不是视觉,而是视觉的原因;后者讨论"认识过程",柏拉图指出直视太阳的不可能,当走出洞穴的人"来到阳光下,他会觉得眼前金星乱蹦,较大的亮光使它失去了视觉",而"如果他被迫看火光本身,他的眼睛会感到痛苦"。参见柏拉图:《理想国》,郭斌和、张竹明译,北京:商务印书馆,2002年,第266页,第274页。

断替代与增补。对此,德里达通过神话学的进一步考察给出了更细致的阐释。

在埃及神话中,名为透特(Thoth)的神与泰悟特的位置一样,称自己为太阳神阿蒙—阿(Ammon-Ra)的儿子,这太阳神为创造之神,通过言说创造万物,他的另一个名字就是《斐多若篇》中提到的众神之神塔姆斯的守护神阿蒙(Ammon),而这名字的含义则是"隐蔽"(hidden)①,他借助言说呈现自身。而无论是"言说的力量"、"存在与生命的创造",还是"太阳"及"自我显现",在德里达看来,这些意义的构成与"蛋的历史"或"历史的蛋"结合在一起:世界出自一个蛋,太阳就是这蛋壳中第一个孕育之物,而太阳神阿蒙-阿在传统中也被解释为一只鸟,它有时被看作出自源初蛋的太阳鸟,有时也被视为生下第一个蛋的最初的鸟,但在这里追问蛋生鸡还是鸡生蛋这种所谓逻辑的本体论问题并没有太多的意义,因为德里达已经明确指出,即使太阳神出自蛋,那也是一个"隐蔽的蛋"。②而透特作为太阳神的儿子,他通过语言执行神"何露斯"(Horus)③的创造计划,其工作与希腊神话中的解释神赫尔墨斯(Hermes)类似,但被言说出、传递出的语言/消息本身并不绝对等同于那个最初创造的时刻,它总是处于第二位(这也是为何透特与言说的语词相关而非书写的语词,因为他从不是语言的作者与创造人),不仅如此,他还将差异带到了语言中。这样一来,德里达使我们看到,这第二位的区分(differentiation)并非产生于书写,而恰恰是逻各斯本身的起源。④而通过讲述透特与他的兄弟神合谋杀死奥西里斯(Osiris)的故事,则表明了代表语言差异与第二性的神如何可以通过暴力的破坏成为创造性语言之神的替代,而他同时也是为争斗的众神治愈伤口的药剂师,是神圣语言的抄写员,是死亡之神、书写之神,这非同一性的身份更使得替代成为无限地增补。⑤

---

① 有学者经过考察司铎传统指出,阿蒙(Ammom)这个名称在埃及被用来表示"召唤某人","amoini"这个词意味着"来"(come),"到我这来"(come to me),而且有圣歌就以"*Amoini Amoun...*"开头,意为"来我这里,阿蒙"(come to me, Ammon),因而,神职人员猜测最源初的神是一个不可见的、隐蔽的存在,人们呼唤他、恳求他显现自身。相关引述详见 Jacques Derrida, *Dissemination*, p. 87.

② Ibid., p. 88.

③ 何露斯与透特两位神联合完成创造行为,前者提出想法,后者用言说执行。详见 Jacques Derrida, *Dissemination*, p. 88.

④ Ibid.

⑤ 参见 Jacques Derrida, *Dissemination*, pp. 89—94.

如果说通过文本分析与神话学研究来论证"原—书写"的存在仍具有文学阐释的色彩，那德里达在《声音与现象》(Speech and Phenomena)与《论文字学》(Of Grammatology)中所做的研究以一种更符合逻辑理性的方式批判了在场的幻象，取消言说的优先权，揭示了他者性的书写对"纯声音"必然性的干扰与暴力。

根据符号对语言进行的研究通常被称为"符号学"(semiotic)，在一些学者看来这种传统可以追溯到奥古斯丁①，而在二十世纪，索绪尔与皮尔士(C. S. Peirce)无疑是两个颇具代表性的人物，但胡塞尔《逻辑研究》(Logical Investigations)②中讨论的符号理论对语言研究造成的影响同样不可小视，它甚至为德里达早期重要著作《声音与现象》的产生创造了条件。在胡塞尔看来，"表达"(expression)与"指示"(indication)这两种符号有着根本的区别，前者"表明"(signify)、"意味"(mean)着某些事物，是"有意义的"(significant)，而后者仅仅作为"指示物"(pointer)服务于意义。③为了进一步说明两者的不同，胡塞尔继续论述，正如"烙印是一个奴隶的标志，旗帜是一个国家的标志"④，"指示"总是某事物的"代表"，它帮助我们了解与"符号"相关联的事物，有时这种关联是偶然的、甚至是任意的(如：商标)，有时也是自然的(如："火星运河是火星上智性存在者存在的标志"⑤)，但无论怎样，这关联总是激发我们去考虑那些没有完全在场的事物，也即是说，"指示的本质是所指物的缺席"⑤。而表达作为"有意义的符号"在这里并非人们通常理解的宽泛含义，例如我们所说的"面部表达"在胡塞尔看来就不属于"表达"，因为这些身体上的符号是"伴随着言说不由自主产生的，并没有什么交流意图"，也就"没什么意义"⑥，而"只有充满意义的口头声音"⑦才是表达，这样一来，"言说"(speech)就成为胡塞尔所说的"表达"的最好范例：言说者用符号将自身的某些意图直接传递给听者。但有趣的是，胡塞尔似乎又自我矛盾地称，"在交

---

① See J. K. A. Smith, *Speech and Theology*, Chapter 4.
② Edmund Husserl, *Logical Investigations*, trans. J. N. Findlay, New York: Humanities Press, 1970.
③ Ibid. ,p. 269.
④⑤ Ibid. , 270.
⑤ Jame K. A. Smith, *Jacques Derrida: Live Theory*, p. 28.
⑥ Edmund Husserl, *Logical Investigations*, p. 275.
⑦ Ibid. , p. 281.

流的言说中,所有的表达都如指示一样产生作用",表达不仅"作为言说者思想的符号服务于听者……它同样也是言说者交流意图中其它内在经验的符号"①,被说出的语词符号对于听者而言是在场的,但它们却指示那些永远无法在场的言说者的内在思想与意识。因而,被胡塞尔给予优待的交流的言说同时交织着表达与指示,但即使如此,他仍然相信有一种与指示并非联系密切的"纯粹的表达"(pure expression),而它就存在于"独立的智性生活"(isolated mental life)中、"内在意识的自言自语"中②,在这个领域里,一切都直接自我在场地呈现,不再需要指示符号的帮助,"我成为我思想与意图的主人"③。

在德里达看来,胡塞尔符号理论的基石依然是在场的形而上学。指示符号没有意义,因为它们无法摆脱与缺在的关系;而意义可以在表达中得到,它与在场相关,胡塞尔虽然在区分之后承认两者的交叉,但却没有看到这是一种"根本的纠缠"。而追求一个纯粹的未受指示影响的表达领域,其实也是绝对自我在场对缺席的他者的排斥,没有"认识到一个无法化约的不在场具有的建构价值"④,其结果将是一种语音中心主义。因为,在"独立的智性生活"中"我对我自身'说'",这种直接在场的表达不需要任何指示,也不需要使用符号,这样一来,尽管胡塞尔对指示符号与表达符号进行了区分,但实际上对他而言"只有指示是真正的符号"⑤,而表达则是声音与言说。声音是"媒介"(medium)而非"中介"(mediation),它"不会减损行为及其目的的在场"⑥,而在声音中"表达转变它身体的不透明性为纯粹的透明"⑦。但在德里达看来,声音由于可以直接传达意义而从胡塞尔那里获得"的"直接在场的特权"及"明显的超越性"不过是一种表面的"幻象"。声音一旦被说出立即就消散在空中,这造成了声音非物质性的假象,而这种对声音"感觉身体的抹除"恰恰忽视了人对声音进行感受的物质性器官耳与舌的作用;而声音之所以被看作与意义直接关联,因为言说中说者与听

---

① Edmund Husserl, *Logical Investigations*, p. 277.
② Ibid., pp. 278—279.
③ Jame K. A. Smith, *Jacques Derrida: Live Theory*, p. 30.
④ Jacques Derrida, *Speech and Phenomena*, p. 6.
⑤ Ibid., p. 42.
⑥ Ibid., pp. 75—76.
⑦ Ibid., p. 77. "身体的不透明"是指语言的物质符号。

者的亲近保证了在场,但德里达指出,没有人比胡塞尔更加强调他者在我意识中的根本缺席,他者从来无法在场只能是"贴近"。① 而破坏"声音的纯粹在场"、"言说清晰无误地显现真实"②最有力的武器还是"书写"。

逻各斯中心传统"贬低书写……是中介的中介,堕入了意义的外部事物(exteriority)"③,认为它破坏了言说与意义之间的"自然"关系,是"危险的增补",但德里达通过《论文字学》中的分析,恰恰证明了书写对声音与言说的破坏是一种原初的暴力。斯特劳斯(Claude Lévi-Strauss)曾在《悲伤的热带》中讲述了发生在他与当地印地安部落中两个小女孩之间关于"专有名称"(proper name)的故事,专有名称被介绍进语言的公共领地,破坏了一个原始习俗的纯洁性,而这对名称的暴力产生于一个外来者,这正如书写的产生破坏了言说的纯洁。斯特劳斯认为这暴力是偶然的,而德里达却说,如果言说是一个语言社会的差异系统,那与他者的交流就已经被置入一个暴力的结构中,并且这种名称的暴力不是作为语言外部事物"书写"的偶然性特征,而正是语言的本质④。在德里达看来,斯特劳斯有关专有名称的论述无疑重复了卢梭的经典区分:纯洁无辜的"自然"与"文化"暴力的干扰,而"构成这种哲学书写观念的是一种影响深远的理想:一个没有差异的社群的完全自我在场,在这个言说的社团中所有成员都处于可听见的范围内"⑤。但卢梭同时又论述了书写作为"必须的恶"来进一步解释自然与文化的复杂关系,这样一来,书写这个增补不仅仅是一个增加(addition)还是一个替代(replacement),"自然/本质中存在着缺乏……正因为这个事实,某些事物需要被加入",而"增补就很自然地将自身置入自然/本质的位置"⑥。尽管卢梭苦恼于书写可能带来的危险,但"当自然无法避免被[文化]打扰,当言说不能保护在场,那书写就成为必需"⑦。

柏拉图的"药"(pharmakon)是发明神泰悟特所说的"记忆与智

---

① Jacques Derrida, *Speech and Phenomena*, p. 34.
② Jacques Derrida, *Of Grammatology*, p. 11.
③ Ibid., p. 13.
④ Ibid., pp. 111-112.
⑤ Ibid., p. 136.
⑥ Ibid., p. 149.
⑦ Ibid., p. 144.

慧的秘诀"——文字,正是它诱惑苏格拉底走到城墙之外①;这药也是吸引奥雷杜亚与之游玩并将她置于死地的"泉妖"(pharmacia)②;而它也是夺取苏格拉底生命、令他的弟子们悲叹的"毒药",但因为哲学的逻各斯,这毒药又成为带来"解放的手段、救济的可能性、净化的美德"③的良药。可药的运动永远难以掌控,它"是非逻各斯性的,所以逻各斯反而被逻各斯中心主义不能驾驭的药的运动控制了"④。

二 白色神话与隐喻

柏拉图的《克拉底鲁篇》及亚里士多德《解释篇》(*Interpretatione*)(16a3—8)⑤开篇部分的论述曾在语言学研究的历史中产生过重要影响,然而,越来越多的学者质疑他们真正的研究兴趣⑥。"《克拉底鲁篇》驱使我们进行研究的并不是语言学而是本体论"⑦,苏格拉底与克拉底鲁讨论的语词(words)其实只不过是名称(names),而名称的正确性并非事物本身的内在真实价值,"那跟随名称寻找事物,分析事物意义的人正陷入被欺骗的危险中"⑧,因而,对于柏拉图而言,语言不是真理,仅仅是"声音的模仿"⑨。而

---

① 苏格拉底:"……用同样的方法,如果你把书籍中的话递到我眼前,不就可以随心所欲地引我到任何地方去了吗?"柏拉图:《柏拉图文艺对话集》,第 91 页。
② 同上书,第 93 页。
③ 高桥哲哉:《德里达:解构》,王欣译,河北教育出版社,2001 年,第 87 页。
④ 同上书,第 86 页。
⑤ "言语是心灵的符号,文字是言语的符号。言语同文字一样,对于所有人而言并不是相同的,但这些符号最初的产生地——心灵——对于所有人却是相同的,而心灵是事物的像,事物也是相同的。"参见亚里士多德:《亚里士多德全集》,第 49 页(译文略有改动)。亚里士多德这样的划分不仅规定了对本质追求的真理性意义,更加强了柏拉图式的"言说优于书写"的观念,而对言说的优待也只是因为它比书写更接近事物的意义,归根结底还是将语言视为一种工具符号,而没有真正思考语言本身。
⑥ 这些学者不仅有第一节中提到的海德格尔、伽达默尔,更包括此部分将讨论的德里达、利科等。
⑦ Charles H. Kahn, "Language and Ontology in the *Cratylus*", in F. N. Lee, ed., *Exegesis and Argument: Studies in Greek Philosophy Presented to Gregory Vlastos*, Assen, Netherlands: Van Gorcum, 1973, p. 168. 转引自 Susan A. Handelman, *The Slayers of Moses*, p. 5.
⑧ 柏拉图:《克拉底鲁篇》(436a),王晓朝译,《柏拉图全集》第二卷,北京:人民出版社,2002 年,第 129—130 页。
⑨ "一个名称是……对某个对象声音上的模仿。"柏拉图:《克拉底鲁篇》(423b),《柏拉图全集》第二卷,第 111 页。

亚里士多德也并没有为我们提供一个清晰的语言哲学或符号学。根据麦克基恩（Richard McKeon）的论说，亚里士多德的"心灵"、"言语"、"文字"的划分可以分别对应"内在沉默的话语"、"外部言说的话语"、"外部书写的话语"，内在话语自然就具有意义，而外部话语依靠习俗获得意义。① 这样看来，在亚里士多德那里，思想与语言是两种不同的话语，理想的语言应该像"数"一样，可以直接清晰地反映思想，而他的最终愿望是抛弃外部的符号直接进入心灵中"事物的像"（the likenesses of things）；逻各斯（logos）也不真正意味着语词（word），而是理性（reason）、规定（definition）、准则（formula）、交谈（discourse），科学通过逻各斯而运作，但真正的知识并不能由逻各斯来获得，而是需要努斯（"心灵"nous）②。亚里士多德这种"希腊思想反言辞的（antiverbal）倾向"在他对诗学、修辞学与科学、哲学的分割中更加明显地体现出来。

亚里士多德依靠数学的模式构筑了他讲究逻辑的思想体系，其结果是关注涉及事物种类而非特殊个体的"一般命题"（general propositions）。不仅如此，他更强调"普适命题"（universal propositions）的绝对真实与不可怀疑性。③ 因而，在他看来，真正的哲学需要依据这种"科学的"原则来建设，而修辞学作为"论辩术"④并不属于严格意义上的科学。尽管如此，经由亚里士多德，修辞学还是进入了哲学讨论的领域⑤，而从历史的角度来考察，两者之间其实一直保持着长久的争斗。"修辞学产生于公元前5世纪

---

① Richard McKeon, "Aristotle's Conception of Language and the Arts of Language", in R. S. Crane, ed., *Critics and Criticism*, Chicago: University of Chicago Press, 1952, pp. 187－188. 转引自 Susan A. Handelman, *The Slayers of Moses*, p. 10.

② Susan A. Handelman, *The Slayers of Moses*, p. 8.

③ Ibid., p. 6.

④ 亚里士多德在《修辞学》开篇就写下了这个著名的定义，"修辞术是论辩术的对应物，因为二者都论证那种在一定程度上是人人都能认识的事理，而且都不属于任何一种科学"。参见亚里士多德：《修辞学》，罗念生译，上海：人民出版社，2005年，第19页。根据《形而上学》（1005b20）中所说的"同一个事物不可能同时属于又不属于这个事物"，亚里士多德将"否定的律法"（the Law of Contradiction）作为认知事物的"首要原则"（the firmest of all principles），而修辞学由于利用语词的歧义与含混产生作用被亚里士多德驱逐出纯粹的科学与逻辑范围。参见亚里士多德：《形而上学》，第90页。Susan A. Handelman, *The Slayers of Moses*, p. 13.

⑤ 亚里士多德通过"论证的逻辑"（the logic of argumentation）将修辞学与哲学关联起来。

的西西里岛(Sicily),与哲学同样古老,它的出现应归功于恩培多克(Empedocles),后来逐渐为(智者派代表)高尔吉亚(Gorgias)、(雅典言说家)利西阿斯(Lysias)、(雅典雄辩家)伊索克拉底(Isocrates)所继承;而更具体地说,修辞学源于发生在公共场合中的雄辩,它是被用来在裁决之前进行劝说的强有力的武器,由于这种劝说的艺术既可以用来实现诡计也可以辩护真理,因而修辞学被视为一项危险的艺术"①,也正因为此,它才被亚里士多德置入低于科学与哲学的位置,并如利科所言:"修辞学被化约为一种理论的风格,甚至是一种比喻的理论,割裂了与逻辑与哲学的联系"②。然而,哈德曼认为,"最近,亚里士多德的建议已经被忽视,文学批评家与符号学家正积极投身于复兴及创立一种修辞的科学,而事实上这是建构作为原科学的修辞学"③。尽管这种对修辞学的重新思考发轫于一直为哲学所排斥的文学与诗学中,但其指向的却是西方形而上学传统,使人们重新打量科学与虚构、概念与语言、真理与谬误、意义与解释等问题。

在《诗学》(*Poetics*)(1457b)中亚里士多德对隐喻下了个定义:"隐喻是将一个事物的名称应用于另一事物,从属到种,从种到属,或从种到种,或通过比例(proportion)"。④ 这样看来,隐喻并不满足从言语到心灵的期望,也不符合"否定律法"这个首要原则,它更像是一种符号的戏耍,不断侵犯着范畴之间的界限,并因此被亚里士多德排除在形而上学之外。但海德格尔却说,隐喻只存在于形而上学中⑤;德里达则认为整个形而上学都建立于隐喻思想的基础

---

① Susan A. Handelman, *The Slayers of Moses*, p. 15.
② Paul Ricoeur, *Rule of Metaphor*, Toronto: University of Toronto Press, 1978, pp. 9—10.
③ Susan A. Handelman, *The Slayers of Moses*, p. 15.
④ 译文分别对照亚里士多德:《论诗》,崔延强译,《亚里士多德全集》第九卷,北京:中国人民大学出版社,1994 年,第 673 页。Aristotle, *Poetics*, trans. Gerald F. Else, Ann Arbor:University of Michigan Press, 1967. 崔延强先生将这段话译为:"隐喻是对借来之词的使用,或者从种借来用于属,或者从属借来用于种,或者从属借来用于属,或者通过使用类比"。
⑤ Paul Ricoeur, *La Métaphore vive*, Paris:E'dition du Seuil, 1997, p. 358. 转引自汪家堂:"隐喻诠释学:修辞学与哲学的联姻——从利科的隐喻理论谈起",载《哲学研究》,2004 年第 9 期。

上,甚至将其称之为"白色神话"①,他引用《伊壁鸠鲁之园》(*The Garden of Epicurus*)②结尾处发生在埃瑞斯多斯(Aristos)与珀里菲洛斯(Polyphilos)之间一段题为"形而上学语言"的对话,揭示了抽象观念对原初感觉经验的消除,"形而上学家们……好像磨刀匠一样……将纪念章或硬币放在磨石上去除空白处(exergue)、面值、头像,直到这上面没有任何可见的东西,没有爱德华王、没有威廉君主、没有共和国……没有时间地点的限制,它们不再值五先令,而是拥有难以估计的价值,它的交换价值更是无限的……依靠这种贫困的磨刀匠的工作,语词从'物质的'变为形而上学的概念。"③原初的意义总是感性的,具有"透明的形象"(transparent figure),当被置入哲学的交流与使用中时,它成了隐喻,而与此同时,最开始的意义与替代却被遗忘了,隐喻不再被关注,它被看作是"正确的意义"(proper meaning),因而,正是哲学掩盖了概念的隐喻本质④,而"任何一个抽象观念的表达只能是类比(analogy)"⑤。哈德曼则更明确地指出,科学的问题恰恰在于将隐喻看作是概念⑥,忘记了抽象观念根本上的隐喻性,这也是对隐喻原初具体性的取消,其结果是掩盖了哲学原本真实存在的感性起源⑦,一步跨入了理念化的幻象中。⑧ 不仅如此,德里达还指出,《诗学》对隐喻的定义是

---

① "由于一种奇特的命运,正是那些想要逃离表象世界的形而上学家们被长久地束缚在寓言中。而令诗人们感到懊恼的是,这些形而上学家们使古老的神话变得暗淡无光,但他们自身却在聚集神话。正是他们制造了白色神话。……形而上学——这白色的神话,表明了西方的文化:白人采纳他们自己的神话、印欧语系的神话、他们自己的逻各斯、自己的习俗与语言作为普适形式,并称之为理性。……白色神话——形而上学已经在它自身中消除了产生形而上学的神话背景,然而,这个背景仍在白色的笔墨(white ink)中、在覆盖在重写手稿(palimpsest)之上的不可见的计划中保持活跃地运动。"Jacques Derrida, "White Mythology: Metaphor in the Text of Philosophy", *Margins of Philosophy*, trans. Alan Blass, Chicago: The University of Chicago Press, 1982. p. 213.

② Anatole France, *The Garden of Epicurus*, trans. Alfred Allinson, New York: Dodd, Mead, 1923.

③ Jacques Derrida, *Margins of Philosophy*, p. 210.

④ Ibid. , p. 211.

⑤ Ibid. , p. 213.

⑥ 按照亚里士多德的逻辑,一个概念的形成正是从具体到抽象、从特殊到一般。

⑦ 哲学开始于古希腊人对自然万物本原的追寻,而这种追寻的动力产生于人们日常的真实生活经验。

⑧ Susan A. Handelman, *The Slayers of Moses*, pp. 18—20.

建立于模拟的基础上,看到了完全不同事物之间的相似处①,"一个好的隐喻就是看到了相似",而一个隐喻的条件就是真理的条件②。形而上学之所以成为可能,正在于人们通过了解相似认识到了各种变化的、流动的现象背后那相同的、不变的、稳定的本质。由此看来,隐喻并非只是一种花哨的文学修辞或诡诈的辩术,"隐喻是把握世界的前概念方式,是概念化思想产生的基础",甚至可以更激进地说,"那个形而上学的王国在根本上就是隐喻的,它并没有独立超越的本质,正是语言的王国维护了它的自然原则(physis)"③,而只有"某些具有隐喻天分的人比其它人更能洞察到相似,揭示本质的真理"④。利科正是因为看到了隐喻中将一个事物的名称应用于另一个事物的运作仍内在地与主谓(subject-predicate)论断相关,才不断尝试将隐喻从唯一性的名称替代中拯救出来⑤。德里达则认为,"单一义(univocal)是语言的本质与目的,这种亚里士多德的理想从未被哲学所放弃"⑥,而他要做的正是释放语言本身无尽的多义。

在利科看来,亚里士多德的隐喻其实是一种"被驯化"了的隐喻,它仅仅是一种言说方式与修辞技巧,它最值得亚氏赞赏的功能就是"将事物置放在你眼前"⑦,使抽象成为可见,因为隐喻从一个名称固有意义到比喻意义的转换正是基于形而上学从感觉到理念(非感觉)王国的转换、是柏拉图从可见到不可见世界的转换⑧。在亚里士多德的模式中,某个(种)正确/固有的名称属于某个(种)特定的事物,由此表达正确/固定的意义,与之相对的是隐喻性的意义,在隐喻中,从另外一个(种)事物那里借来的一个名称替代了事物原有正确/固定的名称,而这种替代依据某种"相似"原则,通过两者之间一定的"比例"联系,人们能够洞察被替代事物的正确名

---

① Jacques Derrida, *Margins of Philosophy*, p. 215.
② "因为善于驾驭隐喻意味着能直观洞察事物之间的相似性",参见亚里士多德:《论诗》(1459a7—8),《亚里士多德全集》第九卷,第 677 页。Jacques Derrida, *Margins of Philosophy*, p. 237.
③ Susan A. Handelman, *The Slayers of Moses*, pp. 19—20.
④ Jacques Derrida, *Margins of Philosophy*, p. 244.
⑤ Susan A. Handelman, *The Slayers of Moses*, p. 20.
⑥ Jacques Derrida, *Margins of Philosophy*, p. 247. 亚里士多德的隐喻是一个名称从固有意义到比喻意义的转换,而"固有意义"其实就隐含着唯一性真正意义的诉求。
⑦ Paul Ricoeur, *Rule of Metaphor*, p. 7.
⑧ Susan A. Handelman, *The Slayers of Moses*, p. 16.

称,恢复对其正确意义的把握。① 但"替代加恢复等于零"②,在这一过程中,对于语词隐喻的使用并没有产生任何新的意义,甚至还取消了自身的意义。根据利科的分析,这种隐喻的产生基于理性逻辑范畴的清晰分类,"每一个词语都孤立地存在,具有自身的意义,也就是亚里士多德所说的'通用的'意义"③,而隐喻转换的实现(从种到属、从属到种等等)则依靠相似性"对语言这种逻辑结构划分造成僭越与违背"④,其最终结果是相似性被吸纳入普世性中,"一个语词的比喻意义最后成为通常使用的一部分",而隐喻的目的"或者是填补词典中一个语义的空缺,或者是点缀话语使它更吸引人"⑤。而关于隐喻的这种"古典修辞学"(classical rhetoric)解释,利科给出了自己的批判意见。正如德里达指责亚里士多德将整个隐喻领域"名词化"(nominalization)了:"一个客体的观念优于关系的观念",隐喻被限制为某个名词的转换,仿佛它离开句法的关系也可以拥有独立的意义⑥;利科也反对将隐喻看作是一个简单的名称事件、一个词语意义的替代,反对一个完整话语或句子的意义产生依赖于词语意义的作用,相反,他指出"隐喻在关注词语的语义之前必须处理句子的意义……隐喻是一个隐喻性话语中两个语词之间张力的结果。"⑦而与之相关的另一个问题是,如果因为一个句子最初由词语构成,隐喻只关注词语,那么首先需要考虑的不应该是从词语字面意义中衍生出来的任何其它意义,而应是句子中谓语的作用,因为"我们所说的隐喻性话语中的张力并不是源于两个词语中的事物,而是对于话语两种不同的解释。正是这两种解释间的冲突保持了隐喻"。通常,当我们对一个隐喻进行字面上的解释时,它往往是"荒谬的"、"语义的不恰当"(如"悲伤的斗篷":如果斗篷是一件衣服,那悲伤就不能是斗篷),因而,隐喻的解释必须是一个在矛盾的意义中进行自我破坏的字面解释,"一个扩展的意义应该感谢一个字面上没有意义的字面解释(a literal interpretation

---

① Susan A. Handelman, *The Slayers of Moses*, p. 22.
② Paul Ricoeur, *Interpretation Theory: Discourse and The Surplus of Meaning*, Fort Worth: The Texas Christian University Press, 1976, p. 49.
③ Ibid., p. 48.
④ Paul Ricoeur, *Rule of Metaphor*, p. 21.
⑤ Paul Ricoeur, *Interpretation Theory*, p. 48.
⑥ Jacques Derrida, *Margins of Philosophy*, pp. 235–236.
⑦ Paul Ricoeur, *Interpretation Theory*, p. 50.

would be literally nonsensical）。"①这样一来，构成隐喻的"相似"原则并非传统修辞学家所认为的"意象作用"（研究一个隐喻就意味着讨论用来表现作者观念的意象的专门术语），而是"范畴错误"（categorymistake），它将两个原本不相关的事物结合在一起，产生一种新的意义关系。②当隐喻发生时，原有的逻辑分类被跳过了、精心建构起来的与语言范畴相对应的思想范畴被侵犯了，整个系统都被扰乱了，但利科称，这种对分类的打乱同时发现并创造了新的秩序，也正是这种逻辑的偏差内在地促成了意义的产生。

利科将传统的隐喻观念视为"死的隐喻"。在这里，名称的替代是一种"不育的运作"，而在"活的隐喻"中，"整个句子中语词之间，或者更准确地说，是字面的解释与隐喻的解释之间的张力真正引起了意义的创造"，③而隐喻这种固有的发散性（discursive）本质必须被人们所认识。不仅如此，更需要注意的是：隐喻中的相似性并非从具体特殊到抽象一般的同一化过程中的阶段性成果，而是在"差异"中保留"相同"，它同时意味着"是"与"不是"，是一种"分裂的指示"（split reference），这种隐喻的相似在根本上是同一与差异的联合体。④因而，在这个意义上我们可以说，隐喻是希腊精心构建的本体论综合体系中的颠覆性因素，它大胆地在"不适宜的"（inapplicable）地方使用肯定性谓语⑤，这正表现了德里达所揭示的哲学概念与生俱来的虚幻的抽象性。

三 犹太人的书

在希腊化的思想史中，语言仅仅被视为事物的名称；但对于犹太拉比而言，语言却始终保持着自身的神秘与神圣性⑥，具有生生不息的创造力。犹太学者哈德曼在其代表性著作《杀死摩西的人》中讨论了犹太人关于书的传统，她指出，正如奥尔巴赫（Erich

---

① Paul Ricoeur, *Interpretation Theory*, p. 50.
② 正如莎士比亚将时间说成是穷光蛋；亚里士多德认为擅长发明隐喻的人有发现相似的眼睛。Ibid., p. 51.
③ Ibid., p. 52.
④ Susan A. Handelman, *The Slayers of Moses*, p. 23.
⑤ Ibid., p. 24.
⑥ 犹太拉比对语言的神圣性的尊重并非是希腊化的"语音中心主义"与"在场的形而上学"。

Auerbach)在《俄狄浦斯的伤疤》(*Odysseus' Scar*)中比较《荷马史诗》(*Homeric Epic*)与《圣经》(*the Scriptures*)的叙事特点时所说："荷马能被分析……但不能被解释"，这短短的一句评语极其贴切地折射出希腊与希伯来两种思想脉络中完全不同的语言观念，而依照奥尔巴赫的分析，在荷马那里"不存在任何被隐藏、未被表达的事物"①。的确，如果遵循亚里士多德以来的传统，按照名称的提示及一系列符合逻辑地论证，任何秘密都将无处藏身。但这些在犹太拉比那里却不适用，他们并不认为存在所谓的"公理"(axioms)可以作为推理与判断的标准。因为，就连人们通常认为的永恒的、客观存在的世界也有一个时间的起源，是上帝偶然地言语创造②。于是，拉比们永不停歇的怀疑精神驱使他们对各种各样的解释进行不断地探询，"以批判性的和完全自觉的理性精神摄取《圣经》的各种含义"③，因为"犹太人的家是处于一系列注释中的神圣文本"④，而这也正构成了犹太人对书的热爱。这是"为写作和激情诞生的犹太教。对写的激情，对文字的钟爱和耐力，我们不知道这主体究竟是犹太人还是大写的文字本身(Letter itself)。也许是一个族群与文字的共同根源。无论怎样，这是一个无法比拟的命运，它将一个'来自那本书的民族'的历史嫁接在作为文字的意义之极端根源处，即嫁接在历史性上面。因为没有文字的重力与劳作就不可能有历史"⑤。

希腊语中表示"语词"(word)意义的词为"*onoma*"，它的同义词为"name"(名称)；但希伯来语"*davar*"同时意味着"语词"(word)

---

① Erich Auerbach, *Mimesis: The Representation of Reality in Western Literature*, Princeton: Princeton University Press, 1953, p.13. 转引自 Susan A. Handelman, *The Slayers of Moses*, p.30.
② "起初，神创造天地。……神说：'要有光'，就有了光。"《创世记》(1:1—3)。
③ 列维纳斯：《塔木德四讲》，关宝艳译，北京：商务印书馆，2002年，第7页。
④ Susan A. Handelman, *The Slayers of Moses*, p.81.
⑤ 雅克·德里达：《书写与差异》，第104—105页。Jacques Derrida, "Edmond Jabès and the Question of the Book", in *Writing and Difference*, trans. Alan Bass, Chicago: University of Chicago Press, 1978, pp.64—65. 译文参考中、英版本。

与"事物"(thing)①，它更像是伊甸园中的言语②："耶和华神用土所造成的野地各样走兽和空中各样飞鸟都带到那人面前……那人怎样叫各样的活物，那就是它的名字。"③因而，这里的"事物"不只是希腊观念中的"物质材料"(substance)，而是一个统一体，它集希腊思想所说的事物的名称、具体事物、事物的理念为一身，但是在犹太人看来"桌子的根本实在是上帝之言，而非柏拉图所说的任何桌子的理念"④。于是，希伯来的"语词"并不是随便任意的名称，而"是实在(reality)最浓缩、最紧凑、最根本的形式"⑤，每一个名称都是它真正所指的事物，是事物的根本属性，而人们也无法仅仅把名称作为符号，越过它去认识事物⑥，相反，正是语词创造了事物，赋予了它独特的本质特征。因此，哈德曼称"davar"不是简单的事物(thing)，而是行为(action)、事件(event)、过程(process)，而上帝之言则是一种说的行动(the act of saying)⑦。

不仅如此，伯曼(Thorlief Boman)将《约翰福音》中被翻译为"word"(言)的希腊语词"*logos*"(逻各斯)与"*davar*"进行了比较，指出它们是截然不同的两种文化："观看"与"倾听"。逻各斯在希腊文中的含义为"采集、置放"(to gather, to put togther in order)，因而在伯曼看来，它最初与言说的作用并没什么关联。后来，这种采集的观念被限定为理性的原则，如伯曼所说："对于希腊人而言，

---

① Susan A. Handelman, *The Slayers of Moses*, p. 1.
② 如德里达讨论言语和文字："我们必须与生命隔离，与共同体隔离，必须委身于痕迹以便成为观看之人，因为我们中止了从乐园最贴近处对那个声音的倾听。……写作在介于失落言语与允诺言语之间的那个破裂了的界限上移动。它与言语的区别在于它是人的错误，是出壳外显的上帝的愤怒，是直接性的丧失，是乐园外的工作"。雅克·德里达：《书写与差异》，第 111 页。
③ 《创世记》(2:19)。
④ Susan A. Handelman, *The Slayers of Moses*, p. 32.
⑤ Isaac Rabinowitz, "'Word' and Literature in Ancient Israel", *New Literary History* 4(1972), p. 121. 转引自 Susan A. Handelman, *The Slayers of Moses*, p. 32.
⑥ 正因为犹太人这种语言观，拉比们更加关注语词及它们之间的关系，甚至细致到文字的物质形状、文本的标点，并由此产生各种各样有趣的解释。例如:《利未记》(23:40)中"要拿美好(glorious/*hadar*)树上的果子(fruit/*citron*)和棕树上的枝子，与茂密树的枝条，并河旁的柳枝，在耶和华你们的神面前欢乐七日"，对这句话并没有什么争议，因为这是在西奈山上被给出的，但是，当拉比们试图在文本中寻找证据来支持这传统的解释时，整个解释的游戏开始了：有人认为这果实应该是一种树上的果子，这种树的树皮的味道应该与果实一样；有人说这果实应该是长在水里的，因为"*hadar*"与希腊语中"水"的意义相关。参见 Susan A. Handelman, *The Slayers of Moses*, p. 17. p. 43.
⑦ Ibid., p. 32.

正确地理解逻各斯非常重要,这表明了这样一个事实:各种意义能够会合在一个概念中,可以聚合在一个可理解的整体中。因此,逻各斯表示智性作用是根据希腊式的理解而形成的"①,而这种观念直接影响了处于希腊世界中的基督教,神圣的逻各斯最终成为可见的神显(theophany)。依据伯曼的分析,希腊人通常将实在作为一个客体,人们通过自身的感官尤其是视觉与之发生联系,而对于概念的要求也来源此,总是希望它能像镜子一样再现思想,也正因为这样,在场的显现尤为重要,它可以解决概念中的所有困难。但在犹太人的观念中,上帝是不可见的,摩西听见了耶和华的召唤,却蒙上脸不敢看他②;而这种对"像"(image)的禁止突出地体现为西奈山(Sinai)上的启示,"众百姓见雷轰、闪电、角声、山上冒烟"③,"'他们看见的是应该被听到的,而这被听到的是在其它地方不能被看到的'。(因而)启示是……声音,不是像。那不可见的通过声音显现,而神圣的语词不能被具体化为在场的存在。"④正是这种看与听的差别影响了希腊与希伯来对语言的不同看法:可见的形象是一个事物完满在场最好的呈现方式,因而,在希腊思想中,语词作为符号总是要超越自身指向外部事物的像;而声音在有声与无声之间摆动,营造的是一种不稳定的在场模式,只有不断地重复才能重新唤起在场感,因此,像《圣经》这样指向语言自身关系网的文本,总是需要被不断地破译与解释。而与看与听相对应的是空间与时间的区别,这样一来,"犹太人无法避免地成为属于历史与时间的人群,他们在空间中游荡,甚至流亡到别处,但却始终根植在时间中,而在这时间中,线性发展的年代总是被同时性所征服"⑤。正是因为这样,犹太人的在场与当下一定同时包含着过去与未来,而不同时代各种众说纷纭的解释总是"能够围绕一些可思考的意义来沟通"⑥。

---

① 此处伯曼对希腊与希伯来思想所做的分析,可详见 Thorlief Boman, *Hebrew Thought Compared with Greek*, Philadelphia: Westminster Press, 1960, pp. 68—117. & Susan A. Handelman, *The Slayers of Moses*, pp. 33—37.
② "耶和华神见他过去要看,就从荆棘里呼叫说:'摩西!摩西!'他说:'我在这里。'……摩西蒙上脸,因为怕看神。"《出埃及记》(3:4—6)。
③ 同上书(20:18)。
④ Susan A. Handelman, *The Slayers of Moses*, p. 34.
⑤ Ibid., p. 37.
⑥ 列维纳斯:《塔木德四讲》,第5页。

"西奈山"（格列柯作）"Mount Sinai"by El Greco①

对于犹太人来说，书不仅仅指那本古老而神圣的《旧约圣经》(the Scriptures)，更包括各种各样的解释文本。因为，当初摩西在西奈山上从耶和华那里领受到的除了那写有律法的石版，更有可以教导百姓的方法②。因而，按照拉比们的教义，"书写妥拉"(written Torah)只是神圣之言全部启示的一部分，它的这种不完全总是需要"口传妥拉"(oral Torah)的增补，而且，"妥拉"(Torah)这一语词即指"书"(book)或"律法"(law)，更准确的意涵为"讲授"(teaching)与"教导"(instruction)。"正如宇宙本身被创造为一个过程(process)而非一个系统，文本总是既完美又永远未被完成"，《旧约圣经》作为书写妥拉不仅是"片段的、模糊的"，更是"充满着背景"③，因而它需要口传妥拉对其进行不断地解释。而在这一过程中，文本与阐释始终不可分割，甚至没有孰轻孰重之别。按照罗伊多威克兹(Simon Rawidowicz)的分析，拉比时代从以斯拉(Ezra)开始到巴比伦塔木德(the Babylonian Talmud)的完成，实际上是寻求再次塑造犹太人的家，口传妥拉不能只被看作是对书写妥拉的评注与阐释，而正是那第二个住所(the Second House/*Bayit Sheni*)，它虽然在时间上处于第二位，但在本质上却也是第一的，罗伊多威克兹甚至称，这第一住所(the First House/*Bayit Rishon*)也就是书写的圣经，与第二个住所共同意味着以色列(Israel)有两个开端。不仅如此，这第二住所总是处于解释的张力中：是继续传

---

① http://www.wga.hu/index1.html
② "耶和华对摩西说：'你上山到我这里来，住在这里，我要将石版并我所写的律法和诫命赐给你，使你可以教训百姓。'"《出埃及记》(24:12)。
③ Susan A. Handelman, *The Slayers of Moses*, p. 40.

统还是反叛革新,是紧贴文本还是有所偏离。① 罗伊多威克兹说,拉比们的工作是所有解释的模式,它教授人们如何"同时既根除又稳固",而"上帝授予摩西,摩西又带给以色列的是一个解释的文本:它是一个没有完结、无法自我充足的文本,它是开放的、不得不对解释保持开放"。② 的确,从坦拿(Tanna)时代《密示那》(Mishnah)的编撰到《革马拉》(Gemara)对它的再注释③,《塔木德》的书写与修订直到今天也没有结束,在这里,文本与解释互相作用、彼此纠缠,取消了时间与空间的界限,成为犹太人智能的宝库,但它本身却不是一部严格的律法书,它为解释与讨论提供基础,但规则却总是随着不同的时代而游移。正如勒维纳斯所说的:"……尽管《塔木德》著作因其连续性的研究而具有古老的特征,非常悖谬的是它仍属于犹太教的现代史。现在人们还直接与《塔木德》对话。也许这里正是犹太教的独特性:一种连贯的传统通过对《塔木德》文本的传授和评述而存在,评述与评述盘根错节。"④ 于是,"解释"是以色列最伟大的使命,也是它历史的秘密。⑤

哈德曼将德里达视为犹太异端解释学中最新近的代表,与那些爱上帝的信仰者相比,德里达"更爱妥拉",他始终忠实于"那可怜的、被放逐的替罪羊——书写"⑥。而德里达之所以获得如此评

---

① 希伯来文的发展史可分为四个阶段:圣经希伯来文(Biblical Hebrew)、拉比希伯来文(Rabbinic/ Mishnaic Hebrew)、中期希伯来文(Medieval Hebrew)、现代希伯来文(Modern/ Israeli Hebrew),而从被掳的巴比伦囚徒回归、第二圣殿的建立至被毁这段时间,是晚期圣经希伯来文向拉比希伯来文过渡与拉比希伯来文成熟发展的时期,而在拉比希伯来文成熟过程中,口传妥拉主要有两个重要作用:一是至公元 220 年为止一直重复与传承之前领受的教导;二是从公元 3-5 世纪主要致力于对以往领受教导的诠释工作。由此可见,希伯来语言、历史与文化的发展与传承始终围绕着《圣经》的产生与诠释。此注脚资料来源于辅仁大学 2011 年中古学程暑期班彭信之老师主讲的希伯来文课程课堂讲义,特此感谢。

② Simon Rawidowicz, "On Interpretation", in Nathum Glatzer ed., *Studies in Jewish Thought*, Philadelphia: Jewish Publication Society, 1974, pp. 52-56. 转引自 Susan A. Handelman, *The Slayers of Moses*, p. 41. 不仅如此,《创世记》中也记载了两个创世开端,"神的创造"与"伊甸园"。

③ "坦拿"是对犹太教口传妥拉编注者的称谓,而《塔木德》由《密示那》与《革马拉》构成。而有关犹太教口传妥拉的历史发展,可详见 Susan A. Handelman, *The Slayers of Moses*, pp. 42-50.

④ 列维纳斯:《塔木德四讲》,第 7 页。

⑤ Susan A. Handelman, *The Slayers of Moses*, p. 42.

⑥ Susan A. Handelman, "Reb Derrida's Scripture", *The Slayers of Moses*, p. 171.

价,正在于他看到了犹太人不断"写与被写"的命运:"犹太人择取了书写,书写也选择了犹太人"①。而在犹太人与写作交换的过程中,他们"在其享有的自由经验中也会发现自身被交给了语言,同时被语言所释放",这当中永远伴随着质疑自身、反省自身的痛苦,"大写的律法因而成为大写的问题,而言语的权力与质问的义务也因而混同起来。人的书也因此是一部询问之书"②。在犹太人这里,语言获得了在希腊人那里从未有过的优待,但这"言语的权力与质问的义务"从何而来呢?在德里达看来,逻各斯中心主义本身并没证明我们从一开始就拥有这样一种历史,相反,它只是在维持一种虚构的神话,因为"中断、延迟、混杂与不同性一直在影响着声音,它从一开始就产生于一个充满差异痕迹的系统中,(声音)就是文字之前的书写"③。然而,甚至对于解构主义者来说,这也是一个"有效的"神话,利用假定一个"言说的上帝"的首要地位,来表达那实际上"无法阐明的、自我沉默的上帝"及所有语言"起源上的第二性"④。因而,对于德里达而言,语言那无法比拟的权力及"诗之自律性"都产生于那"破碎的诫碑碎片",而且这权力是绝对的,"因为它不取决于历史中某种偶然的事件,诫碑的破裂说的首先是上帝身上的一种断裂成了历史的起源":

> 上帝与自己分裂以便让我们说话,使我们惊讶并让我们质疑。它没有采取说的方式而是以缄默去中断了它自己的声音和符号,它听任诫碑折裂。在《出埃及记》中,上帝至少两次说过他为这种自我分裂后悔,在老诫条之前也在新诫条之前,即在原初言语与原初文字之间,在始源与重复之间(《出埃及记》32:14,33:17)。可见书写本来是诠释性的因而也是次要的。人的书写当然没话可说,可上帝的书写就已经如此,因为它始于上帝声音的中断也始于它大写的面目之隐匿。这种差异,这种上帝身上的否定性正是我们的自由,也正是那只能在

---

① "你是那个写与被写的人。""依尔迪拉比:'当我们除了服从选择而别无可为的时候,选择与被选择之间又有什么区别呢?'"雅克·德里达:《书写与差异》,第105页。
② 同上书,第105,109页。
③ Jacques Derrida, *Margins of Philosophy*, p. 291.
④ *Derrida and Religion*, p. 143.

大写的问题可能性中找回其否定源头之纯净性的超验性和言语。①

的确,正是上帝的沉默给了人无尽言说的自由,但这种人的言说实际只能是书写。因为,人的言语正是产生于上帝的愤怒,乐园中那最贴近处的声音已经因为人的错误而中断,"直接性的丧失"使人只能游走在文字的沙漠中。但这正是上帝的"诡计",上帝的自我断裂已经"在自己的身上打开问题",他"在自我怀疑的双重性中运动",因而,通往上帝的路是一条"笨拙而暧昧的弯路",是条"没有任何真理在前面为它规定笔直度的路,是条穿越大写的沙漠之路"。② 对于犹太人而言,他们始终忠诚于那无法终结的书,而他们的责任也是不断地书写、书写。因为,他们要"捍卫着那保护他言语的沙漠,那言语只能在沙漠中被说出;捍卫着那保护他文字的沙漠,因为文字只能在沙漠中留痕"③。而在这永不停歇的解释、书写中,犹太人的考问、反省、质疑与辩论永远都在进行,正如"理达拉比说,有一本上帝之书,上帝通过它质问自己,也有一本人之书,它的大小跟上帝的那本一模一样"④。

犹太人对语言有着无限的热爱,它是那永不中断的书写与解释,而"真理彻头彻尾地渗透并固定在(这书写与解释的)历史性当中,历史则被自身的经验性所规定"⑤,正因为是这样,即便生命停止,书写还要继续。当犹太拉比太拉旦(R. Haninah ben Teradion)因教授妥拉而被罗马政府判处死刑时,他的女儿为妥拉与父亲将被一起焚烧而哭泣,但拉比却说:"妥拉是火,没有火能烧掉自己",而且,即便那羊皮纸已经在火中被烧成灰烬,拉比却仍然都够看到圣经的文字在空中飞舞。⑥

小 结

逻各斯(*logos*),作为对希伯来语"*davar*"的希腊翻译,成为了

---

① 雅克·德里达:《书写与差异》,第 108—110 页。
② 同上书,第 110—111 页。
③ 雅克·德里达:《书写与差异》,第 113 页。
④ 同上书,第 127 页。
⑤ 同上书,第 105 页。在犹太人的传统中,历史与叙事始终纠缠在一起,而美国学者泰勒则对其进行解构,揭示了正是叙事构筑了包括犹太教及基督教的在内的各种各样的历史,在本文第二章中将对此进行论述。
⑥ Susan A. Handelman, *The Slayers of Moses*, p. 178.

基督宗教思想中最重要的表达:"太初有言"(In the beginning was the *logos*/word)。但因为受到当时所谓"异教"(希腊)思想的干扰,"*davar*"原初语词与事物一体的内涵被分离了。希腊化的逻各斯思想专注于对事物的沉思而忽视了语言本身的内在逻辑,这不仅造就了影响深远的"白色神话",更使基督教会忙于对"精义"(spirit)的追寻而轻视犹太人的神圣之书为"文字"(letter)①,忽略了语言中那"撒谎的德性""乃是上帝的道路"②。然而,任何一种精义都是建立于"文字上的真理"(literal truth)③。于是,"'言成了肉身,住在我们中间',当(希腊文化)要求对犹太教进行灵性化的解释时,事实上基督宗教却以这种字面化的阐释对其进行报复"④。这肉身如同书写一样,是上帝对自身的否定,这种原初的自我颠覆力量给予了人自由,也打开了一个询问,而这询问本身已经是一个回答。

---

① Susan A. Handelman, *The Slayers of Moses*, p. 15.
② 雅克·德里达:《书写与差异》,第110页。
③ Susan A. Handelman, *The Slayers of Moses*, p. 17.
④ Ibid. 其实,对于德里达而言,他反对将隐喻字面化,认为这样一种做法仅仅是将语言视为对意义表达的工具,而隐喻才保留了语言自身的动力,但如果我们承认基督教的精神内核中存在一种自身反转的力量(如:齐泽克、巴迪乌的论述),就可以发现基督宗教这句字面化的解释恰恰是对希腊式的"字面化"含义的背叛,因为"言成肉身"本身就构成了利科所说的隐喻的矛盾解释:如果言是上帝,那上帝就不是肉身。而对于基督宗教的反转内核的讨论,可参见杨慧林:"'反向'的观念与'反转'的逻辑:对齐泽克"神学"的一种解读"。

第二章
太初有意

第一节 意义的缺在

直到今天,罗丹(Auguste Rodin)那尊名为《思想者》(*thinker/poet*)的雕像仍然是西方艺术博物馆中的经典,它的价值不仅仅在于成功地将伟大的诗人但丁(Dante)在地狱之门前构思诗句的场景凝固为永恒的瞬间,更表达了但丁、罗丹,乃至我们每一人对自己人生、所处时代及整个世界所做出的深沉思考。

"思想者/诗人"(罗丹作)
"thinker/poet" by Auguste Rodin①

的确,自古希腊开始,如同这尊雕像所呈现的那样,有关意义的一切都被埋藏在思想的最深处,但尽管如此,它却被视为唯一能

---

① http://www.artcyclopedia.com/artists/rodin_auguste.html

够照亮人之存在的生命之光,海德格尔甚至将其称之为"在场的遮蔽"①,而我们的任务则是尽一切努力去把握它、揭示它,使它澄明、显现。然而,诸如思想、真理、理性、逻辑等等这些归属于意义秩序的名称,在德里达看来,都不可避免地与基础、原则、中心相关,并以此来表明一种永恒地在场。② 而从一开始,正是这种对于在场的热爱构成了西方哲学思考与研究的动力。

物质世界中,每天日升日落,生老病死,正如一朵娇艳的花因为一雨来袭而凋零,"在"成为"不在"带来的变化使我们无法全面、清楚地了解"事物是什么"。因而,人们总是对永恒不变的知识模式充满了渴求,认为一旦把握了它就可以一劳永逸地掌握世界的运动规律。在勒维纳斯看来,这正是对西方文化思想产生重要影响的"本体论"传统,它给予"同一性"(same)以特权,任何差异的、变化的他性事物如果想被认识主体所了解,必须要放弃自身的"不同性"(alterity)才能显现在同一性的层面,否则只能是缺在。③ 因此,无论是"在场的形而上学"还是"本体论",它们对在场的强调无非是想消除变化、差异及缺在可能带给人的不稳定与恐慌感。然而,正是这看似可以成为基础的在场却建立在一片不断流动的"延异"(différance)的沙丘之上。

不仅如此,在德里达看来,对在场的追求正是源于"光之暴力":"整个哲学传统恐怕都在意义深处与同一的压迫和集权主义沆瀣一气,此乃光与强权之间暗藏的长年友谊",而那能够照亮柏拉图洞穴的日光始终潜藏着灼伤眼睛的危险。因而,当步入光中的那一刹那,我们的目光被转移了,"在光中被给予的所有一切仿佛是我通过我自己给予我的东西",而那"光的暴力"也为自己"提

---

① 伽达默尔:《伽达默尔集》,严平选编,邓安庆等译,上海:上海远东出版社,2002年,第210页。在弗莱堡早期,海德格尔曾说过,"人不可能像丢掉他的小刀那样丢掉上帝。"对此,伽达默尔论述指出,事实上人也不能仅仅在小刀不在场的意义上就轻易地丢掉它。当一个人丢掉了小刀这样长期熟悉的用具时,他不断地发觉它不在这一事实就表明了他的存在。……由丢失的东西形成的空缺不是手头东西之间的空位;相反,这空缺属于对它而言才识丢失了的东西的"在那儿"。由此,"本质"被具体化了,我们也才能证明当下的东西如何同时是在场的遮蔽。而事实上,所谓意义与本质总是存在于具体与过程中的,但希腊哲学往往把本质作为客体目标进行研究,这恰恰造成了对意义本身的遗忘。

② Jacques Derrida, *Writing and Difference*, p.279.

③ 勒维纳斯对本体论的批判可参见 Emmanuel Levinas, *Totality and Infinity*, trans. Alphonso Lingis, Pittsburgh: Duquesne University Press, 1969.

供了一个不在犯罪现场的证明",成为在场的遮蔽,以至于人们依旧把它当作生命之源努力使其呈现。① 故此,寻找一种对抗光的话语是艰难的,因为"光也许没有对立面,即便有的话,也绝不是黑暗"②,那么,能否有一种存在于"在与不在"之外的非暴力之光吗? 尽管德里达仍然对"某种光照"③保持警惕,但勒维纳斯所说的"沉睡在灰烬之下的炭火"还是使他为之激动不已,因为那"火苗如此穿越历史而没有将其灼烧",而人们一直追寻的"意义"也正在于"向着这沉睡的火苗……吹送的气息"。④

一 几何学梦想的瓦解

"如果年轻时掌握了毕达哥拉斯的勾股定理(Pythagoren theorem),对于今天的我而言,它仍旧保持不变"。⑤ 这不仅是人获得知识的理想状态,更表达了哲学家们努力摆脱变化无常的物质世界进入永恒理念王国的愿望,而在胡塞尔看来,这正是一种几何学式的梦想。

尽管称不上是一位绝对的柏拉图主义者,但胡塞尔对理念(idea)却有着浓厚的兴趣,在《几何学的起源》⑥中,他以几何学为代表对理想事物(ideality)的历史进行了探讨。对此,胡塞尔开篇即指出,这"起源"问题的主旨并不在于研究谁是第一位几何学家、第一个几何公式什么时间产生,而是关注几何学在历史上第一次出现的意义,这最终成为一个"传统"的问题。在胡塞尔看来,欧几里德的几何(Euclidean geometry)最初产生于欧几里德(Euclid)这个发明主体内,而这几何的意义及其所包含的内容都同时在场于他的头脑中。需要注意的是,尽管几何是产生于主体世界的事物,但与其它同样存在于主体世界中的"精神的存在"不同,"几何学的存

---

① 雅克·德里达:《书写与差异》,第 154 页。
② 同上书,第 155 页。
③ 德里达称,勒维纳斯"他者面容的赤裸性——这种所有暴力面对都得沉默缴械的某种非光的'神显'也仍必须暴露在某种光照中"。参见雅克·德里达:《书写与差异》,第 139 页。
④ 勒维纳斯:《困难的自由》,Emmanuel Levinas, *Difficile liberté*, Pairs: Albin Michel, 1976, p. 89. 转引自刘文瑾:《他人的面容与"歌中之歌":勒维纳斯思想研究》,北京大学比较文学专业博士论文,2008 年,第 30 页。
⑤ James K. A. Smith, *Jacques Derrida*, p. 19.
⑥ 胡塞尔:"几何学的起源",德里达:《胡塞尔〈几何学的起源〉导引》,钱捷译,台北:桂冠图书有限出版公司,2005 年,第 181—212 页。

在"具有典型地客观性①,因为,几何学的真理对于任何人都适用,无论在发明者最初的原始语言中还是翻译中,它都始终保持相同;不仅如此,与那些我们只能在特定时空中看到某些特定面相的普通物质客体不同,几何学的存在可以毫无保留地被完整给出,这是一个没有任何"缺在"的给予,它可以独立于任何个体而存在。胡塞尔认为,所有理想事物都具有这种客观性,它适合于整个文化世界的精神产物,这中间不仅包括所有科学形成物及科学本身,也包括文学艺术的形成物。

的确,在几何学的帮助下,胡塞尔继续搭建着前人留下的那完美的理念王国。但与之不同的是,这"理想的客体"必须在历史中不断地证明自己完美的客观性,这正如胡塞尔给出的示范,今天人们看来具有普适性的几何学仍有一个历史:这是从"内在于个人的本源的涌现②最终达到它的理想的客观性"③的历史,那这历史是如何形成的呢?胡塞尔称是"通过语言",即几何学真理"获得了它语言上的鲜活身体"④。但是,具体化的语言如何能完成将几何学真理客观化的任务呢?为了实现这个目标,胡塞尔首先处理了"语言与世界"的关系,语言创造了一个共同体,在这当中,成员们可以通过语言进行主体间的交流,也即是说,共同体中的语言可以在不同成员当中唤起共鸣,以使他们之间可以达成理解。这无疑为分享几何学的知识提供了条件,它可以从第一个发明者的脑海中走向外在的客观。然而,在发明者与他的伙伴都已不在的时代,理想的客体如何才能长久地存在?在这个时候,胡塞尔毫无疑问地选择了"书写",它将几何学的真理记录下来以免随着发明者的死亡而消失,但同时也使那真理成为文字中的"沉淀物",而这是胡塞尔提醒人们注意的语言中一种永久的危险性。因而,几何学当初的自明性需要后来的"读者"来"再激活",为此,就需要区分"消极的理

---

① 史密斯甚至认为可以把问题转换为:是欧几里德发明了欧几里德几何,还是他发现了这种几何? James K. A. Smith, *Jacques Derrida*, p.136.

② 在胡塞尔看来,几何学在发明主体内的产生是"内在于个人的本源的涌现",这种"本源的涌现"其实就是最本源的意义的涌现,它具有自明的理想客观性,而几何学在历史中的不断回溯性的发展则最终达致并证明自身的理想客观性。由此,可以看出胡塞尔这里给出的是一种循环论证,也证明了德里达对其"构成性分析"的评价。

③ 胡塞尔:"几何学的起源",第 203 页。

④ Jacques Derrida, *Husserl's Origin of Geometry: An Introduction*, trans. John P. Leavey, Stony Brook: N.Y. : N. Hays, 1978, p.161.

解"与"唤醒经验"的阅读,因为"语言的诱惑容易产生一种读者群体,他们只是被动地了解……而没有回到事物本身",但无论如何,对于胡塞尔来说,书写都是必需的条件,正是它使几何学成为永恒的真理。①

德里达很敏锐地察觉到了胡塞尔在追寻这种几何学式的梦想时显露出的自我矛盾之处。胡塞尔一直渴望脱离任何具体的物质性联系而获得纯粹的理想事物,但即便是最符合这种要求的几何学也无法实现这个目标。因为,尽管胡塞尔一再地表明理想事物的客观性具有超越任何具体语言的能力,但他最后却不得不救助于语言来实现这种客观性,否则理想的事物只能被封锁在"第一个几何学家"的脑海中,"正是历史地道成肉身释放了超越性,而非禁锢它"②。德里达指出,在几何学成为真理的历史中,仅仅依靠发明者将它说出来是不够的,如果想获得持久的客观性,必须形成文字资料,这是一种言说者不在场的交流,"凭借绝对的虚拟对话,书写创造了一种独立超越的领地,每一个在场的主体都是缺在"③。这表明了在书写当中,语言既不是一种私人话语,也非两者之间的密码交流,而是成为一项公共的财产,它可以在第一个几何学家与他的第一位对话者都不在场的情况下依旧发生作用,而这种主体在场的缺席欢迎客观性,但它也标志着作者的死亡。这样一来,保证几何学式的"理想的客观性"(这也即是指真理、意义等)永恒存在的在场的权威受到了动摇,曾经被认为是基础的"在场"不过是那些"不在场"的产物。而这并非是一个特殊的例证,在德里达看来,人们生活中的所有在场感无非都是一种假象。他吸收了胡塞尔现象学的方法来讨论在场这个复杂的建构:例如一支飞矢,我们通常认为它在运动的每一瞬间都在场,但有趣的是,如果这每一瞬间的在场都是一个特殊的点,那它只能是一个个断点而不是运动的箭,因而,如果说箭从它飞行开始到结束的每一瞬间都在运动,那这运动在每一个当下的时刻都从不在场,它总是已经处于过去与未来的痕迹中。由此可以发现,过去人们之所以认为每一瞬间都真实

---

① Jacques Derrida, *Husserl's Origin of Geometry: An Introduction*, pp.164—169.

② 德里达借用基督宗教的"道成肉身"来类比以具体语言的方式对抽象客观的理念进行的表达,也即是表明理想的客观性是在具体的历史中被不断证明与完成的。Ibid., p.77.

③ Ibid., p.88.

在场,是因为当下的瞬间看起来似乎是个无法分解的绝对时刻,过去是前一个当下,未来是即将来临的当下,但是却没有注意到,当事物在一瞬间发生时,这个瞬间已经分割了自己并被不在场所占据。① 因此,德里达要求我们在差异(difference)与延迟(deferral)的关系中思考在场,"假设在场……不再是存在的绝对基本形式,而是……'效果',在一个系统中起决定作用的不再是在场而是延异(différance)"②。

而需要进一步指出的是,在场与不在场之间的悖论关系并不仅仅存在于几何学真理为了延续它的客观性不得不求助于书写的阶段,而是在几何学从它的发明者那里走向外在的公共交流空间以获得自身独立性的那一刻就已经开始了,胡塞尔将其称之为"语言与世界"的关系,而这在德里达看来,这其中蕴涵着"结构与事件"的吊诡运动,"意义"正产生于此③。人们通常认为言说者说出的意思就是语词的意义,但只有获得接受者的认可,这个意义才有可能成立。这即表明了语词的意义实际上存在于一个语言系统中,只有同处于这个系统中、并熟悉其中规则的人们才能理解语词的意义,而这样一个系统的形成依赖于以往的交流行为,因而"一种语言的结构(语言标准与规则的系统)是事件的产物,是先前言说行动的结果"④。但当我们把事件看作语言结构的来源时,却发现每一个事件本身都已经为之前的结构所决定。因而,无论我们怎样试图去寻找语言最初的源头,得到的只能是结构与事件间的区分。不仅如此,即便是假设远古时代的一个洞穴中人,在他刚刚

---

① Jonathan Culler, *On Deconstruction*, p. 94.
② Jacques Derrida, *Speech and Phenomena*, p. 147.
③ Jonathan Culler, *On Deconstruction*, p. 95.
④ Ibid. 正如索绪尔分析的,"从历史上看,言语的事实总是在前的。如果人们不是先在言语行为中碰到观念和词语形象的联结,他怎么会进行这种联结呢?另一方面,我们总是听见别人说话才学会自己的母语的;它要经过无数次的经验,才能储存在我们的脑子里。最后,促使语言演变的是言语:听别人说话所获得的印象改变着我们的语言习惯。由此可见,语言和言语是互相依存的。"而这里的"语言"与"言语"的关系正是"结构与事件的关系"。费尔迪南·德·索绪尔:《普通语言学教程》,高名凯译,北京:商务印书馆,2004年,第41页。而这在德里达那里有着更明确地论述,"我们可以进入索绪尔所说的语言符号系统中:'语言系统(langue)对于一个产生影响的言说事件(parole)来说是必须的,但后者对于语言系统的建立也是必要的条件'。这是一个循环……因而,他必须认识到,先于语言与言语的区分之前是一个差异的系统。"Jacques Derrida, *Positions*, trans. Alan Bass, Chicago: University of Chicago Press, 1981, p. 28.

开始习得语言的时候以某种特殊的声音来指示"食物",这种声音也已经与其它声音区别开了,世界被分划为"食物"与"非食物"的范畴,而意义的行为正是建立于这种差异的基础上。①

在德里达看来,索绪尔的《普通语言学教程》尽管无法完全与逻各斯中心主义脱离关系②,但其"语言产生于差异"的理论却给予在场的形而上学最有力的批判,而这也有可能瓦解胡塞尔几何学式的梦想。在索绪尔看来,只有服务于表达与交流的声音才能成为语言,因而,在《教程》中他将"语言"定义为"一种表达观念的符号系统"③,而讨论语言就是要讨论符号的本质。但索绪尔指出,语言符号性质的"第一个原则"就"符号的任意性",符号的构成及符号与事物的关系仅仅是"以约定俗成为基础的",当然这并不是"指完全取决于说话者的自由选择",而是指符号"对现实中跟它没有任何自然联系的所指来说是任意的"。④ 因而,一个语言系统的构成只是依于符号与符号之间的差别:这不仅表现在声音符号中,如"bat"在与"pat,mat,bad,bet"的差别比照中才可以成为一个能指;也表现在文字符号中,如字母"t"在与"l,f,i,d"书写的不同中才能被识别,而无论是"bat"还是"t",只有在与其它不在场符号的关系中才能被"说出"与"写出"。⑤ 不仅如此,这种差别也导致了结构主义及符号学中其它区分的发展:作为系统的语言(*langue*)与作为言说事件的言语(*parole*)、语言的共时性与历时性研究、符号系统中的差异与符号能指与所指的差异。⑥ 而正如索绪尔所总结的,符号并不是确定的实体,而是差异的结果,"在语言系统中只有差异"⑦。对此,德里达评论到,"无论在书写还是言说的话语中,如果不与那不在场的其它要素发生关联,任何要素都不能作为符号产生作用。这种结合意味着每一个要素——无论是音素(phoneme)还是字素(grapheme)——的构成都与序列或系统中其它要素留下

---

① Jonathan Culler, *On Deconstruction*, p. 96.
② 在德里达看来,索绪尔对符号概念本身进行分析时,他对能指(signifier)与所指(signified)的区分是以感觉与智性的差别为基础的,能指的存在是为了通向所指,在意义的交流中,能指低于所指。这正是对逻各斯中心主义确证。
③ 费尔迪南·德·索绪尔:《普通语言学教程》,第 37 页。
④ 同上书,第 103—104 页。
⑤ 此处例证引自 Jonathan Culler, *On Deconstruction*, p. 96. p. 101.
⑥ Ibid., p. 98.
⑦ Ferdinand de. Saussure, *Course in General Linguistics*, trans. Wade Baskin, London: Peter Owen, 1960, p. 120.

的痕迹相关。这种结合与交织就是文本(text),它只有通过另一个文本的转换才能产生。无论是在要素还是系统中,没有事物是简单地在场与不在场。只有差异与踪迹的踪迹。"①

"延异"(différance)无疑是德里达文本的关键词。法语动词"différer"意味着"差别"与"延迟",而将"différer"与"ance"结合为"différance"则表示动词的名词化,它的读音与"différence"完全相同,只有在"书写"中才能发现区别。"延异"是德里达自创的一个语词,它同时表达了空间性的差异"间隔"(espacement)与时间性的差异"拖延"(temporisation)。在德里达看来,"延异"既是意义产生的条件,也是产生差异的区别行动,而他坚持使用"différance"而非"différence"则是为了区别于尼采、索绪尔、弗洛伊德、胡塞尔、海德格尔文本②中的"差异",以此来表明正是"延异"既决定又颠覆了意义的理论。在德里达这里,延异"是一种结构与运动,它不基于在场与不在场的对立关系,它是差异、差异的踪迹及间隔的系统游戏"③。

在德里达看来,胡塞尔在《几何学的起源》中的研究仍然是追寻一种"理想的客观性"的永恒在场,它关乎真理、意义,乃至整个文化世界的传统与精华,也关联着人与人之间彼此理解沟通的达成,而且这种几何学式梦想实现,在胡塞尔的论证中,主要依靠语言这个中介。但这"在场"不过是已经"不在场"的效果,无论它指向那最本源的意义,还是这最本源的意义在一个纯粹主体内的涌现,亦或是在历史中被不断再激活的意义,因为,在德里达的分析中,任何在场其实都已经被延异所占据。然而,这并不意味着延异就那个产生意义的最终基础,相反,延异总是另一个延异的结果,这将是一个无法解决的困局。于是,在德里达看来,胡塞尔探询意义的几何学式梦想因语言而可能,也因语言而破灭,它被永远地延异了,是一个不可能完成的任务。

---

① Jacques Derrida, *Positions*, p. 26.
② 德里达的延异思想受到索绪尔"差异"原理、胡塞尔"内时间意识"、海德格尔"本体论差异"等等的影响。参见高桥哲哉:《德里达:解构》,第 290—291 页。而有关"延异"的其它解释可参见 Jacques Derrida, "Différance", *Margins of Philosophy*, pp. 1—29. Jonathan Culler, *On Deconstruction*, p. 97.
③ Jacques Derrida, *Positions*, p. 27.

二 历史的终结

在《几何学的起源》中,胡塞尔指出,当我们认识了几何学的知识时,也就了解了它作为传统早已存在,并被传承至今,还将被继续传承下去,而这其实也就是已经意识到了几何学的历史性。于是,认识论其实就是关于历史的任务。不仅如此,在胡塞尔看来,任何一种具体的历史都有"自己的"先验性,若想对此进行把握,则必然会导向一个最高的问题,"即关于理性的普遍目的论的问题"①。

由此,胡塞尔在讨论几何学的意义时所表现出的对于历史的看法,很容易让人想起黑格尔对历史所做的经典阐释:"历史,尤其是世界历史,总是有一个最终的目的,这实际上已经被[人们]认识到了,并[仍旧]在不断地被认识……那就是历史中的理性,这被哲学地表现出来而且必需如此……没有这种目的的历史将仅仅是一种无意志的想象消遣,甚至连童话故事都称不上,因为即便是孩子们也要求故事有趣,至少能感觉到某些意图及事件与行为之间的关联"②。但这里需要指出的是,在两位后现代思想的代表——尼采与德里达看来,黑格尔关于历史的这一论断恰恰是对历史的终结。

在《声音与现象》一书中,德里达指出,黑格尔所说的历史不过是"绝对知识中作为自我在场的存在的历史,是自我意识无限在场的历史,这是一个封闭的历史,因为,除了作为知识与权力的在(Being)之显现与所有在场的存在者的重新聚合,历史什么都不是。而由于意识中的绝对自我在场是完满在场的无限召唤,绝对知识的实现就是对无限的终结,这只能是没有延异的声音中概念、逻各斯与意识的结合"③。因而,这种历史不过是纯粹的智性沉思,并没有真正处理存在于现象界中的、与历史相关的重要议题:时间、自我及构成历史的众多事件。而与黑格尔相比,胡塞尔对于历史的看法显然有所进步,他注意到了特定时空内事物的多样变化与发

---

① 胡塞尔:"几何学的起源",第212页。
② Nietzsche, *The Portable Nietzsche*, ed. Walter Kaufmann, New York: Viking Press, 1968, pp. 39—40. 转引自 Mark C. Taylor, *Erring: A Postmodern A/Theology*, Chicago: University of Chicago Press, 1984, p. 66.
③ Jacques Derrida, *Speech and Phenomena*, p. 102.

展,并揭示了历史性的主体"人"已被预设了的视阈,但胡塞尔同时却也强调,所有作为历史事实而构成的东西,都必然具有其内在意义的结构,它们共同证明着历史中的普遍先验性,因而,这仍是对黑格尔式的封闭的历史的继承。而尼采则颠倒了黑格尔的逻辑,表达了对历史的"另一种阅读"。尼采指出,"每一个故事都必须有一个目的,因而人的历史、世界的历史也是这样,这意味着:因为有'世界史',所以在世界的进程中一定有某种目的……我的生命没有目的,这明显是因为它发生的意外性,但我能为自己假定一个目的则是另一回事"。① 而如果众多的意外发生可以被称做"历史",那它们一定需要一个目的,因而,在尼采看来,无论人们是否愿意承认,历史都更像是一个"故事"。

美国当代学者泰勒深受解构思想的影响,他将尼采的观点明确地表述为"历史总是故事"。不仅如此,在他看来,至今仍在西方保持深远影响的基督宗教的历史就是对此最有力的佐证:经过创造、堕落、道成肉身、十字架上的受难与复活、救赎这五个重要的行为,众多在时间上看似散在的事件,被构思为一个具有明确开端、中间、结尾的整体,而这完整的历史过程中最关键的中点(midpoint)即是"基督事件"(Christ/Logos/Word-event),这个事件具有特殊的地位,被赋予解释的力量,因而,对于信仰者来说,耶稣的这种启示特征使所有其它的事件成为可以被理解的。② 但事实上,在从一个特殊的民族性宗教犹太教发展为当今具有所谓普世性价值的宗教,基督宗教的历史并非始终是一个连续的整体。在《圣经》文本没有获得正式统一的权威以前,对于犹太教与基督宗教之间的关系一直存在着激烈的争论:基督宗教是对犹太教的接续还是完全地背离。对此,一些承认《新约》合法性的人们将耶稣看作犹太教预言传统最新的表现,而反对方则认为两者并不相关,其最典型的代表即是公元二世纪的诺斯替教徒马西昂(Gnostic, Marcion),他坚称耶稣的上帝并不是耶和华,并认为犹太人的圣经与基督宗教的《新约》也并无连续关系③。马西昂的立场在历届研究圣经的学者看来无疑是对一神论信条的破坏,但如何才能使写

---

① Nietzsche, *The Portable Nietzsche*, p. 40.
② Mark C. Taylor, *Erring*, p. 65.
③ 麦格拉斯(Alister McGrath):《基督教概论》,马树林、孙毅译,北京:北京大学出版社,2003年,第11页。

作时代完全不同的文本统一为一个整体,如何将被"沉默时期"隔断的犹太人发展的古老历程与耶稣的诞生、受难与复活融合为连续的历史呢？对此,泰勒指出,"类型学的解释"功不可没。

"类型学"(typology)是神学研究中最常用、也是最典型的一种研究方法,它最早可以体现于奥古斯丁亲身实践的那句名言中,"旧约中隐含着新约,新约显明了旧约"①,而奥古斯丁之所以能有如此见解,主要受惠于他从安布罗斯(Ambrose)那里习得的解释旧约的"一种比喻的方法"。根据泰勒的分析,奥古斯丁不仅在《论基督徒的教义》(*On Christian Doctrine*)与《论灵魂与书信》(*On the Spirit and the Letter*)中发展了这种比喻的解释并为之辩护,而且这种"灵性的"解释学也帮助他将柏拉图/新柏拉图的与犹太—基督宗教的思想要素结合起来,形成一个新的综合体系并一直保持某种影响。② 不仅如此,泰勒还从语言学的角度对类型学进行了研究,揭示了旧新约作为一个整体的必要性及这个统一的历史对信仰者的特殊意义。③

"Typology"(类型学)一词源于希腊语"*tupos*"与"*logos*",其中"*tupos*"与"*tuptō*"相关,与之对应的英文为"strike",意为"击打、冲压及其留下的痕迹"。依据类型学的分析,犹太圣经中记录的事物与事件是基督生活与基督徒经验中各种事物与事件的预兆与模本,这样看来,《新约》其实是对《旧约》的补充与丰富而非替代。而之所以会有这样的解释,主要因为在类型学的解释者看来,任何事物都不是单一义的,世界总是"充满着背景与神秘性"④。但在这里需要注意的是,类型学的解释虽然仍然是逻各斯中心的,却与本体论神学的解释传统有所不同。按照本体论神学的解释,所有事物与事件都并非表面呈现的样子,而是超越自身指向一个被遮蔽的意义,这也就是它们的真相(truth)。因而,在旧约与新约之间形成了"显现与潜在"的二元划分:"肉身与精神、阴影与光照、可见与不可见、表面与深层、前景与背景、相似与陌生、字面的与比喻的、神话与逻各斯等等"。但类型学的解释却是要建立它们之间的联系,"第一个不仅仅表明自身也指示着第二个,而第二个包含并实现了

---

① 麦格拉斯(Alister McGrath):《基督教概论》,马树林、孙毅译,第12页。
② Mark C. Taylor, *Erring*, p. 55.
③ 本文接下来对此问题进行的讨论,参见 Mark C. Taylor, *Erring*, pp. 56—61.
④ Susan A. Handelman, *The Slayers of Moses*, p. 40.

第一个"①。另外,类型学还暗示了类型(type)与比喻(trope)的密切关系。在比喻的言语中,某个语词或短语被应用于适合于它的另外的意义中,并不与原来的意义形成冲突,而依据比喻的这种特点,基督宗教中形成了道德解经的方式(tropology)②,这是一种引申义的解释方法,它与类型学一道有助于我们更好地理解基督宗教的历史观念。不仅如此,泰勒称"隐喻"(metaphor)最有效地诠释出类型学解释与道德解经方式间的内在关联。与符号间偶然组合构成的换喻(metonymy)不同,隐喻中的能指与所指具有某种相似性,并且这种相似性保持了利科所说的相同与差异之间的张力,因而,隐喻中的符号更准确地说应是象征(symbol),它使潜在居于显现中,使象征参与到那被象征的事物中。以这种观点来看,基督宗教中充满着众多的隐喻,是它们将新旧约联合为一个统一的历史,而这当中最重要的隐喻就是神圣的逻各斯,正因为此,我们称类型学是一种逻各斯中心的解释。

泰勒简要梳理了逻各斯观念的发展史,指出它在进入基督宗教神学之前就已经对希腊及犹太思想产生了重要影响,无论是在赫拉克利特、斯多葛学派及柏拉图的思想中,还是在犹太哲学家斐洛创造的逻各斯教义中,逻各斯一直指称那存在于表面现象与混乱经验之下的秩序与原则。而到了《约翰福音》这里,逻各斯不仅是希腊思想家们潜心研究的宇宙秩序与创造原则,更具有斐洛崇拜的超越性,但与之不同的是,第四福音书中的逻各斯是与上帝同在的逻各斯而非他的从属者。这神圣的逻各斯是一个自身包含着阿尔发(Alpha)与欧米伽(Omega)的整体,它无所不在,而通过它所有事物从开始被创造并在最后接受审判,逻各斯的活动构成了整个被造的秩序,并表现在那些看起来似乎并无关联的人与事中。因而,在以逻各斯为中心的类型学的帮助下,古希伯来的以撒献祭、公元一世纪耶稣的受难及此后多次基督徒的被迫害这众多事件被连结在一起。不仅如此,在逻各斯的内部还蕴涵着过去、现在

---

① Hans Frei, *The Eclipse of Biblical Narrative: A Study in Eighteenth and Nineteenth-Century Hermeneutics*, New Haven: Yale University Press, 1974, p. 28. 转引自 Mark C. Taylor, *Erring*, p. 56.

② 后人概括奥利金的四重解经法为字面的意义、象征的意义、比喻的意义、神秘的意义,但奥利金在其著作中只提到了"文字的(literal)"、"道德的(moral)"、"精神的(spiritual)"。参见杨慧林:《圣言·人言:神学诠释学》,上海:上海译文出版社,2002年,第18—19页。

与未来的张力结构,当其显现为当下在场的同时也指向着它潜在的过去与未来。因而,一个事件既是自身起源的回声,也是未来实现的基础,它总是在"考古学"(archaeology)与"目的论"(teleology)之间摆荡,但这并非意味着一个简单地重复循环,过去与未来并不相同,后来的发生不仅仅是对先前的完成与实现,更是对它的超越。依据这种类型学的解释,基督宗教中类型与预表的原型(antitype)的关系是"许诺与实现",而这最突出的例证即是保罗将基督视为"第二个亚当"①。在从亚当到基督的过程中,人"从婴儿成长为成年……认识到自身的局限、冲突与痛苦。是拯救展开了一个历史……第二个亚当比第一个更伟大,而第一个亚当是为了第二个"②。因而,这神圣的逻各斯是"线",将开始、中间、结尾联合为一个统一的整体,使那些偶然发生的事件成了有意义的模式。③

在泰勒看来,正因为神圣逻各斯的巨大影响,在西方这个已经基督宗教化了的世界当中,历史既是神学中心的也是逻各斯中心的,正如尼布尔(H. R. Niebuhr)所说:"成为自我就是有一个上帝,有一个上帝(a God)就是有一个历史(a history),也即是说,事件在意义的模式中连结起来"④。可如果目前的世界像尼采宣布的那样"上帝死了",这也就意着"自我的消失"与"历史的终结",但是,我们仍能清楚地感觉到时间在继续。因而,泰勒提出,在这种情况下"说历史结束了可能意味着什么"? 或者也可这样问:"在绝对知识(德里达语)出现以后,书写还意味着什么?"也许在这个时候,尼布尔的后半句话将对我们有所启示:"有一个上帝就是有一个历史"。

历史并不是唯一的。那条逻各斯之线固然神圣,却只是众多叙述之线中的一条,它被人们想象并创造出来以对抗时间带给我们的恐惧感。那叙述是如何塑造了一个历史的呢? 接下来看看泰

---

① "亚当和基督"。《罗马书》(5:12—17)。

② 译文对照保罗·里克尔:《恶的象征》,公车译,上海:人民出版社,2005 年,第 236 页;Paul Ricoeur, *The Symbolism of Evil*, trans. E. Buchanan, Boston: Beacon Press, 1967, p.274.

③ Mark C. Taylor, *Erring*, p.61.

④ H. R. Niebuhr, *The Meaning of Revelation*, New York: Macmillan, 1967, p.59.

勒的论述。①

希腊神话中有这样一个故事,克里特岛(Crete)国王的女儿阿里阿德涅(Ariadne),利用一个线团帮助她的情人——杀死了威胁城邦怪兽的雅典国王忒修斯(Theseus)——成功走出了围困怪兽的迷宫(labyrinth)。泰勒借由这个神话指出,由于表示"时间"的希腊文为"Χρόνος(khronos)",它的首字母"X"是死亡的标志,而且"Chronos"这个词还是一个专门吞吃自己孩子的神的名称,因而,时间正是这样一个产生死亡的迷宫;而叙述则如阿里阿德涅的线团,它是漂浮在这"X"海之上的救生索,可以杀死(X—ing out)那个时间与死亡之神。不仅如此,这"X"是有着双重意义的"X",它不仅是唤起人们恐惧之感的交叉的股骨图形(crossbones),更代表了各各他(Golgotha)的十字架,它是一个亲吻、是鱼、是基督,是构筑了基督宗教历史的逻各斯。因而,通过叙述,时间成为历史以对抗时间。

在人们的日常经验中,时间总是表现为一系列地连续,其中每一个短暂的时刻都是偶然又彼此相接的,因而我们永远无法看清其中的内在联系。在泰勒看来,"编年史"就是对这种时间的再现,它只是按照事件的发生顺序将其排列出来,事件之间并没有什么必然的逻辑关联,有时甚至还存在着断点,而且编年史中也没有任何对事件的评价,没有所谓的中心事件与主题,而即便它以某个事件为开始进行记录,但也并非意味着这就是一个绝对的开端,更不用说有一个最终的结尾。但叙述却不同,依靠情节,每一个散在的事件都具有特定意义,共同构成了一个统一的整体。"Plot"(情节)既是动词也是名词,做动词用时表示"绘制……的图表、在图上标出……的位置",因而,它可以把事件安排在其应处之位形成一个连续的发展线索,并由此提供一个指引。而作为名词用时它表示"计划"或"特定用途的一小块土地",这样一来,情节不只是构成故事的基础更为它规定了一个意义。叙述是一个具有开端、中间、结尾的封闭整体,在这当中人自我及世界的意义被塑造了。因而,历史总是一个故事与叙述,那些所谓的事实总是已经被叙述之网过滤过的,而真实也只能在言语的建构中才能成立。

---

① 详见 Mark C. Taylor, *Erring*, pp. 61—68.

胡塞尔几何学式的意义梦想,需要一种"生成构成"①的逻辑来达成,这意义唯有在开端、中间与最后都始终在场,才能在历史中完成对自身理想客观性的证明。但时间却总是一个没有开端也没有结尾的迷宫。对此,泰勒认为,"叙述"可以将编年史改造为一个完整的历史,使人们享受到时间的完满,而这也正是对一个不受差异与缺在打扰的完全在场的渴求。的确,历史制造了一个"起源的神话",以此来回避原初的缺乏,但这种驯化时间的企图总是被无法避免的死亡所破坏。因而,在时间的残局中,那些有着怀乡病的流浪者只能依靠不断地讲述故事来"扼杀"时间②,以便在这过程中获得暂时可以依托的意义。

"迷宫"(莫里斯作)"Labyrinth"by Robert Morris③

---

① 鲁多夫·贝尔奈特,伊索·肯恩,艾杜德·马尔巴赫:《胡塞尔思想概论》,李幼蒸译,北京:中国人民大学出版社,2011年,第178页。
② Mark C. Taylor, *Erring*, p. 71.
③ Ibid., p. 60.

第二节 巴别塔之后①

《创世记》(Genesis)中记载,在大洪水退去之后,地上的人们都讲同一种语言(tongue/lip),他们离开出生地在示拿地(Shinar)的一片平原上住下来,彼此商量说:"来吧,我们要建造一座城和一座塔,塔顶通天,为要传扬我们的名,免得我们分散在全地上",当耶和华看到这"一样的人民"、"一样的言语",为免"以后他们所要作的事就没有不成就的"而变乱了人们的口音,使他们的言语彼此不通,结果,众人分散在全地,那城停工了,并被取名为"巴别"(Babel)。②

这个古老的故事从它产生开始就不可避免地与"翻译"相关。根据传统福音派的解释,正因为人妄图获得与上帝一样的权力,才有了巴别塔的叛乱,因而,语言的繁殖成为一种惩罚,并产生了翻译与解释的必要。不仅如此,语言繁殖带来的语言多义性更引发了当代社会中各种文化地方主义的滋长,而这种看似正当的众生狂欢式的语言多元主义(pluralism)倾向,正在对传统的圣经诠释造成威胁。甚至有学者批判称,由此而产生的难以对付的、碎片化的后现代神学正使人们逐渐放弃尝试建立一种"客观地"阅读圣经的目标,将神学搁浅在由众多不同观点造成的沼泽中。③但在当代美国学者史密斯看来,福音派的这种解读无疑是对纯粹阅读的偏爱,他们只相信一种真正的解释,或者更准确地说,这并不是一种

---

① 巴别塔的变乱是《圣经》记载的人类历史上最重要的事件之一,这标志着人自我主体意识的产生、各不同民族历史的开始,而最重要的就是语言翻译问题的产生。但翻译不仅仅是语言学的问题,它还关联着真理、善、正义、理解等等重要议题。对巴别塔进行关注与讨论的学者,除了本小节中将要涉及到的本雅明、德里达、保罗·德·曼、艾柯等学者,还有斯坦纳。与本雅明认为翻译最重要的任务是"归还/偿还"(render)类似,斯坦纳也认为翻译的四个重要步骤:信赖(trust)、侵入(aggression)、吸收(import)、补偿(compensation),补偿是贯穿始终的,通过补偿才可进入翻译的理想境界。而本小结的题目即源于他的那本重要著作《巴别塔之后:语言与翻译面面观》。George Steiner, *After Babel: Aspects of Language and Translation*, Oxford and New York: Oxford University Press, 1998.

② 《创世记》(11:1—9)。

③ Richard Lints, *The Fabric of Theology: A Prolegomenon to Evangelical Theology*, Grand Rapids, Mich: Eerdmans, 1993, p.194. 转引自 James K. A. Smith, *The Fall of Interpretation*, p.57.

解释,而是对真理的传递。①也许,真理的一神主义的确可以消除众多表面现象的不确定性带给人的不安与痛苦②,但如果那样一个人们长期以来不断追求的、统一且唯一的真理,是一个绝对超越并难以企及的梦想,或者即便曾经存在过这样一种真理,在巴别塔之后人们也早已与之隔断了联系,那么,在充满着差异的碎片化的语言中,我们该如何完成一个翻译,以传递那常常被称作"真理"的意义?

本雅明,这位20世纪德国最重要的思想家,无疑是在此方面进行率先尝试的思想先锋,尽管他那种将"世俗语言理论与神学相关联"的做法,不仅被其马克思主义阵营的盟友布莱希特(Bertolt Brecht)抱怨为"神秘主义",更被他的犹太老友肖洛姆(Gershom Scholem)批评为"非法的联合",但本雅明仍然以此来讨论语言与翻译问题,因为对他而言,辩证法所表现的那种极端矛盾与张力就发生在语言中,它带来的并不是黑格尔式的和解,而是一种永不停顿的辩证法,它提示的是根本差异与冲突的存在。③ 而面对现代性的废墟,翻译者的任务就是努力"在语言中制造原作的回声"④,寻找"纯语言"(pure language)⑤——真理的语言、真正的语言,这也即是寻找语言中那已经"丧失了的为存在之物奠定基础的被动性

---

① James K. A. Smith, *The Fall of Interpretation*:*Philosophical Foundations for a Creational Hermeneutic*, Downer Grove: InterVarsity Press, 2000, p. 58.

② Mark C. Taylor, *Erring*, p. 175.

③ 此处"黑格尔式的和解"与"世界进步解放历程"正可以对应利奥塔所批判的现代性大叙事:"思辨的叙事或解放的叙事"。而且,正如本雅明批判的"现代概念本应建立在灾难的观念之上",利奥塔指出,在后工业社会和后现代文化中"共识成为一种陈旧的、可疑的价值,但正义却不是这样,因此应该追求一种不受共识束缚的正义观念和正义实践"。因而,本雅明批判"辩证法的停顿"与利奥塔所讨论"两难"(differend)及德里达论述"困局"(aporia)类似。而也正因为这种思想倾向,本雅明被视为与当时西马阵营相游离的友人,但却在后来被德里达视为颇具马克思幽灵气质的思想家。参见让-弗朗索瓦·利奥塔:《后现代状况:关于知识的报告》,车槿山译,北京:三联书店,1997年,第80页,第132页;Jean-François Lyotard, *The Differend*: *Phrases in Dispute*, trans. Georges Van Den Abeele, Manchester: Manchester University Press, 1988; Jacques Derrida, *Aporias*, Standford: Stanford University Press, 1993. 而有关语言中差异的辩证法这个议题,在激进正统神学代表人物沃德的重要著作中有更加详尽的论述,可参见Graham Ward, *Barth, Derrida and the Language of Theology*, Cambridge University Press, 1995.

④ Walter Benjamin, *Illuminations*, trans. Harry Zohn, New York: Schocken, 1968, p. 76.

⑤ Ibid., p. 74.

成分"。① 因而,在本雅明这里,"正义与语言互为基础"②,而翻译承担的则是一种具有终末论神学意味的现代救赎使命。

若干年后,本雅明的尝试无疑吸引了另一位法国思想家德里达的注意,共同的犹太背景不仅使德里达对本雅明一生遭遇的"差异"困境感同身受③,而且,德里达以对"延异"(différance)的讨论表明语言的弥撒亚式结构,并以此作为策略"对各种暴政历史不断干扰"④的主张,更显示出两者相似的思想旨趣与理想诉求。于是,德里达对那个古老的故事进行了另一种解读。巴别塔变乱所象征的人因第二次堕落而产生的"原初的罪"正是"同一化"的理想,它推动了后来一系列暴力的产生,而耶和华正是以语言的增多来阻止一切以统一为名而带来的压迫,对鲜活的多种样态进行重

---

① 欧文.沃尔法思,"一个马克思主义者的'创世记'",《论瓦尔特·本雅明:现代性、寓言和语言的种子》,郭军,曹雷雨编译,吉林人民出版社,2005 年,第 33 页。此处所言的"语言中为存在之物奠定基础的被动性成分"源于《创世记》(1:1—5,2:9)中记载的事件:上帝以言创世,并将语言作为礼物给与人,"看人如何叫各种活物,那就是它的名字"。因而,人言及各种名称的产生恰恰在于"倾听"——上帝、人、万物的彼此倾听,即人倾听了上帝给予万物的哑然之声,得以完成了为万物命名的任务,而上帝则尊重了人将万物的名称言说出来。在本雅明看来,正是因为主动性的膨胀,使人无法再倾听到上帝之言,也无法倾听到万物的存在之音,于是,语言成为混乱的符号而非命名,远离了物之存在(意义),成为不断重复指涉的游戏,这正是现代性的堕落产物,虽然它以"进步"自诩,但实则为一片意义的废墟。而那个绝对的他者(上帝)即是最突出的差异,正因为此,尽管布莱希特与肖勒姆对本雅明思想中将犹太传统的弥赛亚与马克思的辩证法结合起来阐发他的语言观念怀有深深的质疑,但在本雅明看来,这却是最有效、也是最能表达辩证法精髓,最符合寻求真理的途径,甚至称之为"语言中的神圣正义",可以质疑任何一种看似合法的系统。

② Susan A. Handelman, *Fragments of Redemption: Jewish Thought and Liberary Theory in Benjamin, Scholem and Levinas*, Bloomington & Indianapolis: Indiana University Press, 1991, p. 17.

③ 作为一个犹太裔的德国人,本雅明一生都处于身份与精神困惑的折磨中。在现代的民族国家体制内,犹太人无法定义自身是一个犹太人,还是犹太民族,或是犹太教徒,这种最无力的身份认证使本雅明总是处于极端不同的文化选择中,是成为一个德国马克思主义者,还是作为一个犹太学者,尽管他含混不定的态度使他处于尴尬的境遇,但他仍说:"是的,我将进入一个困境。像攀爬在一艘失事船只上最后即将消失的桅杆上的漂流者一样,但只有如此他才可能有一线生机获救"。而德里达在他的半自传体作品《割礼忏悔》中讲述了自身的犹太历史,他的"割礼"即标志着犹太人的身份标志,又有着"取消割礼"的意涵,由此,德里达正是在这困惑中开始探讨"我的宗教"。参见 Susan A. Handelman, *Fragments of Redemption*, pp. 6—9; Geoffrey Bennington and Jacques Derrida, *Jacques Derrida*, Chicago: University of Chicago Press, 1993.

④ Joanna Hodge, *Derrida on Time*, London & New York: Routledge, 2007, p. 154.

新恢复。因而,在德里达看来,巴别塔所印证的是从一开始就无所不在的翻译与解释,不仅"'砖成了石头,柏油成了沙浆'(brick served them as stone, and tar served as cement),已经类似于翻译了",《塞贡圣经》(Segon Bible)与舒拉奇译文(Chouraqui)中分别用"唯一的舌"(a single tongue)与"唯一的唇"(a single lip)来表达巴别塔之前人们所共同拥有的"唯一的语言",这更是真实的翻译实践。① 而众多习语的存在不仅限制了一种透明、充分的相互表达与交流,使"真正的"翻译成为一项既必需又不可能完成的任务,更限制了"一种结构秩序、一种连贯的建构",而这正是对差异的捍卫,那么"就让我们来翻译吧"!② 因为,这是一条通往真理与正义的必经之路。

于是,从有关巴别塔事件的诠释中,我们可以看到本雅明与德里达对于翻译问题做出的讨论与对话。而无论对于热衷"没有宗教的神学"(religion without theology)的本雅明,还是积极讨论"没有神学的宗教"(theology without religion)的德里达,这样的相遇必定会激荡出异常耀眼的思想火花,值得人们关注与思考。③

---

① 《塞贡圣经》(Segon Bible)与舒拉奇译文(Chouraqui)分别为:"All the earth had a single tongue and the same words","And it is all the earth: a single lip, one speech". See Jacques Derrida, "Des Tours de Babel", translated by Joseph F. Graham, *Difference in Translation*, edited by Joseph F. Graham, New York: Cornell University Press, 1985, p168.

② Jacques Derrida, "Des Tours de Babel", p. 166.

③ Joanna Hodge 在《德里达论时间》一书第四章"没有神学的宗教与没有宗教的神学"中,通过综合分析德里达的几本著作:《无赖》(*Rogues*, 2005)《论名称》(*On the Name*, 1995)、《友爱的政治学》(*Politics of Friendship*, 1994)、《马克思的幽灵》(*Specters of Marx*, 1993)、《死亡的礼物》(*The Gift of Death*, 1992),及对德国文学批评家 Werner Hamacher 于 2002 年发表的文章"罪过的历史:本雅明对于作为宗教的资本主义的概述"进行考察,深入阐释了本雅明与德里达思想中的对应关系。本雅明指出"资本主义可能第一个引发罪恶而非拯救的膜拜例证。它的宗教体系正产生于堕落的发展……而且使罪恶普遍化……甚至上帝本身都被卷进这场罪恶中来,以至于最后他(也要)进入拯救。"Joanna Hodge 指出,本雅明将资本主义视为被倾空了救赎潜力的宗教,被现代社会的人们顶礼膜拜,这是一种"没有神学的宗教",由此,本雅明反转性地使用神学概念以表明对现代资本主义的批判,并表达自身的救赎梦想。而德里达则利用胡塞尔的悬置技术形成了没有弥赛亚主义的弥赛亚观念,以此对抗各种暴政与同一化的秩序,并表明这种"没有宗教的神学"观念才可以对一个未知的他者保持虚己(kenosis)与开放的"好客"(hospitality)态度。参见 Joanna Hodge, *Derrida on Time*, pp. 154—155. & John D. Caputo, *The Prayers and Tears of Jacques Derrida: Religion without Religion*, Bloomington & Indianapolis: Indiana University Press, 1997.

一 翻译者的救赎任务

本雅明对于翻译问题的集中讨论主要见于一篇题为"翻译者的任务"(The Task of the Translator)的文章,这是他在1923年为自己翻译的波德莱尔(Charles Pierre Baudelaire,1821—1867)《巴黎景象》所做的序言。时至今日,也许我们已经无法想象,在面对这样一部19世纪法国象征派最重要的诗歌文集时,身为阅读者与翻译者的本雅明是以怎样一种心境完成自己的写作,但不可否认的是,本雅明的确以一种迂回的方式表达了他对波德莱尔的敬爱之情,因为,他看到了那个一直令哲学家们为之着迷的真理正以象征的形式栖身于诗人的语言中,而那种对意义视而不见的语言表达在本雅明看来是波德莱尔对真理沉默之音的翻译[①],而这样一个声音更激起了本雅明心中的共鸣,也召唤着他继续为之努力。不仅如此,本雅明还将诗人荷尔德林、马拉美(Stephane Mallarme)等人的译作视为学习的楷模,进而表达了他作为一个翻译者的任务与使命。

在本雅明看来,尽管翻译通常晚于原文出现,但它并不因此而依附原文,相反,翻译自成一体,它的存在并非为了传递原文的内容和意义,而是因为"原作的可译性",这才是支配翻译的必然性法则。正如"从来没有一首诗是为读者而作,没有一幅画是为观赏者而画"[②],无论一个称职的译者存在与否,原作当中始终都有一个"未满足的要求"[③]召唤着译作的到来。也正是这"可译性",将原作与译作紧紧地联结在一起,它是两者之间最天然的生命线,使原作在译作的帮助和补充下在历史的进程中获得永生。因为,尽管一部艺术作品的形成标志着一个创造生命的诞生,但这并不能表现生命的本质——永恒的生命,但译作却可以在终极意义上服务于这一目的,虽然它无法复制原作最初独特的生命样貌,但却可以使原作在翻译中通过不断地改变与更新获得常青。不仅如此,"可译性"更揭示出那暗藏于原作与译作之间的"语言的亲缘关系"(the

---

[①] 本雅明认为"大诗人也是杰出的译作者"。参见 Walter Benjamin, *Illuminations*, p. 76.

[②] Ibid., p. 69.

[③] 正是这个"未满足的要求"构成了"原作的可译性"。参见 Walter Benjamin, *Illuminations*, p. 70.

kinship of language)。而由于本雅明已经提示我们:血亲间并不一定貌似,而且单凭一种身世渊源的观念来定义亲族也是不够的,所以,对语言亲缘关系的寻找无法在原作或译作任何一种单一语言内完成,只能在语言"互补的总体"中接近它,对此,本雅明称之为"纯语言",它是迄今为止仍然难以抵达的领域,在那里,语言获得了与自身的和解并成其为自身。①

对于本雅明而言,"纯语言"代表的是语言间超历史的亲缘关系,尽管它已经成为那个被人们遗忘的生命瞬间,但却并不因此而成为一个"谎言"(falsehood),因为它的确散落在原文与译本中,尽管隐蔽却有两者之间的"可译性"为证,而由于它始终是超历史的,超越于所有可传递的信息之外,它又是"不可译的",但有趣的是,恰恰是这"不可译的"构成了"原作的可译性"。因而,本雅明认为,翻译者的任务正是去努力翻译那不可翻译的,"使一个回声以自己的声音回荡在陌生的语言里"②。然而,在传统的翻译观念中,这是一个不可能完成的任务,因为如果译作不能忠实地传达原作的意义,那它注定是一次失败尝试,但事实却给出一个有力的反证:荷尔德林对索福克勒斯的直译恰恰被视为"怪物",因为它阻挡了人们对原文的理解。由此,本雅明提醒我们重新领会"忠实的翻译"与"直译"的要求:"一部真正的译作是透明的,它不会遮蔽原作,不会挡住原作的光芒"③,而这光芒并非原作语言传达的意义,而是纯语言,也是语言的亲缘关系。于是,翻译者的任务是通过突破语言的疆界将纯语言从某种特定意义(无论这意义是来自原作的语言还是译作的语言)的束缚中解放出来,由此使原作与译作可以互相辨认,正如本雅明所说,尽管它们是形状不同的碎片,却可以彼此吻合,因为"它们本是同一个瓶子的碎片"④。

在《巴黎景象》译作的序言中,本雅明指出了翻译者的伟大任务:使各种各样的方言(tongues)融合为一种真正的语言/纯语言,那是一直沉默着存在的真理之音,是本雅明始终无法忘怀的永恒的生命瞬间,但对于"纯语言是怎样的语言",本雅明却没有详细论述,只是在文章的末尾处以《圣经》为例加以说明。因而,我们有必

---

① Walter Benjamin, *Illuminations*, pp. 74—75.
② Ibid., p. 76.
③ Ibid., p. 79.
④ Ibid., p. 78.

要回到本雅明更早时期关于语言的讨论,以发现翻译对于本雅明的重要意义。

"论本体语言与人的语言"(*On Language as Such and on the Language of Man*)最初是本雅明在1916年回复犹太好友肖洛姆的一封信,后来成为反映他早期思想的一篇重要论文,生前并未公开发表。在这篇文章中,本雅明主要批判了两种语言观:简单地将语词(word)视为事物符号(sign)的中产阶级语言观,直接将语词视为事物本质的神秘的语言观,而它们得以成立的前提假设,都是基于对语言实体(linguistic entity)与精神实体(mental entity)的区分。在本雅明看来,正是这样的区分将所有语言理论导向了一个巨大的深渊,而处于语言开端处的"logos"——这样一个至今仍含糊不清的语词更质疑着这种区分的正当性;不仅如此,任何事物都在某种程度上与语言发生关联,它只有"在(in)语言中"而非"用(through)语言"才能被传达出来,而那种与语言完全无关的存在只是一种观念(idea)的想象物。① 这样一来,如果语言不再为了传达"意义"而存在,那语言究竟传达什么? 本雅明指出,语言传达与语言相符的精神存在(mental being),而任何事物的精神存在只有在语言存在(linguistic being)中才能被交流与传递,因而,语言传达语言自身(language communicates itself in itself),它是精神存在与语言存在的统一,是无需中介的直接交流,而这也正是语言最大的魔法,指向语言的无限性。

对此,本雅明毫不犹豫的宣称:"精神存在与语言存在的等同是语言理论最高的形而上时刻"②,因而,它不可避免地与宗教哲学关系密切,并且只有透过"启示"(revelation)才能为人所了解。而本雅明更是通过细读《创世记》,生动诠释了这种传达自身的"纯语言"只存在于神圣之言的完美模式中:神"说要有'光',就有了光",然后"神称光为昼",以命名作为这创造行为的结束,因而,语言既是"创造的"又是"完成了的创造",既是"言"(word)又是"名"(name),而这种创造行为与语言之间清晰而深刻的关系显现于接下来的每一次创造中;不仅如此,上帝还可以通过名称认识那事物,"看到光是好的",于是,在上帝那里,名称与创造性的言是一致

---

① See Walter Benjamin, *Reflections*: *Essays*, *Aphorisms*, *Autobiographical Writings*, trans. Edmund Jephcott, New York: Schoken Books, 1986, p. 315.

② Ibid., p. 320.

的,是知识最纯粹的介质。① 然而,根据《圣经》中两个创造故事的记载:上帝按照自己的肖像造人、用地上的灰土造人②,却没有以言造人,也没有对人进行命名,但是,上帝将语言作为"礼物"赠给了人,将命名的能力赋予人,于是人"怎样叫各样的活物,那就是它的名字"③。这些名字是事物的"专有名称"(proper name),是以人言讲出的上帝之言,而人也正是通过给事物命名传达了自身的精神存在——万物哑然之声的翻译者。于是,命名是一种翻译行为,事物在它的名称中完整地呈现自身,而人则在命名中获得了关于事物的知识。

然而,当人吃了智慧树的果实,能够分辨善恶,"名称永恒的纯洁性被侵犯,判断的语词产生了"④,这即标志着以上帝为灵感的"命名语言"(name language)的失落及"人的语词"(human word)的诞生。于是,语言不再是为了交流自身而存在,而是"必须交流点什么"⑤,它堕落为一种符号工具,并由此产生了语言的多样化,不仅如此,名称与知识之间直接传达的内在关系也被破坏了,外在的判断知识带来了抽象语言的产生,结果,人们掉进了一个由众多空洞语词构成的没完没了的深渊中。⑥ 天堂里那创造性的"纯语言"正与人渐行渐远,对于万物的哑然之声,人也不再有心情去沉思默想、耐心倾听,一切都成为有待不断征服与使用的物件。因而,对本雅明而言,巴别塔是一个引发堕落与罪恶的事件,而他自身所处的时代正是巴别塔之后留下的那片废墟,虽然这座高塔曾被人们想象成一个个"进步"的理想并为之膜拜,但实际不过都是些"蠢行";而尽管有人将那变乱的众多语言视为"个性解放或资产阶级的兴起"⑦,但这在本雅明看来也不过都是些无意义的"闲扯"(prattle),它们不断汇集成为一场猛烈的风暴"朝着天堂相反的方向吹去",为人类与世界带来了"没完没了"的灾难⑧。

① 参见《创世记》(1:3);Walter Benjamin, *Reflections*, pp. 322—323.
② 《创世记》(1:26,2:7—8)。
③ 同上书(2:19)。
④ Walter Benjamin, *Reflections*, p. 328.
⑤ Ibid., p. 327.
⑥ Ibid., p. 328.
⑦ 《论瓦尔特·本雅明:现代性、寓言和语言的种子》,第 31 页。
⑧ 引自本雅明对保罗·克利的画作《新天使》的解读。See Walter Benjamin, *Selected Writings: Volume One*, 1913—1926, edited by Marcus Bullock and Michael W. Jennings, Harvard University Press, 2000, p. 216.

"巴别塔的废墟预示着耶稣受难地……但这受难地不仅仅只是现代性的最本质的特征,它也代表着'复活的寓言'……",因而,对本雅明而言,尽管进步的大风势不可挡,废墟中仍有救赎的碎片闪烁着"间歇性光晕预示着天堂失而复得"。① 这即是"翻译"。而正是在对波德莱尔诗作切切实实的翻译实践中,本雅明发现了翻译中所包含的有关救赎的启示:尽管不同的语言(符号)②之间存在着根本的差异与陌生,但蕴于原作与译作中的语言亲缘关系可使某种超越语言(符号)的沟通得以达成,而这种对差异的跨越往往发生于语言(符号)的极限处——无法言说的时刻,这是对"不可译性"的承认,是一种语言(符号)面对另外一种语言(符号)时所感受到的自身有限性的困境,由此,那永远不能为译作所真正占有的原作声音得以在陌生的语言(符号)中保持自己的回响。③ 因而,当语言脱离了自身,沦为永远流亡在外的符号时,人们只能在不断地翻译中"发现从事物的语言到无限更高语言的转换"④,这是"纯语言"失落之后,在语言(符号)的有限性中追寻语言本身那原初的无限性与创造性的救赎之路。

汉娜.阿伦特(Hannah Arendt)曾以犹太裔作家卡夫卡(Franz Kafka)《日记》(*Diaries*,1921.10.19)中的一段话评价本雅明,称他

---

① 《论瓦尔特·本雅明:现代性、寓言和语言的种子》,第 35—36 页。
② 此处用"语言(符号)"表示我们通常所理解的"语言"观念,其实这在本雅明那里只是一种已经沦落为符号工具的语言,它是有限的、缺乏创造力的,并且无法真正传达真理的语言,因而产生了众多虚假而混乱的噪音,这是语言丧失了语言自身而产生的后果。
③ 例如:英国作家狄更斯的《老古玩店》中,经常会出现英语的讹音表达,这是由于说话者文化水平的原因引起的发音变化,由此产生奇特的文本效果,但这在中文的翻译译本中是比较难处理的问题,因而,有译者会以注释的形式标明这种翻译的困难。如例1:"老透儿"(old min),为"老头儿"(old man)的讹音,其实讹音已经没有对应的中文可以翻译,但译者以讹音为原则在中文中找到与"头"发音相讹的"透"来翻译。例2:"他们拉他入伙"(They listed him for a so'ger),"入伙"(so'ger)为"入伍"(solder,当兵)的讹音,此处因为讹音的关系,中文本无法翻译,而且即便如例1按照讹音的原则翻译,也不应该用"人伙"来翻译"入伍的讹音",可译者在理解了英语中 so'ger 与 solder 的讹音关系后,又深入了解上下文的语境,将其翻译为"入伙",因为正确的发音翻译过来的"入伍",有"加入一种团体"的意涵,而"入伙"也有相应的意思,而且"入伙"还可以反映出英文原文中的底层民众的言语习惯,也可冲淡"入伍"带来的正规意味。于是,英文以中文的形式传达出它本身在文本中所表达的独特意涵,而中文也以内在变动与调整保留了英文的特点。两个例子可参见查尔斯.狄更斯:《老古玩店》,许君远译,上海:上海译文出版社,1998,第 24,148 页。
④ Walter Benjamin, *Reflections*, p.330.

是用"一只手挡开笼罩在他命运之上的绝望……但用另一只手记录下他在废墟中的见闻"①,而这样一种生命状态更构筑了本雅明复杂的思想特征。尽管那在现代社会的瓦砾与碎片中发现神圣救赎之光的种种努力,不为当时的犹太复国主义与马克思主义所接受,但本雅明却始终执着于这种边界式的行走②,而这样一种精神诉求更充分地展现在他有关翻译与语言的讨论中。本雅明本人热爱翻译,对他而言,翻译同时拆除了原作与译作中特定的语言与意义结构对原作本身的遮挡,恰恰在语言的最有限处催生出语言的无限性生长,而这样一个翻译者既是破坏者又是保护者,他通过在自己身上打开一个差异来完成一个语言救赎任务,这是一个迂回地进入他者又回到自身的旅程,在这里,一直沉默着存在的真理之音有可能被重新倾听到。因而,在本雅明看来,虽然堕落与变乱带来了语言的物化与差异,但如果人坚持履行翻译的任务,就有可能在语言中制造原作的回声。当一个时代的特征被描述为海德格尔所说"公共的亮光使一切晦暗"③时,也只有翻译才能以一种秘密的方式将真理之音加以保管与传递。

二 一项必需而又无法偿还的债务

《论文字学》(*Of Grammatology*)、《声音与现象》(*Speech and Phenomena*)、《书写与差异》(*Writing and Difference*)三本著作的问世,奠定了德里达解构先锋的学界地位,由此也可发现,他对有关语言问题的讨论始终兴趣不减。1985年出版的《翻译中的差异》(*Difference in Translation*)收录了一篇题为"巴别塔"(Des Tours de Babel)的文章,这是德里达于1980年发表于宾汉姆顿(Binghamton)翻译研讨会的论文。那个标志着人类语言起源与翻译产生的旧约故事吸引了德里达的目光,而他的解构式阅读无疑

---

① Walter Benjamin, *Illuminations*, p.19.
② 本雅明在1915年遇到肖勒姆之后,开始考虑移居耶路撒冷,但这斟酌持续了二十年之久,而他的一生都似乎给人一种犹豫不决的印象,不断在犹太复国主义与马克思主义之间摇摆。对此阿伦特评价称:"事实上这来自他这样一个苦涩的见解,认为一切解决方法不仅客观上虚假,不符合现实,而且会引起他自己走上虚假的救赎,无论这救赎的标签是莫斯科还是耶路撒冷。他觉得他会让自己失去现有的位置所提供的积极的认知机会。……他在绝望中安顿下来,与现实相应。"参见Walter Benjamin, *Illuminations*, pp.35—36.
③ Ibid., p.35.

对传统的圣经解释造成了挑战,不仅如此,对于德里达而言,有关语言与翻译的议题似乎只有在解构中才能更易于了解。

"巴别塔是用什么语言建构与解构的呢?"①德里达首先提出了这样一个有趣的问题。在《圣经》的记载中,那些建造巴别塔的人们都是闪族的后裔,他们说着相同的语言,这语言是属于他们自身的族语(national tongues)和母语(mother tongues),而由于他们是上帝的子民,这语言则源自上帝。因而,伏尔泰在《哲学词典》指出,在东方语言中"Ba"指父亲,而"Bel"指上帝,"Babel"就是上帝之城。于是,"巴别"是一个本雅明所论述的专有名称(proper name),直到今天,当人们讲起《创世记》中这个故事时,仍然这样直接称呼这个名称。但令伏尔泰深感困惑的是,"巴别"这个语词又无可置疑代表着"变乱"之意,而且,它不仅指示"语言的混乱",还表明了那些建造者们发现自身的工作被打乱后的那种"混乱的状态"。这样看来,正如德里达所解释的,原来那个一直被人们视为不可译(untranslatable)的专有名称事实上至少包含了三种涵义。而"巴别"尽管意味着以上帝为名的圣城,代表着以父为名的语言的起源,但因为上帝的发怒,这个"语言的赠予"(the gift of tongues)被抹去了,只留下混乱(confusion)与播散(dissemination)②。于是,巴别塔这个故事的建构并非仅依于一种语言,这个被视为原叙事(original narrative)的文本本身就已经是一个翻译、一种转换,而"Babel"则是"同音异义"(homonym)的表达,它既是专有名称又是普通名称(common name),它"变乱地传达了与专有名称相等的语义,但这却是纯粹专有名称本身不会有的语义"③。因而,在德里达看来,有关巴别塔的叙述表明的正是存在于"巴别"与"变乱"之间的必需翻译而又不可翻译的语言间的吊诡关系。

---

① Jacques Derrida, "Des Tours de Babel", p. 166.
② 《创世记》(11:7—9)记载:耶和华在那里变乱天下人的言语,使众人分散在全地上,所以那城名叫巴别,变乱。
③ Jacques Derrida, "Des Tours de Babel", p. 172. 此处德里达对于"Babel"同时作为专有名称与普通名称的分析,类似于他在《如何避免言说:否定》一文中所论述的"打叉(X)"的策略,马里翁在《无存有的上帝》中谈论上帝时所说的"Gxd"的表达,保罗所讲述的"虚己"(kenosis)与自我的倾空(self-empty)。参见 Jacques Derrida, "How to Avoid Speaking: Denials", *Derrida and Negative Theology*, p. 74.; Jean-Luc Marion, *God without Being*, p. 76.;《哥林多前书》(1:17—18)。

巴别塔事件的发生,主要源于闪族人对于建构一个家族谱系的向往,他们渴望给自己一个名,使那种属于自身的独一无二的习语成为一种普世的语言,但是上帝通过宣布他的名:"巴别/变乱"打破了这个谱系的建立,从此,众多语言出现了。本来在这之前,上帝(YHWH)是一个无声之名,他始终无法被说出,这是惟一最强大的名称,惟一可以征服一切习语的习语,但此刻却以变乱的方式讲出自身。因而,在德里达看来,正是因为看到了一种差异的缺乏可能带来的恶果,上帝变乱了人们的口音,而且耶和华本身就是这样一个尊重差异与不同的解构者,"上帝所宣布的战争首先在他名内就已经开始了"①,他正在通过自我解构打破了一种普世语言的建立,"打破了理性的透明性,但也干扰了殖民暴力或语言帝国主义"②。因而,对于一个上帝创造的存在着多样语言的世界,翻译不仅具有天然的正当性,更有着防范同一性压制的必要性。然而,翻译又是不可能的,因为上帝在他对自身之名的解构中成为一个"赤贫者",而巴别这个名称就标志着这样一项债务:"它翻译,但不翻译自身,属于但不委身于一种语言,使自身向自身拖欠一种无力偿还的债务。"③

巴别塔事件在每一个瞬间都震撼着德里达,因为它既是翻译的原型(archetypical)又是有关翻译的寓言(allegorical)。而德里达本人更是以自身的文本实践诠释了他对翻译问题的思考。本雅明《翻译者的任务》的冈迪拉克(Maurice de Gandillac)的法语译本成为德里达解读的对象,而这篇文章又是本雅明为波德莱尔《巴黎景象》的译本所写的序言,这多重的翻译构成了一个互补合作的更大的整体,是原文的生长(growth)而非繁殖(reproduction),而这一切都被"要求翻译"这样一个责任所驱使。

德里达指出,本雅明所说的"翻译者的任务"暗示着对已被赋予的债务的偿还,它既是一项必须偿还的债务/必须完成的任务,又是一项无力偿还的债务(insolvent debt)/不可能完成的任务。首先,我们来看一下翻译者必须要"偿还什么",这当然不是原文的意义与内容,因为译文与原文的关系"不是接受、不是交流、也不是

---

① Jacques Derrida, "Des Tours de Babel", p. 170.
② Ibid. , p. 174.
③ Ibid. , p. 175.

再现"①,这种完全合一的愿望在有着根本差异的两种语言之间是无法实现的,本雅明当然明了这点,因而他放弃了对诗人马拉美的翻译,"让那段话像一个专有名词的大奖章一样在文本中闪闪发光"②。这样一来,翻译者从某一语言的主体成为一个语言间差异关系中的负债者,而作为这样一个"负债人",他真正要偿还的是一个"要求的结构"——"原作要求翻译,哪怕没有翻译者,哪怕没有人适于执行这个命令"③,他的任务就是"去翻译"。那为什么有翻译的要求？德里达以本雅明讨论的"生命与生存的关系"解释这个问题：如果说原文代表着一个创造的生命(life),它要获得生存(sur-vival),就需依靠翻译对它的延续,那翻译就标志着原文的生存阶段,于是,原文的生存要求就是翻译的欲望,而且由于这当中不涉及"恢复"、"拷贝"及"再现",原文必定要在翻译(生存)中有所变化与更新,这即是本雅明所说的"种子的成熟与成长"④。那要求翻译是要求什么？语言间的调和(reconciliation),这是一个许诺,它是"希望的乐土、又是禁地"⑤,在那里本雅明所论述的语言间的"亲和性/亲缘性(affinity)"得以恢复,但这个王国,翻译却从未到达、从未触碰过,因而这是一项永远无法完成的任务。

翻译者是一个负债者,他要偿还一个已经给出的许诺,这是原文的要求——"要求翻译",因而,原文已经是第一个负债者,它从一开始就缺乏什么,请求翻译。这是双重的债务,而归根结底又是同一笔债务,对于那试图免除自己债务的翻译者⑥而言,这是一个无底洞。由此看来,翻译真正要偿还的不是对于原作的债务,因为原作与译作一样都是负债者,它们各自都拖欠了一身对于语言本身的债务。于是,翻译对此债务的偿还需要依据一种原作与译作互补的模式,它们通过对各自所缺乏的东西进行给予而共同促成

---

① Jacques Derrida, "Des Tours de Babel", p. 180.
② Ibid., p. 177.
③ Ibid., p. 182.
④ Walter Benjamin, *Illuminations*, p. 77.
⑤ Jacques Derrida, "Des Tours de Babel", p. 191.
⑥ 对于德里达而言,原文请求签名者、请求翻译这个要求不仅是对巴别塔的建造者们提出来的,他们想要给自己一个名,建立一种自己翻译自己的普遍语言;而且也制约着巴别塔的解构者：由于给了自己的名,上帝也要求翻译,不仅在突然变得繁多和混乱的语言之间,而且首先要求翻译他的名……他也是负债者,即便在禁止翻译时,他还在请求翻译他的名。而巴别塔是不可译的,上帝为他的名哭泣。参见 Jacques Derrida, "Des Tours de Babel", p. 191.

了语言的再生(aufleben)。这在本雅明那里是一个救赎的启示,而德里达更愿意将它视为一个承诺。因为,在德里达看来,虽然我们清楚了翻译需要偿还的债务,但这却是一笔永远无法还清的债务,翻译与本雅明所期待的那个"纯语言"(真正的语言、真理的语言)之间有着遥远的距离,尽管这个距离无法战胜,但并不意味着人们不能接触到"纯语言",正是翻译以"预感"的模式"使遥远的东西作为遥远的东西接近我们"①。因而,德里达强调要不断地翻译、翻译……虽然它不能实现偿还语言债务的任务,但却可以使"纯语言"在那隐蔽的"果核"②中显露出来,而且,那个记载了"纯语言"的神圣文本也将自身交给了翻译,宣布自身是"可转换的"③,"翻译反过来也献身于神圣文本,神圣文本隔行对照的版本就是一切翻译的模式和理想"④。于是,在翻译中,人们感受到了为了偿还共同的语言债务所必须承担的一种互助责任,这即是对自身语言限制的认识,任何语言在翻译面前都是平等的差异,"翻译者把意图物件排除在任务之外,或将其括除"⑤,并借由彼此的互补与合作停止压迫。而这也是本雅明所强调的:在翻译里"去崇拜那蕴于语言中的神圣正义之像(the image of divine justice in language)"⑥。

德里达对巴别塔与本雅明"翻译者的任务"的解读,随处都流露着解构思想的踪迹。在对原文如何成为第一个负债者的分析中,我们可以看到《论文字学》所论述的那种"原书写"(an arche-writing)的模式,正如从未存在过未被书写玷污的纯声音和言说,人们也找不到一种"纯语言"。因而,保罗·德·曼(Paul de Man)提醒我们,"纯语言根本不存在,除非作为寓于所有语言中的一种永久断裂,尤其包括人们称作'自己的'那种语言的断裂。所说的

---

① Jacques Derrida, "Des Tours de Babel", p. 204.
② 本雅明以"果核"比喻被遮蔽在暗处的"纯语言"。Walter Benjamin, *Illuminations*, p. 75.
③ 德里达区分了"可转换性"与"可译性",而翻译其实能完成的任务是"可转换性"而非"可译性"。而德里达的这种区分有助于人们进一步了解本雅明所论述的"纯语言"的重要意义:尽管作为一个已经永远失落的梦想,"纯语言"是不可译的,但它在翻译中却是可以借由"承诺"、"给予"的方式转换的表现出来,这也是为何必须不断地翻译,因为只有在翻译中,给予才能继续发生,意义才不至于失落在符号的深渊中。参见 Jacques Derrida, "Des Tours de Babel", pp. 204—205.
④ Ibid., p. 205.
⑤ Ibid., p. 202.
⑥ Walter Benjamin, *Reflections*, p. 255.

自己的语言就是最错位、最异化的语言。"①而文字书写中固有的延异与播散更铸就了原文的自我解构模式、不断翻译的要求和翻译的永不可能,这是无法解决的两难困境(aporias),但也是我们必须直面的困境,因为这是翻译者天生的责任:那对"纯语言"的追寻是一个有关正义的要求。在德里达看来,巴别塔的变乱将语言无法化约的多样性展现出来,同时也提示人们巴别塔是一个不完整的的建构与体系,由此,翻译中所蕴含的那种正义要求,一方面将差异间的相互给予与合作作为迈向正义的必需条件,另一方面,则警醒差异各方由此可能达成的正义仍然具有相对性与局限性。而这样一种正义的观念,无疑解构了传统正义论那种"直觉主义中的功利主义"②标准,要求人们为了一种绝对的正义而不断努力。因而,正如斯皮瓦克(Gayatri Spivak)所分析的,德里达思想发展的轨迹是从对无答案的问题的坚守到对一个完全他者(the wholly other)的呼唤③。所以,对于德里达而言,也许"纯语言"并不存在于世,但的确有这样一个许诺,而永不停止的翻译中所保持的正是那存在于语言中的弥赛亚性,也正是这样一个许诺构成了一种彻底的责任与债务。

今天,当我们重新阅读巴别塔的故事,也许会发现,亚当可能从未接受过这样一个礼物——上帝许诺给他的完满语言(纯语言),早在他的"语言训练期"就已经与之割断,因而,亚当的语言已经是完满语言的"碎片",它从一开始就和其它碎片一同存在。④ 差异与多元也并不是堕落的罪,而是原初的善,上帝已用自我的"变

---

① 《论瓦尔特·本雅明:现代性、寓言和语言的种子》,第108页。
② 美国思想家罗尔斯(John Rawls)在《正义论》一书开篇即指出传统正义理论的局限:"不得不在功利主义(utilitarianism)与直觉主义(intuitionism)之间进行选择",这在罗尔斯看来,无论如何都使正义无法摆脱直觉主义中的功利主义。因为,功利主义主张追求最大多数人的幸福,而这种判断经常来源于一种伦理的直觉判断,它看似符合伦理要求,但结果又以牺牲少数的权利为代价,而这又给人们的当初伦理直觉判断提出了挑战。德里达也深刻地感受到了罗尔斯提出的问题,因而,德里达坚持强调一种绝对正义与人们的距离,因为存在者之存在的差异决定了任何正义都是相对的,有局限的,只有对此保持警醒才有可能使人不断看到自身差异的限制而共同为了那个绝对的正义而努力。John Rawls, *A Theory of Justice* (*revised edition*), United States: Harvard University Press, 1971, xvii.
③ Kathleen Davis, *Deconstruction and Translation*, Manchester, UK & Northampton, MA: St. Jerome Publishing, 2001, p. 91.
④ Umberto Eco, *The Search for the Perfect Language*, trans. James Fentress, Cambridge: Blackwell, 1997, pp. 352—353.

乱"将这信息启示出来:"上帝的名是我们可以企求的最有力的解构之名,他破坏了我们早期用尽所有时间与心力建造的真理之塔,上帝的名播散了我们的话语(tongues),扩展(multiply)了名称、真理、故事这些我们自己告诉自己并藉以度日的事物,揭露它们为一种虚幻的建构与真理"①。于是,由此产生的翻译,承担的并非是对原文意义与内容的传达,而是对伦理责任的履行,这不仅因为翻译及其作用无时无刻不影响着我们的日常生活,更在于翻译执行的正是正义需要面对的"唯一的/普遍的"(singular/general)两难困境。因而,如果成为一个人意味着必须处于某种传统、某种文化、某种历史、某种语言中,如果人就是这样被上帝创造的,那翻译将永远无法避免,它不仅是意义的来源,更是保护真理免受各种意识形态利用的最有力的武器。

巴别塔事件对于本雅明和德里达而言,是共同的文化记忆,而关于巴别塔之后语言的变乱,虽然两者有着貌似不同的阐释,但在其思想内里却有着根本的纠缠。作为一个犹太裔的德国人,本雅明切身经验了西方现代社会的快速变迁及第一次世界大战带来的痛苦与困惑,而这种"进步的灾难"在他看来正是巴别塔之后人主体性胜利、语言被物化的恶果,因而,他努力在世俗的废墟中寻找救赎之路,始终为了"一切事件的弥赛亚式截止"②而努力。而正如本雅明自己说言,"假如我曾经拥有一种自己的哲学……那它某种程度上将是一种犹太哲学"③,人们也的确可以在本雅明关于语言与翻译的论述中看到他对那上帝神圣之言所代表的永恒真理的渴望,但它同时也是一个无法被具体宗教化的神秘的弥赛亚,而且本雅明一生在犹太喀巴拉(Kabbalah)传统、马克思主义、德国浪漫主义思想等众多矛盾文化因子中探索的精神历程,虽然使他在现实的处境中遭遇尴尬与困惑,但却生动呈现了他难以言表而又充满冲突力量的发现真理之路。正因为如此,本雅明始终坚持翻译的目标是"纯语言",但它的核心不是对永不可抵达的目的地的乌托邦式的渴望,而是在所有语言的"剧烈运动"及其历史发展中发现它。④ 而"如果存在一种真理的语言……是哲学家们所渴望的唯一

---

① John D. Caputo, *The Prayers and Tears of Jacques Derrida*, p. 290.
② Walter Benjamin, *Illuminations*, p. 263.
③ Susan A. Handelmen, *Fragments of Redemption*, p. 19.
④ Ibid., p. 32.

完美的语言,那它是以一种浓缩的形式隐藏在翻译中"①;如果"对原文的忠实"意味着对一个原初确定意义的传达,那翻译者的任务恰恰是要从这种意义的束缚中摆脱出来获得自由,去渴求一种多样语言的互补以使那纯语言之光折射在文本中。

然而,现代性的计划如此强大,以至于本雅明以自己的生命作为牺牲的祭品仍无法挽回这场大风暴。于是,在德里达看来,对抗现代同一性最有力的策略就是取消一切同一的可能,无论它是"最初的"还是"最后的",是"现实的"还是"想象的",于是,德里达继续了本雅明所强调的"翻译者的任务"——去翻译。而且,上帝早已以"巴别"这一"变乱"之名为人们留下了一条通往意义与真理的道路,那即是"翻译的不可能性"与"多样翻译的天然合法性",不仅如此,巴别塔这个发生在闪族人理性进程中的创伤性事件更标志着一个"时间的关节脱落"②(The time is out of joint),它是对"现在之安定性"、"全体集结性运动"的搅扰,是一个他者的到来,是"正义的机会和可能性"③。

1998年,斯坦纳在他的代表作《巴别塔之后:语言与翻译面面观》(*After Babel: Aspects of Language and Translation*)第二版序言中,提醒人们,在翻译中更需要人们关注的是那"由于言说习惯之间的差异、'可发声的'与'不能发声的'话语之间的差异……所引起的翻译[先天]不充足的困境"。④ 而正是差异产生了翻译的需要,这当中不仅仅包括语言的差异⑤,更有语言与意识、意义之间的差异,乃至意识与意识之间的差异。因而,翻译的价值功能并不仅仅在于"传达了什么"(翻译传达意识与意义),更重要的是"如何传达"(翻译如何可以真正地完成传达意识与意义这一任务)。于是,当我们今天重新打量本雅明与德里达关于"翻译"的讨论,尽管他们各自思考的路径不尽相同,但正是存在于翻译中根深蒂固的

---

① Walter Benjamin, *Illuminations*, p. 77.
② 高桥哲哉:《德里达:解构》,第225页。也有学者将其译为"颠倒混乱的时代",参见德里达:《马克思的幽灵:债务国家、哀悼活动和新国际》,何一译,北京:中国人民大学出版社,1999年,第7页。
③ 高桥哲哉:《德里达:解构》,第225—227页。
④ George Steiner, *After Babel: Aspects of Language and Translation*, xii. 此处翻译略有改动。
⑤ "语言的差异"不仅表示不同语言之间的差异,更具有语言本身具有的差异性,而关于后一点,可详见德里达成名的三部代表作《书写与差异》、《声音与现象》及《论文字学》。

"差异"激发了两者共同的正义关切。而面对现实中存在的众多差异,翻译启示人们:那种标榜进步的同一性带来的恰恰是意义的混乱,甚至是暴力式的误解,而只有在差异之间的互补与给予中,才有可能实现一种对意义的传达、真理的寻找。翻译,使人们学会如何在有限中去接触无限,同时又避免将无限化约为任何一种有限。而这也正是正义的要求:在追寻绝对正义的路途上,只有对正义相对性与有限性的保持警醒,正义才可以真正持续地发生。

"巴别塔"[(大)勃鲁盖尔作]
"The Tower of Babel" by Pieter(the Elder) Bruegel①

第三节 关于"神学语言"的论争

一位对巴特与德里达思想都非常了解的治学严谨的学者,甚至也非常怀疑在这两位不大可能成为朋友的学者之间存在着一些有意义的汇合点。因为,巴特很有可能被一些后现代主义者指责为元叙事(meta-narrative)的代表,而在大多数神学家看来,德里达则是最没有希望与神学发生关联的候选人,然而,最近对两者之间的比较研究却正成为基督教神学与后现代哲学中一项大有可为的

---

① http://www.wga.hu/index1.html

工作。① 这当中突出的代表是"激进正统"②(Radical Orthodoxy)的领军人物沃德于 1995 年出版的一部重要著作《巴特、德里达与神学语言》(*Barth, Derrida and the Language of Theology*)③。在这本书中,沃德对巴特"信仰的类比"(*analogia fidei*)观念与德里达"延异的救世计划"(economy of *différance*)进行了细致的分析,指出"语言总是根深蒂固地具有神学性"④。而这种"神学语言"(the language of theology)在沃德看来可以作为应对"语言信仰危机"⑤的一种"修辞学策略"⑥,使人们有可能摆脱无休止的符号游戏而对正在来临中的意义抱有希望,而这也是激进正统在后现代世俗领域中试图建立一种新神学、努力寻找正在失落的基督宗教精神、价值与意义的一项重要实践。对于沃德的阐释,美国系统神学家麦考马克(Bruce Lindley McCormack)提出了质疑,认为他将会

---

① Garrett Green, "The Hermeneutics of Difference: Barth and Derrida on Words and the Word", *Postmodern Philosophy and Christian Thought*, ed. Merold Westphal, Bloomington and Indianapolis: Indiana University Press, 1999. p. 91.

② "激进正统"(Radical Orthodoxy):这一称呼主要源于密尔班克(John Milbank)等人主编的《激进正统论》,这是后现代基督教神学思潮及运动中一个重要的组成部分,因不满当前的神学对现代与后现代做出的回答,主张以基督教神学资源重新介入世俗世界,对政治、伦理、文化、艺术、科学、哲学、宗教等问题做出新的回应。代表人物为密尔班克、皮克斯多克(Catherine Pickstock)、沃德。目前有关"激进正统"的主要论著包括:《激进正统:一个新的神学》*Radical Orthodoxy: A New Theology*, eds. John Milbank, Catherine Pickstock and Graham Ward, London & New York: Routledge, 1998;《神学与社会理论》John Milbank, *Theology and Social Theory*, 2nd ed., Oxford: Blackwell, 2006;《激进正统导论:绘制一个后世俗神学》James K. A. Smith, *Introducing Radical Orthodoxy: Mapping a Post-secular Theology*, Grand Rapids: Baker Academic, 2004;《激进正统:批评导读》Steven Shakespeare, *Radical Orthodoxy: A Critical Introduction*, London: SPCK, 2007;《激进正统与改革传统》*Radical Orthodoxy and the Reformaed Tradition*, eds. James K. A. Smith and James H. Olthuis, Grand Rapids: Baker Academic, 2005;《后现代上帝:一个神学读本》*The Postmodern God: A Theological Reader*, ed. Graham Ward, Oxford: Blackwell, 1997。

③ Graham Ward, *Barth, Derrida and the Language of Theology*, Cambridge: Cambridge University Press, 1995. 此外对于两者的研究还包括:Walter Lowe, *Theology and Difference: The Wound of Reason*, Bloomington and Indianapolis: Indiana University Press, 1993.;Kevin Hart, *Trespass of the Sign: Deconstruction, Theology and Philosophy*, New York: Cambridge University Press, 1989.

④ Graham Ward, *Barth, Derrida and the Language of Theology*, p. 9.

⑤ 斯坦纳描述,"1914 年以后,古典人文主义价值的坍塌带来了影响深远的语言信仰危机"。George Steiner, *Extra-Territorial*, London: Faber and Faber, 1975, p. 136. 转引自 Graham Ward, *Barth, Derrida and the Language of Theology*, p. 2.

⑥ Graham Ward, *Barth, Derrida and the Language of Theology*, p. 247.

"把我们带入更深的解构主义的深渊"①;但卡普托②对沃德的讨论却给予了充分地肯定,赞扬他看到了语言与神学都为"困局的结构"③(the structure of aporia)所标定。

的确,无论是"解构"(Deconsturction)中的"De-"还是"激进正统"的"Radical",都包含着某种"反向"④的因子,两者在各自的思想谱系中无疑都被视为危险分子。然而,在卡普托看来,《追问上帝》⑤(Questioning God)一文中沃德对德里达的评价却收起了他那曾经激进的锋芒。沃德认为,德里达那部自传式作品《割礼忏悔》⑥(*Circumfession*)是对奥古斯丁《忏悔录》的挪用,两者之间存在着一道无法跨越的深渊,这无疑将德里达导向了一种"追问的美学"(aesthetics of questioning):完全沉湎于对疑问的追问,而并不期望疑问得到最后的解决;而奥古斯丁的"忏悔"则是具体化的"追问的伦理学"(ethics of questioning),始终期望"追问"导向真理、希

---

① 麦考马克指责沃德出于一种对后现代的兴趣而非法地挪用了巴特,这主要因为沃德误解了巴特的类比教义,没有充分地了解巴特的经历与思想,并具体提出了六点反对的意见。Bruce Lindley McCormack,"Article Review: Graham Ward's Barth, Derrida and the Language of Theology", *Scottish Journal of Theology*, (1996), pp. 97—109.

② 卡普托,德里达解构思想在美国的继承人,主要从当代现象学、解释学、解构的角度研究宗教、神学、哲学,积极从事对德里达宗教转向的阐释,主要著有《德里达的祈祷与泪水:没有宗教的宗教》*The prayers and tears of Jacques Derrida : religion without religion*, Bloomington: Indiana University Press, 1997.《苦弱的上帝:一个事件神学》*The Weakness of God : a theology of the event*, Bloomington: Indiana University Press, 2006.《哲学与神学》*Philosophy and theology*, Nashville, TN: Abingdon Press, 2006.与之相对,也有学者否认在德里达的思想中存在宗教转向,如Martin Hägglund 的《激进的无神论:德里达与生命的时间》*Radical Athesim: Derrida and the Time of Life*, Stanford: Stanford University Press, 2008.

③ John D. Caputo, *Questioning God*, ed. Mark Dooley & Michael J. Scanlon, Bloomington, Ind.: Indiana University Press, 2001, p. 294.

④ "Deconsturction"的"De-"作为前缀,本身即包含"相反"、"否定"的意思;而"激进正统"的代表人物密尔班克则将"世俗的现代性"理解为"反向的神学"(a perverse theology),将世俗领域中人们关注的各种话题纳入神学的框架进行讨论,可参见 John Milbank, Catherine Pickstock and Graham Ward edited, *Radical Orthodoxy: A New Theology*, head page;另可参见杨慧林:"'反向'的观念与'反转'的逻辑:对齐泽克"神学"的一种解读"。解构对于世俗的现代性社会,激进正统对于传统基督教,都具有鲜明的"后 XX"、"反向"的特征。

⑤ Graham Ward, "Questioning God", *Questioning God*, pp. 274—290.

⑥ "Circumfession: Fifty-nine Periods and Periphrases", in Geoffrey Bennington and Jacques Derrida, *Jacques Derrida*, p. 122.

望、意义的最终实现,因此,奥古斯丁的问题源于可实现的末世论希望,而德里达的改写则将这一问题与永不可实现的理想相关联,使我们陷入"困局"①(aporia),沉入"无限"(infinite)与"不可确定性"(undecidability)的泥潭中看不到希望。② 对此,卡普托专门撰写了《当我爱我的上帝时,我爱什么? 解构与激进正统》③(What Do I Love When I Love My God? Deconstruction and Radical Orthodoxy)一文对其进行分析与批判,指出德里达在《割礼忏悔》中对于奥古斯丁"当我爱我的上帝时,我爱什么"④这个问题的论述是一项惊人的表述,他揭示出"上帝的名字是任何我们所爱的、所渴望的事物的名字"⑤。因而,卡普托称,关于"人们爱上帝"的认识,正如人们对爱人说"我爱你"一样是毋庸置疑的事情,奥古斯丁与德里达共同面对的问题并不在于"我们是否爱上帝",而是在于"当我们爱我们的上帝时,我们爱什么",因为所有的事物乃至我们的"主体"(ego)、"意志"、"愿望"、"主张"、"宗教"、"民族"等等都有可能假借上帝之名占据这个独一无二的位置。⑥

正如卡普托对"激进正统"这一名称所做的描述:"严格意义上讲,激进正统的观念中存在着根本性的不连贯,因为'激进'总是反对并试图冲破'正统'的裂隙,我偏爱'激进'这个词,但它总处在

---

① "困局"(aporia),也译为"难题",这是了解德里达思想的又一个关键术语。"所谓最彻底的难题就是难题本身的不可能性",难题是不可能之物的体验,但没有难题体验之处既没有正义也没有责任,也就是没有与他者间的关系,因为与他者间的关系就是难题。为了解他者必须将他者作为我的世界的一部分,必须将他者笼络入我理解可能的范围,必须将他者的他者性内化、同化,但这时他者就不再是完整的他者了。签名、礼物、宽恕、爱、证言、好客、死亡等都是德里达对于难题的思考。有关 aporia 的论述,可参见 Jacques Derrida, *Aporias*, Stanford: Stanford University Press, 1993. Robyn Horner, "Aporia or Excess? Two Strategies for Thinking r/Revelation", *Derrida and Religion*, pp. 325—337. Edith Wyschogrod, "Saintliness and Some Aporias of Postmodernism, from Saints and Postmodernism", *The Postmodern God*, pp. 341—355.
② Graham Ward, *Questioning God*, p. 285.
③ John D. Caputo, "What Do I Love When I Love My God? Deconstruction and Radical Orthodoxy", *Questioning God*, pp. 291—316.
④ 卡普托指出:德里达针对奥古斯丁提出的问题,是对《忏悔录》中部分叙述的拼贴,而卡普托使用了拉丁文版本的《忏悔录》*St. Augustine's Confessions*, trans. W. Watts, Cambridge: Harvard University Press, 1988. 可参见 John D. Caputo, *Questioning God*, p. 314.
⑤ John D. Caputo, *Questioning God*, p. 291.
⑥ Ibid., pp. 291—292.

'正统'的压制下"①,激进正统这个作为解构思想神学阵营中的盟友,虽然发现了"神学语言"中延异的秘密,但它仍旧是一种认识一个确定性上帝的巴特式的修辞学策略;而对于德里达、卡普托这样致力于"没有宗教的宗教"的后现代思想家而言,"神学语言"中蕴涵的反转力量已将它自身解构为众多应许声音中的一个。

一　德里达对巴特的增补

1919 年,巴特的《〈罗马书〉注释》(*The Epistle to the Romans*)②"像是一枚炸弹,落在神学游戏场中",他对《传道书》(*Ecclesiastes*)"神在天上,你在地下"③的重申,提醒人们存在于神人之间那道绝对的界限,主张"用'从上而来'的神学来取代'来自下方'、以人为中心的陈旧神学"④。巴特之所以极力强调上帝与人的绝对差异,意在警戒人们永远不可妄想凭借自身的理性掌握上帝。"上帝是上帝,人是人。因而在圣言面前,有罪的人的思想、言说都不再有其自身确实可靠的能力。圣言与人言是完全不同的,两者之间不可能有直接的交流与传达。"⑤上帝以上帝之言来显现自身,而我们只能依靠人之言来谈论上帝⑥,那如何才能使神与人之间这种不可能的沟通成为可能呢?在语言出现深刻危机的现代世俗社会,《圣经》中"每一个词都指向'真理发生'"⑦的理想愿景正在渐行渐远,因而,巴特在《〈罗马书〉注释》、《教会教义学》(*Church Dogmatics*)⑧等著作中将圣言神学、上帝的启示与语言哲学相结合,重新思考语言对神学的重要意义。

依据沃德的分析,巴特在《教会教义学》第五章"上帝的知识"(The Knowledge of God)中区分了两种语言模式:一种是"交流模

---

① John D. Caputo, *Questioning God*, p. 306.

② Karl Barth, *The Epistle to the Romans*, trans. Edwyn C. Hoskyns, London: Oxford University Press, 1933.

③ 《传道书》(5:2)。

④ 葛伦斯、奥尔森:《二十世纪神学评论》,刘良淑、任孝琦合译,台北:校园书房出版社,2003 年,第 78—79 页。

⑤ Graham Ward, *Barth, Derrida and the Language of Theology*, p. 205.

⑥ "神学"(theology)这个词自三世纪被基督徒使用以来,即意味着"谈论上帝"(talking about God)。Alister E. McGrath, *Theology: The Basics*, Blackwell Publishing, Preface.

⑦ Graham Ward, *Barth, Derrida and the Language of Theology*, p. 20.

⑧ Karl Barth, *Church Dogmatics vol. II. I*, Edinburgh: T&T. Clark, 1957.

式"(communication model),所有的人类语言源于一个神圣的原始语(Ursprache)/上帝之言与启示事件(event of revelation)密切相关,在这种模式中,语言是一种"原初性"(original)语言,并且思、言与客观事物之间呈现出完美的对应关系;另一种为"符号学模式"(semiotic model),这种模式的语言是一种"图画式"(pictorical)语言,是对原初性语言的误用与强占,它始于社会性建构,其目的在于建立人类之间的交流,但这种模式割裂了先验意识与世界,人的感知、客观事物的概念及客观事物本身的联系,语言陷入先验主观的网络中,词语与事物之间是任意、武断地结合,形成了永无休止的符号游戏、语义的循环。① 而在这两种完全相反的语言模式中间存在着一种"困局的结构"。在巴特看来,尽管神人之间存在着难以跨越的鸿沟,但这并非意味着人永远无法认识上帝,因而他倡导以"神学语言"来解决现实的难题。神学语言同时具有直接性与间接性:一方面,它可以类比于原初性语言,有可能还原语言与事物之间的直接关联(但这需要信仰和信心的跳跃);另一方面,"类比"不是"等同",因而这种语言仍然是一种象征性符号,它代表一个永远的"缺在",这是一种绝对的间接性。② 而耶稣这个"类比的基督"(analogia Christ)正是巴特所说的"神学语言",他"是所有符号原初的、支配性符号"③,通过这个中介(mediation),不可见的上帝呈现为可见,人神之间不可能的沟通成为可能。

"辨证的思想在巴特那里从未被取代过"④,而这最突出的体现即是"信仰的类比"法则,对此,沃德给予了颇具创见的论述。在沃德看来,巴特关于"圣言与人言"(the Word and the words)的神学与勒维纳斯"说与所说"(le dire and le dit)的哲学存在着很大的相似性,两者都关注"全然的他者"(wholly other),努力处理相同的问题:即一个超越的、无限性的事件,如何在将自身启示于人类

---

① Graham Ward, *Barth, Derrida and the Language of Theology*, pp. 14—15. p. 30. 麦考马克则认为这两种语言模式分别对应神学的认识论与新康德派的认识论,参见 Bruce Lindley McCormack, "Article Review: Graham Ward's *Barth, Derrida and the Language of Theology*", p. 99.

② Graham Ward, *Barth, Derrida and the Language of Theology*, pp. 13—14.

③ Karl Barth, *Chruch Dogmatics vol. II. I*, p. 199. p. 223. 转引自 Graham Ward, *Barth, Derrida and the Language of Theology*, p. 31.

④ Graham Ward, *Barth, Derrida and the Language of Theology*, p. 94.

有限语言的内在性(immanence)①中,同时又打破语言的内在性。②但是,巴特始终要保持上帝的"完全他性",对于那些试图将"全然的他者"整合进人类他者的学者,他是绝对不能赞同的,因而,巴特开始寻求超越勒维纳斯的思想路线,逐渐向德里达靠拢。除非绝对同一,否则"全然的他者"永远都是一个全然的他者,因而相同(the same)与他者(the other)之间只存在"类比的相似"(analogical similarity),德里达承认类比的必要,但它至多只能表现一种"类似的超越"③(quasi-transendence),不仅如此,在德里达看来"全然的他者"本身就已包含着对自我的结构性背叛,而"延异"正是对这种类比关系与原初性背叛的命名。在沃德看来,德里达的"延异的救世计划"是对巴特"辨证神学"(dialectical theology)有效的增补④,为如何以人言表达圣言提供了一个协调性的解释,其目的是打开了一个可以超越人类语言的空间,在这里,既可以为人类语言的意义提供一个先验的保证,又不至于失掉上帝的完全他性。

在卡普托看来,沃德对巴特与德里达的研究非常有意义,他甚至强调"事实上,巴特神学的语言所采取的'修辞学的策略'正在被德里达理论化"⑤。因为,对于德里达而言"我们以'不可能'开始",无法测量的"困局"始终深深扎根于世俗世界的生活与语言当中,因而,神学语言并不能将这顽石击碎,恰恰相反,它正是倚靠这矛盾开始自身的工作:上帝之言以人的话语传递给我们,这种转换是不可能的,但我们又必需要求这种不可能的转换。于是,神学语言既是必需的又是不可能的,它有赖于不可能的可能。⑥也正是在这一点上,卡普托与沃德的观点极其一致:前者指出,巴特始终认为神学正是在这难以驯化的不同性(alterity)中产生并发生效力⑦;而后者则写到,巴特的神学话语力图探询如何使神秘的他性

---

① "Immanence"译为"内在性"或"临在性",与之相对的是"Transcendence"译为"超越性"。而"超越"与"内在"的问题始终是神学与人文学讨论的中心。对此问题可详见葛伦斯、奥尔森:《二十世纪神学评论》序言。

② John D. Caputo, *Questioning God*, p. 293.

③ Ibid., p. 292.

④ 参见 John D. Caputo, *Questioning God*, p. 294. 另可详见"The conclusion argues that Barth's theology of the Word in relation to words- his *analogia fidei*, his Christology and incarnational theology—are theological readings of a law textuality, a law of performance and repetition described by Derrida as the economy of *différance*." Graham Ward, *Barth, Derrida and the Language of Theology*, p. 9.

⑤⑥⑦ John D. Caputo, *Questioning God*, p. 294.

(otherness)可以躲避同一的归化(正是这种同一阻止了救赎)①。

正因为确证了"困局结构"的必然存在,德里达认可"语言始终具有根深蒂固的神学性质"②,但卡普托马上指出,解构不是神学,它总是保持不确定性(undecidability),站在信仰与神学大门的门槛上。③沃德当然清楚哲学与神学之间明显而传统的差别,前者热衷于永无止境的追问,而后者忠实于信仰,但如果对于沃德来说,惟有信仰可以打破不可确定性,结束无休止的、不断推迟的追问,那在德里达看来,这样的信仰与教条主义并没有差别。正是不可确定性使德里达保持对信仰的关注,而巴特的神学也正是产生于这超越性与内在性二律背反的矛盾中,始于圣言与人言的矛盾中。沃德注意到,相比于早期注重延异的分析,晚期德里达的工作更多地显示出对启示论的兴趣,关注"希望"、"许诺"(promise)等问题,对此卡普托解释说,德里达并未放弃解构,他既不是无神论者也不是虚无主义者,他只是提倡一种积极、健康的不可知论,当我们处于上帝显现的许诺与它的不可能性时,要求信仰的增补,而这就是神学。④

在《巴特、德里达与神学语言》一书中,沃德指出:正如海德格尔晚期对原初问题的探讨,"追问"本身就被置入问题中,一个更加初始的许诺存在于语言中,因而每一个提问都已经是一个回答。⑤与之类似,德里达确证了文本的表述结构通常就是一个许诺,不仅如此,所有语言中都不可避免地存在着"前许诺"(archi-promise),而神学只不过是以耶稣基督的名字来履行这许诺,因而,虽然语言本身不可避免地具有神学的性质,但同时它也总被神学的不安所搅扰。⑥ 卡普托认为,沃德最大的贡献正在于他分析巴特的语言神学时,肯定了德里达的"延异"观点,看到了神学内部结构中的"不确定性",但他却没有将这一思想贯彻到底,而是将信仰与延异、不可确定性分裂开来。因为,在沃德看来,海德格尔与德里达持同样

---

① Graham Ward, *Barth, Derrida and the Language of Theology*, p. 245.
②③ John D. Caputo, *Questioning God*, p. 294.
④ Ibid., p. 295.
⑤ Graham Ward, *Barth, Derrida and the Language of Theology*, pp. 229–230. 另可详见 Jacques Derrida, *Of Spirit: Heidegger and the Question*, trans. Geoffrey Bennington and Rachel Bowlby, Chicago: Chicago University Press, 1989, p. 193.
⑥ John D. Caputo, *Questioning God*, p. 295.

的观点对哲学与信仰进行区分:前者讨论的"存在"正如海德格尔自己所言,将被关在信仰的大门之外;而德里达不断坚持的"不可确定性"及那永无休止的追问,最后也将被信仰所捕获。① 对此,卡普托进行了激烈地反驳。德里达的解构思想之所以与神学发生关联,恰恰因为信仰本身就扎根于不可确定性当中,而任何事物都在一种信仰中开始,也在信仰中结束,神圣与世俗在德里达看来并没有纯粹的区别,而事实上,"世俗"这个范畴本身就是宗教领域对与神相对的人类世界的一个界定。德里达并不认为宗教与世俗之间存在绝对的对抗,信仰与理性也并非完全相对,因为那些被人们称做"理性"的东西恰恰来源于一种信仰,正如语言总是由某个前许诺所结构一样。② 德里达最关注的并不是宗教信仰与哲学理性之间的差别,而是居于不可确定性中的信仰与各种具体的弥赛亚主义(messianisms)信仰之间的不同之处,而这也正是德里达与巴特的根本区别。进而,卡普托申明,不可确定性不是"不决断",而是一个决定可能产生的前提条件,对于德里达而言,"不可确定性"的反面不是"决定"而是"可决定性"③,因而,"解构"不是简单地讨论不可确定性的哲学,而是在不可确定中进行决定的哲学,甚至可以说德里达主张的是"消极的决定"、"他者的决定":即"我"的决定是对"他者"发出请求的回答,总有一个"他者"先于我存在,我惟有在这个"他者"面前才能进行我的决定。如果一个决定可以完全由确定性决定(如一套程序、规则、数学方程),那我们需要的将不是一个人而是一个好的软件;而没有了不可确定性,就不会有信仰的必要,依着信仰我们并不能跨越不可确定性的门槛并将其抛之身后,正相反,不可确定性总是存在于信仰中。④

二 一个许诺的声音

在卡普托看来,语言中始终具有的"根深蒂固的神学性"正是语言中存在的"许诺的结构"(structure of promise),"语言就是许诺",但是这"许诺"并非某个具体的人关于一项具体实在的内容作

---

① Graham Ward, *Barth, Derrida and the Language of Theology*, p. 256.
② John D. Caputo, *Questioning God*, p. 296.
③ "The opposite of 'undecidability' for Derrida is not 'decision' but 'decidability'",可参见 John D. Caputo, *Questioning God*, p. 297.
④ Ibid., p. 297.

出的承诺,而是居于"语言事件"(the event of language)中的许诺,在那里,语言召唤我们、对我们作出许诺,因而语言具有了某种弥赛亚特征。① 正如德里达所说的,"当我们开始言说时即对语言这许诺进行见证,甚至在更早的时候,许诺就抓住了我,它在我之前就已存在,而这个'许诺'向我们许诺一个他者。"②因此卡普托称,在解构的思想中,语言是对事物的许诺,但这事物又总是从语言的控制中滑落,因而它的缺在构成了一个符号、踪迹,于是,语言就是对那些不在场事物的回忆与希望,是一个"他者"到来的事件,而在这当中,我们永远不可能找到绝对的开端,只能在踪迹中开始,在以往我们所拥有的文本语境中开始,而这些特定的语言、传统、遗产构成了复杂而深不可测的网络,其中甚至存在着互相对立、无法进行调和的多重声音。③ 由此,卡普托强调,我们的语言和传统都建立于这种许诺的弥赛亚结构中,我们将对众多的应许声音而不是一个声音作出回应。④

然而,原本已经在巴特的神学语言中看到"延异"增补作用的沃德,在分析德里达与奥古斯丁同样的疑问("当我爱我的上帝时,我爱什么?")时,却努力以上帝之名来摆脱无尽的"延异"、"前许诺"带来的追问的深渊。而对于沃德的论述,卡普托提出了不同的解释:德里达与奥古斯丁的区别并不在于前者沉迷于追问的冒险游戏,而后者满怀信仰、希望与爱在上帝面前进行忏悔,这种说法无疑是以一种刻板的、教义的方式解释两者的差异(而沃德《巴特、德里达与神学语言》中本来已经取消了这种方式);他们真正的不同在于,奥古斯丁以一个已经确定了的历史名称来命名他所信仰、希望、爱的对象,他使自己的决定紧紧附着在他所归属的、并先在于他的"传统"。在《忏悔录》第八卷第十二节中,奥古斯丁听到一个孩子的声音"拿起来,读吧"(tolle, lege),这是个神秘的决定过程,而他拿的那本书是拉丁文《新约》,不是《塔木德》、也不是《古兰经》(Koran),于是,奥古斯丁像其它任何一个人一样,在众多复杂的、甚至互相冲突的声音中发现了自己,而在他手上对他产生效力的文本即是我们所说的"传统"。可以想象一下,如果奥古斯丁在

---

① John D. Caputo, *Questioning God*, pp. 298—299.
② Jacques Derrida, *Derrida and Negative Theology*, p. 84.
③ John D. Caputo, *Questioning God*, pp. 300—301.
④ Ibid., p. 303.

另一个时间坐在另一个花园里,结果将会完全不同,他可能会拾起另一个传统中的、以另一种语言书写的另一本书,那他得到的将是另一种教导,而在"拿起来,读吧"这过程中产生的经历,完全取决于他的手臂可以触及到的那些文本。①

不同于奥古斯丁对那个被耶稣称为"阿爸"(abba)的上帝的忠实,德里达始终警惕任何具体的、所谓确定性的论断,他总是使自己与任何历史的、特殊的决定性回答保持距离,他的"信仰、希望与爱在夜中行进,夜是不可缺少的条件,在这里信仰、希望与爱的形成总是可能以另外的方式被决定……也即是说,他相信信仰,盼望希望,但他没有保证。"②在一般牧师与拉比看来,德里达是一个无神论者,面对这样的定夺,德里达称自己"被看作(pass for)是一个无神论者,是非常恰当的事情",但他否认自己"就是(is)一个无神论者",因为他不知道自己是否是"一个",而不是"两个或更多"的无神论者;而且,在德里达看来,即使在每一个信仰者心里,都存在一个无神论者始终以"不信"与信仰者较力,我们应该如怀疑"相信"一样怀疑"不信"。③ 因而,对于卡普托而言,事实上奥古斯丁与德里达都是在"不可决定中进行决定"(deciding-in-the-midst-of-undecidability),仅仅是那"相对的确定性"(relative determinacy)④因素造成了两者在面对各自的"上帝"时产生了"爱什么"的差异。因而,以任何一种教义式的标准来区分两者,都难免使自己陷入困境,例如"激进正统",我们可以将其看作一种省略的表达"激进 X 正统",它可以是"激进的基督宗教正统"、"激进的犹太教正统"、"激进的穆斯林正统"等等,中间的 X 总是引发极端的教义与宗教的冲突。⑤

由此,卡普托从解构的视阈出发,诠释了他所理解的"正统"与"激进"如何进行双重运作。在他看来,人始终处在历史性的关联中,我们从一出生就已经不可避免地与一些强大的话语产生关系,它们先于我们存在并被传承至今,不断地发出召唤等待我们作出回应,它们是"前给予"(fore-given),而我们在这当中被塑型。因而,某种特殊的历史传统孕育了特定的语言、特定的环境,我们不

---

① 参见 John D. Caputo, *Questioning God*, p. 310.
② Ibid., p. 311.
③ Ibid., p. 309.
④⑤ Ibid., p. 313.

仅身处其中、受其影响，这些特定的有限因素更具有一种巨大的力量驱使我们去爱它们，不断地对它们说"是，是"(oui,oui)。"我们被塑造去爱它们"(We are made to love them)，卡普托指出"made to"有双重意义：一是指"被迫"(forced)去爱，因为历史性的关联是前给予，我们无法自我选择处在哪种特定环境中；二是指"为了爱"(for love)，正如奥古斯丁所说："你造我们是为了你，主啊，我们的心若不安歇在你的怀中，便不会安宁"①，我们被塑造是为了爱那个我们"所爱的"。②因而，从另个角度看，传统总是被暴力所维护，甚至它就是暴力，越有威望的、强大的传统，人们就越难以摆脱它的暴力，也难以摆脱对它的爱。因而，相对于作为"前给予"的"正统"，卡普托强调，"解构"与"激进"需要了解，在历史的关联中任何"非前见"(un-fore-seeable)都从未被真正给出过。③那面对这种困局，我们该如何进行应对？卡普托以德里达有关"宽恕"的讨论为例对此进行说明。我们总是依循继承下来的宽恕传统来考虑"宽恕"，这当中既有犹太教、基督宗教、伊斯兰教对于宽恕进行的复杂的神学表达，也有历史中帝王与城邦对于宽恕的法律描述，但往往每个时代那些"要求被宽恕的"，恰恰是我们所继承的传统中争论为"不能被给予宽恕的"，也就是说"宽恕总对那些不能宽恕的进行宽恕"，是"不可能的可能"。④了解了这一点，"许诺"作为"前给予"才能在自我解构的张力与矛盾中真正地运作起来，而"神学语言"就是这样一种许诺。

相对于那些传统的系统神学家（麦考马克），沃德在语言中发现了神学内在的"不可能的可能"结构，而一旦放弃了这样的"激进"，退守到所谓确定性的"正统"信仰中，这样的"激进正统"如何能够真正非暴力地在后世俗(post-secular)⑤社会中有效地实施他们庞大而全面的救赎计划？而解构如何能摆脱人们所担心虚无主

---

① 奥古斯丁：《忏悔录》(1:2)，(1:5)，周士良译，台湾：商务印书馆，1998年。
② John D. Caputo, *Questioning God*, pp. 303—304.
③ Ibid., p. 304.
④ 德里达："宽恕：不可宽恕和不受时效约束"，《德里达中国演讲录》，杜小真、张宁编译，北京：中央编译出版社，2002年，第3—41页。
⑤ J. A. 史密斯的《激进正统导论》中第一部分第一章对后世俗社会中的激进正统进行了描述。见 James K. A. Smith, *Introducing Radical Orthodoxy*, pp. 31—63.

义危险,为其不断追寻的正义进行辩护? 沃德与卡普托这样的对话①对我们更深入地思考这些问题无疑大有裨益,而两者也有可能在互为"他者"的视阈中寻找到各自未来发展的路径。

小　结

在《立场》(*Positions*)一书中,德里达毫不留情地指出,一种要求完全在场的幻想已经控制了整个西方思想传统,这误导人们认为,思考一种自我指涉的概念(a concept signified in and of itself)是可能的,它在场于思想面前,独立于任何语言与符号指示系统之外。② 而这种德里达称之为"超越的所指"(transcendental signified)的概念,一直以来被人们冠以"真理"、"意义"、"上帝"等名称。正是有了这种"可能"的鼓舞,胡塞尔才努力实践他的几何学梦想,认为我们可以获得一个永恒不变的意义公式。然而,事实证明,没有语言的帮助这梦想将无法实现,但这梦想也正因为语言而被瓦解。这无疑是巴别塔变乱的结果。因而,无论是本雅明翻译者的任务,还是巴特神学的语言都是为了能够重新倾听那"纯语言"的回声、回应圣言的召唤。可在德里达、卡普托等人看来,那变乱本身就是一个捍卫多元的启示,它并非是那没有出路的迷宫,而是拯救人们的叙事之线,只是这线从来就不只是一条,而是总有另一个、再一个……正是因为这不断的"另一个"才可以使我们摆脱时间与死亡的威胁,获得意义的依托。因而,从来就没有一个完全超越的、来自外部的真理与意义,即便有过,我们也早已经与之割断,留下的只是众多的许诺与叙事,不断的翻译与阐释。

---

① 解构与激进正统之间的对话在当下非常频繁,如前面注释中提到的《后现代的上帝》(*The Postmodern God*)除此之外,沃德《真正的宗教》是与卡普托《论宗教》的对话,见 Graham Ward, *True Religion*, MA : Blackwell Pub., 2003. John D. Caputo, *On Religion*, London and New York : Routledge, 2001. 而史密斯的《激进正统导论》也在继续描画两者间的关系。

② Jacques Derrida, *Positions*, p. 19.

第三章

太初有力

第一节 事件的神学与上帝之名

泰勒在"历史的终结"(End of History)一文中论述了叙述与时间的悖论关系:叙述的逻各斯是汇集了起源(archē)、目的(telos)与基础(ground)的运动,它在时间之流上建构起一个历史整体,并为其树立规则与律法,控制其发展与变化,这种寻求"打败时间"的行为无疑是一项"殖民事业",然而,那被殖民的时间却是一个沉默的幽灵,始终在暗处不断地搅扰着殖民者。① 而卡普托在《上帝的苦弱》(The Weakness of God)中对名称(name)与事件(event)进行区分时,采取了与泰勒近乎相同的论调:名称是对事件的一种暂时性表述,它相对稳定;而事件却永不停歇,总是以仍未被表述的方式寻求被表述,并且不断撼动着事物已经"沉淀许久的行程"。② 而在此之前,德勒兹曾将事件描述为"一种匿名的冲动"(anonymous impulse)、"前个人的超越领地"(prepersonal transcendental field)、"原感觉"(archi-sense),事件是一个游牧者,它自由地游走在词与物、实存与发生的边缘,甚至它就是那个连接与分裂的临界点。③ 对此,卡普托认为,也许正是由于对事件的洞见,德勒兹才尤其偏爱19世纪英国作家卡罗尔(Lewis Carroll)对于爱丽丝掉进兔子洞的讲述(《爱丽丝漫游奇境记》Alice of Wonderland,1865)。但同时令他倍感失望的是,德勒兹居然没有像德里达那样,注意到圣经中那个颠倒的事件——上帝之国中"神圣的混乱"(sacred

---

① Mark C. Tyalor, Erring, pp. 70—71.
② John D. Caputo and Gianni Vattimo, After the Death of God, p. 47, p. 59.
③ Gilles Deleuze, The Logic of Sense, ed. Constantin V. Boundas, trans. Mark Lester with Charles Stivale, New York: Columbia University Press, 1969, pp. 149—150.

anarchy)①,在那个世界里,"神拣选了世上愚拙的,叫有智慧的羞耻;又拣选了世上软弱的,叫那强壮的羞耻。神也拣选了世上卑贱的,被人厌恶的,以及那无有的,为要废掉那有的",不仅如此,最令人震惊的乃是使徒保罗所说的"神的愚拙总比人智慧,神的软弱总比人强壮。"②于是,卡普托更愿意将宗教视为事件已经与我们立下的一个"约"(covenant),他甚至梦想着这是一个后现代的约③,"我们是事件的子民,被事件召唤到一起",而正因为在圣经中这约(或许诺)已经被上帝切断,"上帝的名字成为事件的名称,在那里有着我们所不知道的事情,一些神圣的火花搅动起那'无条件的激情'"④。

一 名称与事件

在卡普托看来,一个事件并不是已经发生了的事件,而是处于正在发生中的事件,它永不在场、也不完结、更不能被塑形,事件不是名称,但它却在名称中被人了解与感知。因而,名称包含事件,它是对事件历史的、偶然的、临时的表达,给予事件一个暂时性居所、一个相对稳定的名义上的整体。但是,事件总是不可被包含的,它不断地从名称的掌控中退出,像是一个神秘的幽灵(以"许诺与未来"、"记忆与过去")搅扰着名称永不安宁,它时而在远处召唤着我们"来、来"(to come),时而又将我们唤回到那"危险的记忆"⑤。由此,卡普托论述称,名称能够堆积历史的力量、世界的权威,建构起强有力的、稳定的制度;而事件的声音却是微弱而柔软的,容易被驱散、曲解甚至忽视,它总是受到那些庞大的、包罗万象的理论概念的威胁。然而,正是这无力的事件蕴涵着解构(搅扰)

---

① Gilles Deleuze, *The Logic of Sense*, pp. 59—60.
② 《哥林多前书》(1:27—28),(1:25)。
③ 卡普托称后现代主义是一种事件的哲学,后现代神学是事件的神学。他并非是想把事件化约到宗教中,而是认为上帝之名所激起的"对于无条件的激情"也正是事件所产生的。
④ John D. Caputo and Gianni Vattimo, *After the Death of God*, pp. 52—53.
⑤ Johann Baptist Metz, *Faith in History and Soiety*, trans. D. Smith, New York: Crossroads, 1980. p. 109. 梅斯(Metz)受到本雅明"苦弱的弥赛亚力量"的影响,论述"受难的危险记忆"是指耶稣非正义的死亡及到处非正义的苦难。转引自 John D. Caputo and Gianni Vattimo, *After the Death of God*, p. 48. p189.

名称的力量(the power of the powerless),而事件却不能再被解构①。但我们需要注意的是,这并非意味着事件是柏拉图式的光照真理,因为,它始终喜爱在夜间行走。② 于是,在齐泽克那里,事件就像是一株处于诞生中的幼苗一样珍贵,它是一个"易碎的绝对"(fragile absolute)。③ 而正如德里达所说的:在"民主到来"(democracy to come)中,"民主"(democracy)是个名称,某一天它也许会在"到来"(to come)的压力下崩塌;而"到来"是事件的力量,它将迫使"民主"超越自身。因而,"到来"远比"民主"更重要。④

相对于无法被包容的(uncontainable)、无条件的(unconditional)事件,任何名称最多只可以享受到一个偶然的特权(这是特定的语言文化历史环境赋予名称的特权)。但卡普托强调,上帝之名却有些特殊。因为,上帝之名已经拥有了与事件同等的权力,正是由于事件总有可能在其它名称、其它条件、其它时间与文化、甚至那些仍旧处于到来的名字中释放自身的力量⑤,希波主教奥古斯丁才不断地追问"当我爱我的上帝时,我爱什么",而埃克哈特则"祈祷上帝免除我的上帝"。的确,上帝之名是最丰富的名称,它既可以被无止境地超越,又是无法接近的神秘,而上帝之名中燃烧着的永恒的事件之火可以消灭贮藏在这名称中的暴力⑥,避免上帝之名被任何来自历史、传统的名称所掌控,令我们始终保持对上帝之名的无尽渴望;而与此同时,事件也被这上帝之名所庇护,并在他的名中不断召唤我们、对我们发出邀请,但却永远不被命名。因而,"上帝之名并不是我们所渴望事物的名称,而是那存

---

① 卡普托将"事件的不能再解构"称为"事件的真理",它是不可被容纳的、不可预见的、永无结论的,在卡普托看来真理是需要用心去听,是祈祷的事情而非认识的事情。John D. Caputo and Gianni Vattimo, *After the Death of God*, pp. 5—6.

② 卡普托关于"事件与名称"的详细论述,可参见 John D. Caputo and Gianni Vattimo, *After the Death of God*, pp. 47—51. John D. Caputo, *The Weakness of God*, pp. 2—7.

③ Slavoj Žižek, *The Fragile Absolute*, New York: Verso, 2000, pp. 118, 159.

④ Jacques Derrida, *Negotiations: Interventions and Interviews: 1971—2001*, trans. Elizabeth Rottenberg, Stanford, Calif: Standford University Press, 2002, p. 182.

⑤ John D. Caputo, *The Weakness of God*, p. 2.

⑥ John D. Caputo and Gianni Vattimo, *After the Death of God*, p. 54.

在于我们渴望中、并使我们保持渴望的事件的名称"。①

在对福音书的阅读与分析中,卡普托指出,事件正体现在"上帝之国"(kingdom of God)中,他将其称之为"神圣的混乱",在这里"你可以看到搅动在上帝之名中的苦弱的力量"②。耶稣作为圣父之子,当卫兵前来抓他时,只需摆摆手、眨眨眼就可以显现他无限的大能,但他却自愿成为罗马政治力量无助又无辜的受害者,甚至还劝阻拔刀的门徒西门(Simon)"收刀入鞘吧",因为,作为"上帝之国临近"的传达者,耶稣认为暴力的流血事件不应发生在这个国度。于是,他与那位作乱杀人的罪犯巴拉巴(Barabbas)一起被罗马长官彼拉多(Pilate)定罪。十字架上,被讥笑为"犹太人的王"的耶稣头带荆棘冠、一副苦弱的样貌,他饱受折磨与羞辱,不仅被自己的门徒所离弃,更为上帝所抛弃,③而他在十字架上面对的却是这样一个残酷的、充满着愚蠢与强力的尘世(罗马)。因而,"上帝之国是一个苦弱统治的领地,在那里言说'王国'总是对绝对力量的反讽。但这王国中的苦弱并不是缺乏信仰力量与行动勇气的简单的苦弱,而是……一个崇高的苦弱……一个神圣的创伤(a divine trauma)"。④ 不仅如此,上帝之国是一个充满"反转的无政府领域"(an anarchic field of reversals),这里的规则不是因果报偿,而是忍耐、宽恕、好客、无条件地给予。上帝之国中,最小的成为最大的,为首的成为最末的,而瞎子、聋人、哑巴、瘸子、麻风病者、瘫痪的人、妓女等等被排斥与贬低人在这里却享受优待与治疗,浪子获得亲吻与拥抱,甚至敌人也更需要去爱,而正是这样一种"神圣的疯狂"⑤以它的"无力之力"搅扰着罗马帝国的统治。

在卡普托看来,十字架上的耶稣遭受了常人一样的痛苦、软弱

---

① 卡普托认为,人们对上帝之名的渴望正是因为受到上帝不在的力量的搅扰,这也是为何渴望最终不得不与事件有关。我们不知道我们渴望什么,而这种不知又保持了人们不断地渴望。正如巴迪乌对拉康的评论,"正是主体的无意识构成了欲望,它就那不知,于是'不要放弃欲望'恰恰意味着'不要放弃你所不知的自己'"。因而,欲望的力量就是事件的力量,就是他者的力量。John D. Caputo and Gianni Vattimo, *After the Death of God*, pp. 57—58.
② John D. Caputo, *The Weakness of God*, p. 14.
③ 《约翰福音》(18:10—11:40)。
④ John D. Caputo, *The Weakness of God*, p. 14.
⑤ Ibid., pp. 14—15.

与失败,这不仅粉碎了作为异端的幻影说(Docetism)①,更破坏了以往那种神圣的救赎经济学,这种学说将耶稣的受难看作是一种长期投资,以此来补偿世人的罪过,而正如卡普托所说的,"出于任何一种原因的流血②都无法使我从中得到教诲,这种牺牲已经引起了人们道德上的反感,它无疑是一种家长式暴力的表达"③。因而,发生在十字架上那个充满悖论的事件撼动了整个《新约》,上帝之名的荣耀与崇高并不依靠强力来获得,而正是来自那无条件的软弱。

"十字架上的基督"(波克霍斯特作)
"Christ on the Cross" by Jan van Boeckhorst④

二 苦弱的神学

德里达说:"糟糕的律法强壮有力却缺乏正义,而正义本身却

---

① 幻影说,古代基督教神学基督论中的一种学说,认为基督是神不是人,其人形只是一种幻影。按照这种学说,也就否认了耶稣在十字架上遭受的真实的痛苦。
② 流血在尘世有着双面的价值,暴力统治的镇压及反抗暴力的牺牲,但这些都不存在于上帝之国。参见 John D. Caputo and Gianni Vattimo, *After the Death of God*, p. 63.
③ Ibid., p. 63. p187.
④ http://www.wga.hu/index1.html

没有任何力量并无条件地给予我们"①。本雅明则提醒我们,民主甚至随时有可能被暴力、权威与律法的力量所玷污,因而迄今为止没有任何民主值得拥有这个名称,民主尚且在来临中:它正在发生或重新发生。② 于是,到了卡普托这里,他总结性的评论到:"名称总是能积累起太多的威望与力量,而事件却太过纤细与柔弱,它是低语、是许诺、是幽灵。而关于事件的阐释则提供了一种营养不足的神学,它不同于那曾经在传统中占据主导地位的强壮神学",它是一个"没有神学的神学"、"苦弱的神学"、"事件的神学"。③在这种神学中,上帝之名不再拥有历史的确定性与具体性,他那曾经基督宗教的、犹太教的、或者伊斯兰教的名称已经被永不确定性与可翻译性所削弱,始终保持无限地敞开。④ 而苦弱的神学带给我们的也不再是赞美诗作者所说的对于上帝单纯而持久的害怕⑤,而是使徒约翰的提醒:爱驱赶奴性的害怕⑥,但充满着爱的颤栗直到永远。

其实,早在路德(Luther)那里,就对荣耀的神学(*theologia gloriae*)与十字架上的神学/受难的神学(*theologia crucis*)进行了区分,而他的这种观念在1518年海德堡的演讲中以三个主题更清晰地表达出来:"第十九,一个人如果认为他可以在被造物中认识到不可见的上帝,那他就不配被称做是一位神学家……第二十一,荣耀的神学家宣扬不幸的善、正当的恶,而十字架的神学家则讲述事物是什么;第二十二,那些智慧的人寻求从上帝的工作(被造物)中看到不可见的上帝,正是他们使我们变的自大、盲目,使我们的心坚硬"⑦。对于路德的论述,麦克戈拉斯(Alister McGrath)进一步解释称,"那些期望上帝在力量、荣耀与权威中显现的荣耀的神

---

① John D. Caputo and Gianni Vattimo, *After the Death of God*, p. 187. Jacques Derrida, *Rogues: Two Essays on Reason*, trans. Pascale-Anne Brault and Michael Naas, Stanford: Stanford University Press, 2005, pp. 82,86.
② Jacques Derrida, *Rogues*, p. 82.
③ John D. Caputo, *The Weakness of God*, p. 7.
④ Ibid., p. 9.
⑤ "耶和华的道理洁净,存到永远。耶和华的典章真实,全然公义。"《诗篇》(19:9)。
⑥ "爱里没有惧怕,爱既完全,就把惧怕除去,因为惧怕里含着刑罚;惧怕的人在爱里未得完全。"《约翰一书》(4:18)。
⑦ *Postmodern Philosophy and Christian Thought*, ed. Merold Westphal, pp. 210—212.

学家,无法接受十字架上被抛弃的场景就是上帝的自我启示"①;而海德格尔不仅明确地批判荣耀的神学是以一种尘世的形而上学的方式思考神学中原初性的给予,更是指出那希望在高山、日落这样可感事物中找到上帝荣耀的想法不过是神学家们"一种审美的自我愉悦",进而,海德格尔充满赞誉地说"只有路德在他最早的著作中就已经开启了一种对原初基督宗教的崭新的理解"②,看到了那被忽略的十字架上特有的基督宗教信息,而这种苦难的神学更是为海德格尔从现象学角度思考"事实的生命"(factical life)③提供了丰富的理论资源。

由此,我们可以发现,十字架上的上帝并不是通过自然世界的秩序显现自身,而是通过他的"反面"、他的"背面"④。因而,人既无法凭借感官见到那不可见的面,也不能按照柏拉图所描画的人类理性不断上升的阶梯理解上帝、认识上帝。上帝已经以十字架上的倒错与混乱将自己从人类的智慧中隐藏起来,并以这种悖论的方式显现出一种屈辱的荣耀,而这也正是一种爱的荣耀。⑤ 而正如奥古斯丁所描述的,十字架上耶稣伸展的双臂象征着内心的忍耐与锲而不舍,十字架的上半部表达着对那来自上方召唤的期待,而那深埋在土里的部分则是被隐藏的上帝的荣耀,它源于上面那个被看到、被举起的苦弱的人。⑥

十字架的神学吸引着许多人,包括路德之后的克尔凯郭尔、海德格尔,甚至还有本雅明,他的"苦弱的弥赛亚力量"(weak Messianic power)要求我们为那些因为暴力与非正义死去的人们进行祈祷。在本雅明看来,尽管我们无法使死者从坟墓中重新站起来,但改变过去仍尤为重要,而弥赛亚的力量正在于回忆与纪

---

① Alister E. McGrath, *Luther's Theology of the Cross*, Oxford: Blackwell, 1990, p. 167. 转引自 *Postmodern Philosophy and Christian Thought*, ed. Merold Westphal, p. 212.
② *Postmodern Philosophy and Christian Thought*, ed. Merold Westphal, p. 212.
③ 对于"事实的生命"这个问题的论述可见于海德格尔对奥古斯丁《忏悔录》的讨论,本文中第四章第一节将对此进行详细论述。
④ "然后我要将我的手收回,你就得见我的背,却不得见我的面"《出埃及记》(33:23)。
⑤ *Postmodern Philosophy and Christian Thought*, ed. Merold Westphal, pp. 212—213.
⑥ Augustine, *Sermons*, bk. 53, chaps. 15—16. 转引自 *Postmodern Philosophy and Christian Thought*, ed. Merold Westphal, p. 214.

念,思考那些无条件的奉献与牺牲,并召唤我们去发展一个更正义的未来,因为我们不仅对过去,更对未来负有责任。① 这些前人的论述无疑都为当下倡导"苦弱的神学"的卡普托提供了丰富的思想资源,而更令他感到兴奋的是,他已经在更多的时代同伴中看到了相同的关注,这当中不仅有同样书写《苦弱神学》(*Weak Theology*)的罗宾斯,还有讨论《宗教与暴力》(*Religion and Violence*)的多明哥会(Dominican)的神学家恩格尔(Ulrich Engel),而后者更是要求一种宗教的隐忍,"那些伟大的一神论必须削弱自身强力的教义传统,支持一种苦弱的、和解的神学"。②不仅如此,还有两个重要人物对卡普托的主张产生了重要影响,一个是他的意大利同乡瓦蒂莫,再一个就是他一直都向其致敬的德里达。

在一篇关于与瓦蒂莫对话的文章中,卡普托曾不无感慨地说到,"在很多方面,我都与瓦蒂莫志趣相投……像瓦蒂莫一样,我是一名天主教徒,也是一个意大利人,只不过我已不再会说意大利的语言……像瓦蒂莫一样,海德格尔对我而言是一位早期的英雄,从那起我开始怀疑现代主义的教义……像瓦蒂莫一样,我对教皇的专制与原教旨主义(fundamentalism)感到愤怒……像瓦蒂莫一样,我开始超越传统的天主教信仰……对于一种关于宗教的后现代描述倍感兴趣,并发觉它将有助于削弱形而上的客观主义、为信仰腾出空间……像瓦蒂莫一样,我竭力为充满爱的上帝唱一首后现代神学谱写的、轻柔的意大利恋歌。"③的确,瓦蒂莫"苦弱的思想"对卡普托苦弱的神学产生了极大的影响,而他关于世俗化理论的论述更是卡普托一直关心的宗教性叙述如何在世俗领域实践的问题。

在卡普托看来,瓦蒂莫苦弱的思想主要包括两方面削弱的进

---

① Walter Benjamin, "The Concept of History", no. 9, *Walter Benjamin: Selected Writings*: 1938 — 40, ed. Michael Jennings, Cambridge: Belknap Press of Harvard University Press, 2003, 4: 389 — 400. 转引自 John D. Caputo and Gianni Vattimo, *After the Death of God*, p. 189.

② Jeffrey W. Robbins, "Weak Theology", *Fournal of Cultural and Religions Theory* 5, no. 2 (April 2004). www. jcrt. org. ;Ulrich Engel, O. P., "Religion and Violence: Plea for a Weak Theology *in tempore belli*," *New Blackfriars* 82(2001): 558—560. www. espaces. info/deutsch/artikel/januar/Religion Violenceenglish. pdf. 转引自John D. Caputo and Gianni Vattimo, *After the Death of God*, p. 188.

③ John D. Caputo, "On Radicalizing the Hermeneutical Turn: In Dialogue with Vattimo", *After the Death of God*, pp. 70—85.

程(process of weakening):一个是从客观的形而上结构进入解释领域的"在之削弱"(the weakening of Being),这意味着以往那些绝对的历史变得不再可信,它为"视阈"或解释的模式所取代;另一个则是上帝使自身虚弱进入世界,这被保罗描述为"倾空"(kenosis),而在基督教教义中则被表达为"道成肉身"(Incarnation),但倾空并非只是发生在耶稣生命与死亡进程中的一次性事件,它将在由这事件引发的历史与传统中继续存在。① 瓦蒂诺将这第二个倾空的过程称为"世俗化"②,但卡普托声明,这不意味着对上帝的废除或溶解,而是将上帝翻译到历史中,正如伽达默尔所说的,"'在'被理解为语言、交谈",上帝进入世界意味着在地上建立一个上帝之国,这是一种非权威的民主对话与视阈融合(horizon-fusion)。③

瓦蒂莫对形而上神学及二元世界(神圣与世俗)划分的解除带来了卡普托所期待的多元与好客,但卡普托在称赞这一重要贡献的同时仍始终警惕不同的人们在表达这些美好愿望时所使用的"我们"的所属格,"好客之门的打开"也是一项"冒险的事业"④。因而,在卡普托看来,瓦蒂莫从对立的两个世界到一个融合领域的削弱进程仍隐含着一些同一化的强力,所以,卡普托强调自己区分的不是两个世界而是两种逻辑:"世俗的经济学逻辑"与"事件的搅扰逻辑",甚至在后来他连这种类似于名称与事件的区分也抛弃了,以避免传统二元划分的嫌疑,也避免忽略对道成肉身本身(事件)的检查,而这也使他更倾向于将事件带入德里达那"延异"的幽灵般的游戏中。⑤

正如卡普托所说,"我并不是要寻求德里达早期对延异的表达,而是关注他晚期作品中对其所做的伦理—政治—宗教的使用",延异带来的"差异间隔"(differential spacing)不仅仅存在于言说与书写的符号中,更是一种"类似超越的条件"(quasi-transcendental condition)弥漫在我们的生活中,但"与其说延异是任何事物的'基础',倒不如称之为'卧底'(agent provocateur),它

---

① John D. Caputo and Gianni Vattimo, *After the Death of God*, p. 74.
② Gianni Vattimo, *After Christianity*, p. 24, p. 72.
③ John D. Caputo and Gianni Vattimo, *After the Death of God*, pp. 74—75.
④ Ibid., p. 78.
⑤ Ibid., pp. 82—84.

带来了那颠倒的世界"①。在《延异》(Différance)一文中德里达就已经公开声明,延异无论在什么地方都会引起教唆,造成整体的晃动,"它不控制任何事物,不在任何地方实行任何权威。它不被冠以任何大写字母。不仅不存在一个延异的王国,而且延异总是怂恿颠覆每一个王国。任何对王国(无论是过去存在的王国还是将要存在的王国)的渴望显然都受到它的威胁,以至于对它产生惧怕。而以一个王国的名义总是可以对延异进行指责……并坚信凭借着大写字母可以扩张自身的势力。"②因而,延异永远都不是一个充满力量、结构坚硬的王国,而是松散而柔弱的集合体,这是一个"没有君权(without sovereignty)的王国,在那里唯一被允许的力量就是无力"③。因此,在德里达看来,这延异之国应该就是无条件的正义,它总是预言着当下的国之律法可能带来的后果;而对卡普托来说,这也正是对上帝之名的挽救,因为他既不是大写的在,也不是强有力的君主,更不是第一因,而是无条件死在十字架上的充满爱的苦弱的上帝。

第二节 一个自我倾空的寓言

关于十字架上的逻各斯,最早的宣讲者无疑是《新约》中"奉神旨意、蒙召做耶稣基督使徒的保罗"④,因而,卡普托才毫不犹豫地宣称,"无论如何,我要企求保罗的权威",因为那从十字架上升起的事件的力量"可以保护我永远不会迷失"⑤。的确,正是在保罗的文本中,逻各斯本身受到询问。正如勃雷东(Stanislas Breton)所坚持的,尽管许多翻译者将"逻各斯"意译为"语词"、"消息",但他仍然要求读者去思考这个语词在希腊文本中的用法,这样就会很容易地发现,保罗将两个互相对立的希腊语并置在一起:逻各斯与

---

① John D. Caputo, *The Weakness of God*, p. 25.
② Jacques Derrida, *Margins of Philosophy*, p. 22.
③ John D. Caputo, *The Weakness of God*, p. 26.
④ 《哥林多前书》(1:1)。
⑤ John D. Caputo, *The Weakness of God*, p. 42.

十字架（logos and staurou）。① 因而，十字架（交叉、打叉）的逻各斯（Logos of the Cross）是一个自相矛盾的名称，它将逻各斯的观念与那反常的形象——服从于死亡、甚至服从于在十字架上死亡的"受难的奴仆"——相比（self-empty）较，而这种"否定"的作用则提醒我们注意那"无（nothing）与一（one）之间仿佛曾经存在过的被遮蔽的亲密关系"，因而，"十字架不仅使我们回想起神圣的自我倾空，更要求质疑'自我'（ego），而在灵魂深处与基督的结合则使信仰者学会了倾空与服务的语言"②。

勃雷东认为，发生在哥林多（Corinth）教会中的纷争其实表明了宗教语言的"圈套"（pitfall）③。在那些忠诚的誓言中："我是属保罗的"、"我是属亚波罗的"、"我是属矶法的"、"我是属基督的"，④虽然名称被高举，但它却在高举它的言说者那里消失了，因为众多宣布名称的口音都已经纷纷转向了"我"（I），因而，并没有哪个派别的领导人真正获得命名，"甚至基督的名字也不再出现在被他追随者所高举的旗帜上"，最终被获得的只有自我本身。⑤ 在勃雷东看来，这种"自我的普遍性机制"（universal mechanism of the ego）很容易被嵌入宗教语言中，因为，面对自我的缺乏，自我总是依靠抬高自我的渴望之物而重新找回自我，而在这过程中却背叛了那渴望之物。⑥ 因而，虽然哥林多寻求一个统一，但这种"自我"的暴力带来的最终结果只能是分裂。面对着众人的争吵，保罗的质问使之归于沉默："基督是分开的吗？保罗为你们钉了十字架吗？你们是奉保罗的名受了洗吗？"⑦十字架上的逻各斯不是一个名，而是一个自我否定的事件，上帝在自己身上"打开了一个裂口"，因而，我们没有办法了解上帝，而"自我"更不是上帝。

有后现代神学家称，如果一个人不首先摆脱他身上的那些先

---

① 勃雷东（Stanislas Breton），这位"曾在巴黎高师与德里达、阿尔都塞（Louis Althusser）共享一个邮箱"的法国哲学家于 1981 年出版了《圣言与十字架》一书，对十字架的逻辑进行了详细论述，其思想也被卡普托、卡尼（Richard Kearney）等人关注。Stanislas Breton, *The Word and the Cross*, trans. Jacquelyn Porter, New York: Fordham University Press, 2002, xxi.
② Ibid., xxii.
③ Ibid., xxi.
④ 《哥林多前书》（1:12）。
⑤ Stanislas Breton, *The Word and the Cross*, p. 2.
⑥ Ibid., xx.
⑦ 《哥林多前书》（1:13）。

验统治,就不能与上帝相遇,而如果我们不暴力地对待经验的最初状态、驱除获得自我意义的终极梦想,我们就无法真正的接近自身。① 因而,无论人们渴望的是什么,只要将其视为上帝一样的真理来追寻,一个自我的倾空与断裂就无法避免。

一 保罗的逻各斯

十字架上的逻各斯,虚己取了人的形象,服从死亡,甘心忍受十字架上的耻辱②,但这并非意味着他没有力量。正如《哥林多前书》(1. *Corinthians* 1:25)与《哥林多后书》(2. *Corinthians* 12:10)所说的:"神的软弱比人更强壮","我什么时候软弱,什么时候就刚强了",可这并不是那能使耶稣从十字架上走下来的力量,因为耶稣的无助与呼号已经表明了他将永远与这神奇而壮观的魔力保持距离③;这也不是被耶稣放弃的神圣力量,为了以流血为代价来换取上帝的救赎计划;这更不是被隐藏起的力量,为了日后给敌人以更大的打击,并此来证明哪个才是更强的力量④。但十字架上的逻各斯的确证明了有"一种更大的力量经济学"(卡普托语)⑤存在,它对于"那些正在灭亡的人来说,是愚拙的;但是对我们这些正在被拯救的人来说,却是神的大能"⑥。

在保罗看来,哥林多人主要通过两种方式来获得生命的意义:律法与智慧,这即是希伯来人的妥拉与希腊人的哲学,因而,十字架上的逻各斯对那些"求神迹"与"求智慧"的人而言,无疑是"绊脚石"与"愚拙"⑦。但正是这种十字架上的逻各斯拥有一种可以"毁

---

① Jean-Yves Lacoste, "Liturgy and Kenosis, from *Expérience et Absolu*", *The Postmodern God*, p. 249.

② "他本有神的形象,不以自己与神同等为强夺的,反倒虚己,取了奴仆的形象,成为人的样式;既有人的样子,就自己卑微,存心顺服以至于死,且死在十字架上。"《腓利比书》(2:6—8)。

③ "祭司长和文士也是这样戏弄他,彼此说:'他救了别人,不能救自己。以色列的王基督,现在可以从十字架上下来,叫我们看见就信了!'……申初的时候,耶稣大声喊着说:'以罗伊!以罗伊!拉马撒巴各大尼?'(翻出来就是:'我的神!我的神!为什么离弃我?')"。《马可福音》(15:31—34)。

④ 卡普托称这种力量正属于尼采所批评的"无名的怨忿"(ressentiment)。John D. Caputo, *The Weakness of God*, p. 44.

⑤ Ibid., p. 42.

⑥ 《哥林多前书》(1:18)。

⑦ "犹太人是要神迹,希腊人是求智慧,我们却是传钉十字架的基督——在犹太人为绊脚石,在外邦人(指希腊人)为愚蠢。"《哥林多前书》(1:22—23)。

灭智慧人的智慧,废弃聪明人的聪明"①的力量,它以愚拙来讥讽、破坏智慧的力量,并毫无条件地将恩惠赐予那些被律法所排斥的外邦人、出身卑贱的人、没有教养的人。卡普托称,这种"没有利益"(no account)②的、违背常理的十字架上的逻各斯是"没有逻各斯"(no logos)、是"反逻各斯"(a-logos),它不同于亚里士多德所说的"努斯"(nous)、"理性"、"心灵",努力走出黑洞为了上升到被耀眼的阳光所照亮的"在"(Being),而是永远在暗处缠绕着我们的幽灵。③但这幽灵的破坏(destroy/apolo)却不容小视,它取消了存在与非存在(being and non-being)之间的区别,粉碎了一个律法之国的梦想,从路德的"destructio"(拉丁文)到海德格尔的"Destruktion"再到德里达的"déconstruction",一路盘旋至今。④

由此看来,保罗的逻各斯的确强大,而《罗马书》(Romans 13:1—3)那段"要顺服掌权者"的宣讲更是一直被认为是对这力量的佐证,以至于从康斯坦丁开始,基督宗教世界就不断倚靠神圣的权威来为自身的世俗统治寻求辩护,而对保罗的这种解读则使这段文字在接下来的两千年里声名狼藉。也正是出于这个原因,巴迪乌才称"尼采如此暴力地对待保罗是因为他将保罗视为自己的竞争对手而非敌人"⑤,而德里达则坚持认为民族国家的霸权统治中隐藏着尚未公开的神学埋伏⑥。但这种将天上的父转换为地上父,将神圣的权威转移为世俗权威的做法恰恰没有遵从保罗的逻辑,忽视了"所以神将他升至为至高,又赐给他那超乎万名之上的名"之前那在十字架上自我倾空的、苦弱的逻各斯。正如卡普托所指出,这当中的问题在于权威范式(paradigm)本身,它被想象为一个拥有最高强力的君主,而实际上,如果不能回应一个正义的召唤,没

---

① 《哥林多前书》(1:19)。
② 格思里(W. K. C. Guthrie)将"logos"译为 account(说明、阐述、解释),而"account"在英文中也有"利益、利润"的含义。参见汪子嵩等《希腊哲学史》第一卷,第663页。
③ John D. Caputo, *The Weakness of God*, p. 47.
④ John van Buren, *The Young Heidegger: Rumor of the Hidden King*, Bloomington: Indiana University Press, 1994, p. 167. 转引自 John D. Caputo, *The Weakness of God*, p. 47.
⑤ Alain Badiou, *Saint Paul: The Foundations of Universalism*, trans. Ray Brassier, Stanford: Stanford University Press, 2003, p. 61.
⑥ John D. Caputo, *The Weakness of God*, p. 50.

有一个权威可以有资格宣称自己是权威。① 因而,十字架上逻各斯的力量与权威不是强力而是软弱,对其理解的错误恰恰在于理解者将"自我"作为衡量这个权威的先验条件,而如果不能放弃自我,那将永远无法得到渴望的权威。于是,"上帝狡猾地利用了软弱",捍卫了"反对的力量"(the power of protest)。②

巴迪乌在《圣保罗:普救论的奠基人》(*Saint Paul: The Foundation of Universalism*)一书中,开篇即批判了当今西方世界金融货币抽象流通带来的资本同一化现象,以及由此产生的文化相对主义的意识形态,指出了这种对"唯一"(singularity)的强调"无论如何都没有对任何唯一进行考虑",而资本正是通过对各种主体与地方身份的永久性创造来满足自身同一化的要求,正如德勒兹所表述的,资本主义的解地方化要求一种不断的再地方化(capitalist deterriorialization requires a constant reterritorialization)。③ 而在这种从不平等到平等的假象中④,一种普世性的真理被建构起来,因而,任何有关"真理是虚构的"表达都将受到极力地反对,结果,每一个唯一性主体不仅没有获得渴望已久的自由与民主,反而深深地陷入到普世性真理设置的同一性圈套中,不是成为压迫者就是成为受害者。因而,在巴迪乌看来,"保罗是当代值得纪念的人物",因为他那"并不分犹太人、希腊人、自主的、为奴的、或男或女"⑤的宣告足以"破坏所有政治",使当今世界目瞪口呆,而他"不允许任何法律范畴(无论是犹太社群的律法还是罗马的市民身份)将基督徒主体同一化"的做法更是将真理从"文化的历史真实性(the cultural historicity)"中分离出来,使"普遍化唯一(universalizable singularity)"与"同一化唯一(identitarian singularity)"的决裂成为可能。⑥ 于是,在保罗那里,真理是事件性的、唯一的,任何与标准、律法、公理、结构等等相关联的真理都不能被称为真理;也正因为真理的这种不可再重复性,它只能表现为

---

① John D. Caputo, *The Weakness of God*, p. 53.
② Ibid., p. 54. p. 43.
③ Alain Badiou, *Saint Paul*, p. 10.
④ 女性主义、同性恋、后殖民主义、地方主义、原教旨主义等等都是文化相对主义的体现,这些封闭的主体在当下正转变为各种各样的少数话语,并潜藏着要求平等的呼声。
⑤ 《加拉太书》(3:38)。
⑥ Alain Badiou, *Saint Paul*, pp. 6—13.

一种主体性的宣言,而当我们真正认识到了这种真理的虚构,一个自我的倾空与断裂就开始了,这种事件的主体(subject of the event)意味着对他者召唤的倾听,意味着爱、民主、真理的到来。

巴迪乌称,"一个主体与它自身那不为人知的真实之间的关系不是整体而是分裂"①。因为,按照保罗的论述,那将主体作为一个整体来看待的观念无非是一种希腊式的自大表现,而犹太人以是否遵从律法来对主体进行确认,这种选民观建构的仍是一种特定的文化主体,但基督徒通过忠实于基督事件(Christ-event),忠实于那个在十字架上表现自己谦卑与软弱的主体来完成对自身的认识,于是发现了一个分裂的主体。在保罗看来,两种主体性思想交织在一起构成了一个主体:属肉(flesh)的思想与属灵(spirit)的思想,前者带来死亡(death),后者带来生命(life)②,尽管它们彼此对立,但却与柏拉图式的灵魂与肉体(soul and body)的划分不相干。③而"保罗的信仰就源于他开始作为[这样]一个主体"④。从一个基督徒的迫害者到虔诚的信仰者,保罗在大马士革(Damascus)路上听到的声音⑤是他生命中的一个"停顿",使他认识到"那本来叫人活的诫命,反倒叫我死"⑥,于是,正是这种主体的断裂使他完成了皈依,并消除了犹太人与希腊人之间的区分⑦。在巴迪乌看来,保罗十字架上的逻各斯是一个纯粹的不可化约的事件,它既不是"遗产"、"传统"、也不是"教导",而是无条件的给予,是"荣耀",而"你们不在律法之下,而在恩典之下"⑧的表达正是那个"事件性断裂建构的新的主体形式——不……而(not...but)"⑨,"这是平等最强有力的表达"⑩,因为"不"可以抵制任何一种封闭的、传统的法规带来的暴力,而"而"则由于事件的力量使主体敞开。

---

① Alain Badiou, *Saint Paul*, p. 55.
② 《罗马书》(8:6)。
③ Alain Badiou, *Saint Paul*, p. 55.
④ Ibid., p. 17.
⑤ "扫罗行路,将到大马士革,忽然从天上发光,四面照着他。他就扑倒在地,听见有声音对他说:'扫罗,扫罗,你为什么逼迫我?'他说:'主啊,你是谁?'主说:'我就是你所逼迫的耶稣。起来!进城去,你所当做的事,必有人告诉你'"。《使徒行传》(9:3—6)。
⑥ 《罗马书》(7:10)。
⑦ 同上书(10:12)。
⑧ 同上书(6:14)。
⑨ Alain Badiou, *Saint Paul*, pp. 62—63.
⑩ Ibid., p. 60.

于是,保罗的逻各斯强壮,它可以破坏所有律法与权威,同时,这逻各斯又是软弱的,也正因为这样它才可以爱。它是悖论的语词,是永远没有壮丽的出场而又始终缠绕着我们的幽灵。① 它是德里达所说的打叉的策略,无条件地对非正义说"不";它为死去的人哀悼,更为活着的人哀悼;不仅宽恕那可以宽恕的,更宽恕那不可被宽恕的。

"大马士革路上的皈依"(卡拉瓦乔作)
"The Conversion on the Way to Damascus" by Michelangelo Merisida Caravaggio②

二 自我的消失

如果说巴迪乌通过对保罗的论述,要求一个自我的断裂以实现普救的美好愿景,那作为一名致力于后现代思想研究的学者泰勒则更犀利地指出:虽然人们通常承认现代主义的根本特征是上帝死了,但很少有人认识到后现代主义的另一个主要特点是"自我的死亡"(the death of selfhood),而其实两者的关系如此密切,以至于"上帝之死在自我的消亡中得到完成"。不仅如此,泰勒甚至效仿德里达与卡普托,指出"如果神学要有一个未来,我们必须学着去言说没有上帝的上帝(God godlessly),没有自我的自我(self selflessly)"③。

---

① John D. Caputo, *The Weakness of God*, p. 44.
② http://www.wga.hu/index1.html
③ Mark C. Taylor, *Deconstructing Theology*, New York: The Crossroad Publishing Company, 1982, p. 89.

在泰勒看来,上帝死了以后,尽管人们认为已经打破了一个最高神的统治,使理性获得了新生,但个体自我的解放并没有真正到来,权威虽然被批判但并没有被弃绝,它内化到尘世中,而从一个"造物主"(the Creator)到"作者"(Author)的身份转化已经表明了"他律"(heteronomy)正在被翻译为"自治"(autonomy)。到了19世纪,越来越多的学者(如:黑格尔、马克思、尼采、弗洛伊德)开始怀疑历史真实性,不断"关注那显明的意识之下潜藏的内容",终于发现人们以往一直坚信的"客观实在(objective reality)不过是一种主观投射(a subjective projection)",于是,作者的权威也消失了,"一种特殊(私人化)起源的权威(the authority of a privileged Origin)"①——自我开始登场,单一的意义变成了众多的声音,"生成(*poiesis*)代替了模仿(*mimesis*)",结果,如尼采所言"没有事实,只有解释"。也正因为那最终意义的不存在,语言不再承担表达与认知的功能,而是释放自身的能量开始一种任意的指涉游戏,以往具有优先地位的语义学(semantics)让位于符号学(symbology),于是,泰勒形象地总结:"上帝死了,父的消失是子的诞生、圣言的出现——作为权威的语言的出现"。②

然而,尽管对自我的发现使尼采为之振臂高呼"你应该学的只有创造"③,但这作为新一轮权威的自我却并非是一个先验的整体,它只是福柯所说的"知识晚近的发明"④,是罗兰·巴特(Roland Barthes)笔下"纸上的我"⑤,它仍是一个虚构的幻象。不仅如此,"结构主义与解构思想从不同的方向对自我发起攻击"⑥。前者指出,自我只能在一个不受时间影响的结构内获得相对稳定的地位,因而,正如读者的介入意味着作者的死亡,随着他者的到来,自我

---

① Edward Said, *Beginnings: Intention and Method*, New Basic Books, 1975, p. 315. 转引自 Mark C. Taylor, *Deconstructing Theology*, p. 90.

② 此处仅为对泰勒论述概括性的表达,具体可详见 Mark C. Taylor, *Deconstructing Theology*, pp. 89—91. 而根据德里达对语言差异原则的论述,语言的权威即意味着对权威的消解。

③ Friedrich W. Nietzsche, *Thus Spoke Zarathustra*, trans. M. Cowan, Chicago: Henry Regnery, 1957, p. 212. 转引自 Mark C. Taylor, *Deconstructing Theology*, p. 92.

④ Michel Foucault, *The Order of Things: An Archaeology of the Human Sciences*, London & New York: Routledge, 2002, xxv.

⑤ 转引自 Mark C. Taylor, *Deconstructing Theology*, p. 94.

⑥ Mark C. Taylor, *Deconstructing Theology*, p. 93.

的面孔将像沙滩上的印记一样被海水冲刷①;而后者则发现,时间的短暂性使自我的完全在场永远不可能,正如德里达所称"在最初,自我活生生的在场就是一个痕迹"②。而由于自我这种无限地延迟,黑格尔察觉到了意识可怕的深渊,并感叹自我将像一个怀乡的流浪者一样徘徊在迷宫一般的世界中,永远无法到达它所期望的家③。但在泰勒看来,黑格尔的想法无疑还是要保护一个完整的自我,力图紧紧抓住那上帝般的权威,因而,他似乎更乐于与德里达一道为主体的消亡而庆祝,这是一个"无罪的到来,肯定的符号世界,没有过错、没有真理、没有起源……这肯定确证了无中心而不是中心的失落"④,而也正如奥提哲(Thomas Altizer)所说:"当人从自我中解放出来,当他唯一的、自治的自我被废除,(那将)不再有善与恶的划分,而他也不会再感觉到自身与他者的距离。"⑤

上帝死了,这是一个预言,预示着自我的消亡。在泰勒看来,这是一个必然的发生,而这预言也的确正在得到验证。

"德莱乌的肖像"(扬.凡.艾克)
"Portrait of Jan de Leeuw"by Jan van Eyck⑥

---

① Michel Foucault, *The Order of Things*, p. 422.
② Jacques Derrida, *Speech and Phenomena*, p. 85.
③ Mark C. Taylor, *Deconstructing Theology*, p. 92.
④ Jacques Derrida, *Writing and Difference*, p. 76.
⑤ Thomas Altizer, *The New Apocalypse: The Radical Christian Vision of William Blake*, East Lansing: Michigan State University Press, 1967, p. 200. 转引自 Mark C. Taylor, *Deconstructing Theology*, p. 93.
⑥ http://www.wga.hu/index1.html

泰勒称,法国作家马尔罗(André Malruax)在其重要著作《神之变化》(*The Metamorphosis of the Gods*)中对画家扬. 凡. 艾克(Jan van Eyck)的作品"德莱乌的肖像"(*The Goldsmith Ian de Leeuw*)所做的评论,表现了一个解神圣的世俗化过程,"这些绘画的创作不是为了教会,不是为了圣经……也不是为了时祷书(Books of Hours),尽管(它们)源于宗教意象,但其价值不再来自对上帝的服务。……(以往)捐赠人一直注视着耶稣或者圣母玛利亚,但德莱乌的目光……转向了画家"。① 在泰勒看来,此时艺术的作用不再是表现神,而是表达一个艺术家统治的自治王国,而这种变化在拜占廷(Byzantine)艺术与艾克作品的对比中可以更加清楚地看到。索非亚大教堂(Hagia Sophia)是拜占廷艺术中最杰出的代表,它的根本作用即是圣职,象征着一个永恒的基督而非历史中的耶稣;而耶稣"最后的审判"(the Last Judgment)营造的天堂般虚无缥缈的气氛更是表达了人向真理世界接近的愿望。但在艾克的画作"圣母与大臣罗林"(*The Madonna/ Virgin of Chancellor Rolin*)中,画家将与神圣相遇的场景置入资助人的家中,超时空的基督成为母亲膝上的婴儿,而"那些拉文纳马赛克(Ravenna mosaics)中不真实的颜色与纬度也让位于真实的光、阴影及画面的纵深感,表象的世界不再超越自身指向一个真理王国,而是成为神圣道成肉身的领域"②,因为,那大臣正在注视着他对面的上帝;而在"德莱乌的肖像"中,德莱乌的目光不仅从超越的神圣中解放出来,更从对道成肉身的关注中转向了画家,于是,那曾经被创造者占据的位置现在被具有创造力的艺术家篡夺了。③ 但到此为止,对于泰勒而言,解构的过程还没有完成,他将福柯讨论的那幅维拉斯奎兹(Diego Rodriguez de Silvay Velazquez)的名画"宫女/侍女"(*The Maids of Honor*)重新展现在我们面前,提醒我们它是对"德莱乌的肖像"的"反转","不再是主体注视着艺术家,而是艺术家正在看着主体"④。而正如福柯所描述的"画家正在看,他的脸微转,头倾向一边的肩,他正在看着一处,尽管那是不可见的,我们,观赏者,能够轻而易举地指定一个目标,因为那是我们、我们的,这就是那一处:

---

① André Malruax, *The Metamorphosis of the Gods*, trans. S. Gilbert, New York: Doubleday, 1960, p. 368.
② Mark C. Taylor, *Deconstructing Theology*, p. 88.
③ 泰勒对拜占廷艺术与艾克作品的对比分析,详见 Mark C. Taylor, *Deconstructing Theology*, pp. 87—88.
④ Ibid., p. 88.

我们的身体、我们的脸、我们的眼睛"①。不仅如此,画面中心那个像基督一样被宫女崇拜的小公主也正将她的目光朝向外部——观赏者。而在公主头上方那灰暗的镜子中,我们可以观察到国王菲利普四世(King Philip IV)与他妻子"同艺术家与观赏者保持相同地倾斜……而在镜子同样的深度中出现了一个过路者匿名的面孔,他就是维拉斯奎兹"②。因而,"不仅仅是艺术家,我们自己似乎也消失在镜子的游戏中"③。主体被取消了,我们看到的只是一面空镜子。

"康斯坦丁的索非亚大教堂"(希尔德布兰德作)
"View of the Hagia Sophia in Constantinople" by Eduard Hildebrandt④

"首先是超越的上帝,然后是道成肉身的基督,最后是自我的消失",但这并不是一件令人感到悲伤而痛苦的死亡事件,而是一个"普遍性自我的诞生(the birth of universal selfhood),在这当中每一个自我都在与他者的关系中成为自身"。⑤而泰勒之所以对奥提哲颇为关注,正因其敏锐地观察到了"空镜子"的意义,"一旦自主意识的领地被倾空,那将没有一个个体中心的意识,没有自治与唯一的中心。随着自我的消失,唯一的'我'仅仅成为前一个自我的回声。……在自治的消失中,唯一的中心不存在了,因而,那曾经作为个体身份或'面容'显现的所有事物也都消失了。如今,无法辨认的面容与身份的丧失成为每一人的标志,于是,每一个人成为非一,'我'不能与'他'相分离。但自我并非简单地不存在,而是在他者那里显现。也只有在他者那里个体才能显现、变得真实,因

---

① Michel Foucault, *The Order of Things*, p.4.
② Ibid., p.17.
③ Mark C. Taylor, *Deconstructing Theology*, p.89.
④ http://www.wga.hu/index1.html
⑤ Mark C. Taylor, *Deconstructing Theology*, p.89. p102.

为在他者的眼睛、目光或碰触中个体成为自身。"① 但是,一直满足于在镜中看到自己的人们害怕消失,因而,这个自我的旅程仍然困难重重,虽然那面空镜子已经为封闭的中心打开了一个缺口,但我们更期待有一天当自我在镜中看到一个他者的面容时不会感到惊恐,而是对这个新的自我付之与微笑。

"最后的审判"(博施作)
"Last Judgement" by Hieronymus Bosch②

"圣母与大臣罗林"(扬·凡·艾克作)
"The Virgin of Chancellor Rolin" by Jan van Eyck③

---

① Thomas Altizer, *The Descent Into Hell: A Study of Radical Reversal of the Christian Consciousness*, New York: Seabury, 1979, p. 155 转引自 Mark C. Taylor, *Deconstructing Theology*, p. 98.
② http://www.wga.hu/index1.html
③ http://www.wga.hu/index1.html

小　结

当上帝面对摩西的提问,回答:"我是自有永有者"[①]时,这是一个强有力的名字,因为他不仅是一个永不可分割的、自我中心的同一体,更是所有事物的中心,而这"名字……使绝对的自我在场与自我认知成为可能",实现"正确的末世论(eschatology of the proper)"[②]。然而,十字架上逻各斯是一个悖论的语词,这事件无疑是对作为名称的逻各斯的搅扰,上帝以虚己、倾空、软弱乃至死亡使自我分裂,在自己的名字上"打叉",以此与所有名称可能带来的暴力与权威保持距离,而作为主体的"我"也将随着上帝之死而消失,一种"不……而"的新结构使"我"可以无条件地欢迎"他",而这正是那看似无力的爱与正义的力量。

"宫女/侍女"(维拉斯奎兹作)
"The Maids of Honor" by Diego Rodriguez de Silva y Velázquez[③]

[①] 《出埃及记》(3:14)。
[②] Jacques Derrida, *Of Grammatology*, p. 98. p. 107.
[③] http://www.wga.hu/index1.html

第四章

太初有为

第一节 奥古斯丁的"忏悔"

在"上帝与哲学"(*God and Philosophy*)一文中,勒维纳斯将现代神学描述为"理性的神学"(rational theology)①。这样一种神学总是寻求以概念化的语言来定义神圣,把握上帝的本质,1647年的《威斯敏斯特教理问答》(*Westminster Catechism*)无疑是最突出的例证②:它很自然地提出"上帝是什么?"(What is God?)并径直回答"上帝是……"(God is...),而在省略号位置上所显示出的定义内容则表明了信仰群体的界线。而这也正是海德格尔所反对的"本体论神学"③,它显然是一种现代现象,这当中充满着将"超越"进行暴力地概念化、将"无限"削足适履的危险。"在现代性中……认识(knowledge)与理解(comprehension)不再被区分;而且,只有能理解的才可以是知识"④。这样一来,那些不能为理性所把握的事物与现象很容易被简单而武断地认为是非理性的、甚至是迷信的,并被加以贬斥;反过来,只有将自身加以概念化、知识化、理论化,一个事物才能获得存在的合法性与科学性。正如勒维纳斯所说,"西方的哲学话语具有涵概一切结构与终极理解的广度,它迫使任何其它话语在哲学面前确证自身。"⑤

---

① Emmanuel Levinas, *Basic Philosophical Writings*, eds. Adriaan Peperzak, Simon Critchley, and Robert Bernasconi, Bloomington: Indiana University Press, 1996, p. 129.
② 转引自 James K. A. Smith, *Speech and Theology*, p. 5.
③ 勒维纳斯也有类似的论述,"理性的神学,根本上是本体论的,努力在存在的领域内考虑超越,以表述动词存在高度的谓语来表达超越;上帝被称为最高的存在。"见 Emmanuel Levinas, *Basic Philosophical Writings*, p. 130.
④ James K. A. Smith, *Speech and Theology*, p. 5.
⑤ Emmanuel Levinas, *Basic Philosophical Writings*, p. 129.

于是,现代性对绝对知识的渴求"表现出一种强占的理想",这是"对同一的建立与对差异的消除"①。然而,如史密斯所论述,上帝(God)、延异(différance)、事实经验(factical experience)②这三种与语言极不相称的现象,向凭借概念认识事物、把握事物的认知模式提出了挑战。

其实,早在前现代的神学家就已经不断意识到面对上帝的无限时,概念表现出的不充足,阿奎那(Thomas Aquinas)承认:我们称谓上帝的所有名字都不能表现他,当它们指称神圣的本质时,必须以一种不完美的方式来这样做。③ 而按照史密斯的分析,上帝的难以命名是上帝相对于我们的完全不同性,是符号/词语与事物之间不相符的极端例证,更简单地说就是,语词不是事物,而事物是不能被舌头讲出的语言所规定的。④ 这里暂且不去讨论我们无法掌握的、外在于我们自身的事物或超越性事物,甚或我们自己都无法以语言去言说貌似熟悉的自身。从德菲尔神殿上"认识你自己"的箴言,到奥古斯丁在上帝面前坦白"我不知道我自己",自身的秘密一直是困扰我们的难题。而在奥古斯丁看来,自我的难以把握主要在于记忆的无限(infinity of memoria),它使我们陷于意识的深渊,这样"因为自我的这种内在超越(interior transcendence)——思想与思想被表达的可能性之间的不相称性——奥古斯丁面临着如何(不)言说自己经验的挑战"⑤。

值得注意的现象是,奥古斯丁冗长的文集见证了一个吊诡的事实:语言的贫瘠与不断言说的必要,他甚至哀悼神学家工作的不可能,"我已经说了,并且郑重地说了所有值得上帝所拥有的话语吗? 相反,我感觉我所做的是希望说一些事;但是如果我已经说了

---

① James K. A. Smith, *Speech and Theology*, p. 5.
② 上帝对我们而言是一个绝对的超越,是无法理解的一个绝对的他者,不能为任何概念所界定,这包括勒维纳斯他者的面容,马里翁没有存在的上帝和奥古斯丁的圣主;延异是德里达根据胡塞尔"内时间意识"发现的一种现象,史密斯称其为类似的超越;而事实经验是海德格尔所论述的前理论经验。参见 James K. A. Smith, *Speech and Theology*, p. 4. 而关于"内时间意识"问题可参见罗伯·索科罗斯基:"第九讲 时间性",《现象学十四讲》,李维伦译,台北:心灵工坊文化事业公司,2004 年,第 191—211 页。
③ James K. A. Smith, *Speech and Theology*, p. 5.
④ Ibid., pp. 114—117.
⑤ Ibid., p. 115.

任何事,那不是我希望说的。"①如果说奥古斯丁苦于无法对上帝进行完美的言说②,是出于他作为教牧传播福音的责任与身为基督徒对圣主的赞美,那么,他在上帝面前所做的忏悔,则是每一个普通人都必须面对的自身的内在超越问题。

"忏悔"(confession),古典拉丁文本作"承认、认罪"解,但在教会文学中,转为承认神的伟大,有歌颂的意义,而在欧洲,"忏悔录"已成为自传的另一名称。③ 奥古斯丁正是通过忏悔,以一种非哲学化的个人经验、充满诗意的文学化语言讲述了生命中与那绝对超验者的相遇,在这寻找的历程中,他发现了真正自我的不断生成。而他的《忏悔录》则勾勒出了一部关于自身的文学肖像,"通过将自己呈现给上帝的行动,通过呈现那作为终极真理的他者面容的上帝的不可呈现性的行动,一个主体呈现了自身"④。而且,也许并非是历史的巧合,那发现事实经验与延异(这些都是与认知性概念化语言不相称的现象)的思想家海德格尔与德里达,都在若干世纪后将关注的目光不约而同地投向了奥古斯丁的忏悔,前者开掘出了一个真实自我的存在,而后者则在自我身上发现了一个哭泣着祈祷的人。

一 海德格尔的奥古斯丁:真实自我的存在

"奥古斯丁与新柏拉图主义"是年轻的海德格尔在1921年夏季学期针对奥古斯丁《忏悔录》第十卷发表的演讲,后被收录在《宗教生活的现象学》(*The phenomenology of religious life*)一书中。而在此之前,1920—1921年的冬季学期,他刚刚完成了《宗教现象学导论》(*Introduction to the Phenomenology of Religion*),尝试从现象学的视角将他对宗教生活的理解理论化,而这相当一部分思想资源来自《新约》。由此可见,1921年的海德格尔虽然已经正式与天主教信仰决裂,但他仍借用基督教的思想资源,尤其是新教神

---

① 奥古斯丁《论基督徒教义》(1.6.6),参见 Sanit Augustine, *On Christian Doctrine*, trans. J. F. Shaw, Chicago: The University of Chicago, 1952.
② 即前一段中所提到的"上帝的难以命名是上帝相对于我们的完全不同性,是符号/词语与事物之间不相符的极端例证"。
③ 参见奥古斯丁:《忏悔录》,第2页。
④ Jean-Luc Nancy, "The Look of Portrait", *Multiple Arts*, California: Standford University Press, 2006, p.236. 另可参见耿幼壮:"奥古斯丁的'自画像':作为文学自传的〈忏悔录〉",载《外国文学评论》2007年4期,第82—91页。

学(Protestant theology)①来思考他现象学中关注的重要问题,而这些后来也都成为他那部巨著《存在与时间》(Being and Time)的胚胎。

在海德格尔对《忏悔录》第十篇的阐释过程中,他最感兴趣的议题是"事实的生命"(factical life)。在他看来,这部伟大的作品并不是一篇有着浓重新柏拉图色彩的形上论文,而是一个生命的忏悔,它深深扎根于奥古斯丁真实的基督教生活经验当中。在这里"形而上的"(metaphysical)与"事实的"(factical)区别接近于希腊人与基督徒的区分,但事实上这种区分在奥古斯丁身上却很难做到。因为,在早期教父时代,这两者已经互相缠绕无法清晰辨别了,而无论是对于身处这个历史阶段的奥古斯丁,还是拥有理性的现代学者都不可能任意地将这两者割裂。那么,对于海德格尔而言,该如何找到那个最真实的奥古斯丁呢?他发现了"灵魂"(soul),这是一个"难题之域(a land of difficulty)",②这也是一个"斗争(struggle)之地,一个存在(being)自身成为问题,为烦恼与困难(molestation and difficulty)所搅扰"③。正是在这里,海德格尔找到了生命的真实性(facticity),它也成为破坏(destroy)④《忏悔录》中新柏拉图主义形而上的阴影,重新发现基督徒真实生命体验的中心。

海德格尔对"灵魂"的分析集中于"诱惑的现象学"(the phenomenon of temptation)。如奥古斯丁所说,"这是我目前的状况,充满了骚乱与不安。那些能够在自身当中感觉到自我,心中有善而可以付诸实践的人们,与我一起哭吧,为我哭吧。但是你,圣

---

① 新教神学不仅为年轻的海德格尔,还为成熟时期的海德格尔哲学提供有价值的资源。参见 Philippe Capelle, " Heidegger: Reader of Augustine ", John D. Caputo & Micheal J. Scanlon, *Augustine and Postmodernism: Confessions and Circumfession*, Bloomington: Indiana University Press, 2005, p. 119.

② 奥古斯丁:《忏悔录》,第 210 页;Augustine, *Confessions*, trans. William Watts, Cambridge: Harvard University Press, 1970, p. 118.

③ *Postmodern Philosophy and Christian Thought*, ed. Merold Westphal, p. 205.

④ "破坏"(德文 Destruktion,英文 Destruction)作为名词使用首次出现在海德格尔 1920—1921 年冬季学期的演讲中,从路德所使用的拉丁文 destructio 而来,以此来表述基督教神学应采取何种态度对待那异教的代表亚里士多德。路德的破坏成为海德格尔瓦解希腊与经院形而上学,寻找基督教原初资源的范型。参见 John van Buren, *The Young Heidegger*, pp. 162 — 167,转引自 *Postmodern Philosophy and Christian Thought*, ed. Merold Westphal, p. 224.

神,我的主,求你倾听我,注视我,治愈我,在你眼中,我自身已经成为一个不解之谜"①。灵魂的生命充满了磨难与诱惑,在"忏悔"的模式中,它并不是一个稳固、自我同一、处于安宁状态的实体;而是一个对自我产生疑问的存在(being),它与自我争吵,将自我向反方向拉扯。因而,在上帝面前,灵魂的生命呈现出它的真实性——自我的内在挣扎,海德格尔则将其概括为生命的"斗争"(struggle)准则。

"诱惑"(tamptation)在海德格尔那里被称为"Vollzugsinn",齐西尔(Theodore Kisiel)②其翻译为"实行意识"(actualization-sense),范布伦(John van Buren)译为"履行意识"(fulfillment sense)③,它不是一种直觉上的引力,而是行动上的要求,是在生命中一种搅扰的正式表达,只有遭遇到它时才能真正理解。《约翰一书》(1 John 2:16)中"一切肉身的贪欲,眼目的贪欲以及人生的骄奢"构成了奥古斯丁《忏悔录》(10:33)中三个心灵斗争的领地,海德格尔认为三种诱惑模式真实地存在于我们的世界与生活中,不能通过对它们进行简单地形而上区分(如身体/灵魂、理性/感性)来分析,而是需要看到灵魂每天都必须与使它与自身相分离的趋势进行斗争。前两种诱惑的模式,是不得不处理我们与尘世中人与物的关联,在这当中我们寻求感官的愉悦;而第三种诱惑的模式更直接地与存在自身发生关联,因为我们要从自身存在的合法性与重要性当中获得满足。这些诱惑是拉扯我们逃离自身的动力,但它们也成为构成真实生命的纤维组织,因为,真实的生命不是具有某种属性的事物,而是一种"可能",它有自由选择坠入尘世还是在上帝面前将自身聚合。正如奥古斯丁所说,我为我自身施加重负,因为我在应该欢娱时哭泣,而在应该哭泣时感到喜乐;而当我在逆境中时,我渴望成长,但当我在成长中时,我害怕逆境;在希望与恐惧,喜乐与哀伤的交织中,每一个都在对抗着试图超过另一个的界限;拉扯与反向的拉扯,散播与聚合的趋向,共属于一个具有相对张力的统一体中。④人的整个生命充满了诱惑,但只有在诱惑

---

① 奥古斯丁:《忏悔录》(10:33),译文对照周士良版第228页;William Watts版第169页,略有改动。

② Theodore Kisiel, *The Genesis of Heidegger's "Being and Time"*, Berkeley: University of California Press, 1993.

③④ *Postmodern Philosophy and Christian Thought*, ed. Merold Westphal, p. 207.

之中,人才知道它是怎样的;而生命又是艰难的,为困苦所围绕,为一个内在的力量牵引着与生命自我分离。这种状态被海德格尔表述为"此在的在"(the Being of Dasein)是"烦"(care 英文/cura 德文)①,生命随着这各种困苦、烦恼的增长而成长,而我们也从中更多地认识到生命的限定与它的真实意义。因而,如果没有了与"诱惑"的"斗争",没有了沉沦于世或重新聚合的可能,也就没有了活生生的生命与真实自我的存在。

《忏悔录》另一个吸引海德格尔的议题是"时间"。在他看来,意志(mind)与自身的非一致性以及由此而产生的自我被抛离的不安全感,都与奥古斯丁对时间的讨论密切相关。时间是什么?对于奥古斯丁而言,这个问题从一开始就充满着悖论。"……有什么比时间更常见,更熟悉的呢?我们谈到时间,当然了解,听别人谈到时间,我们也领会。那么时间究竟是什么呢?没有人问我,我倒清楚,有人问我,我想说明,便茫然不解了。"②既然如此,我们该如何了解时间呢?经过一段思考之后,奥古斯丁发现,虽然我们无法度量时间,但"从小就有人教我们,时间分现在、过去和将来,我们也如此教儿童。"③由此看来,时间可以明确地分为这三类,然而"如作为将来而在那里,则尚未存在,如作为过去,则已不存在。为此,它们无论在哪里,无论怎样,只能是现在。"④因而,在奥古斯丁看来"或许说:时间分过去的现在、现在的现在和将来的现在三类,比较确当"⑤,这即是他著名的三重现在时间模式。

对于海德格尔而言,奥古斯丁将物理时间转化为心理时间的做法,为我们打开了一个从人的存在、人的灵魂理解和把握时间的维度,这无疑是一个重要的发现,然而这并没有从本体论上解决时间这个难题。这主要表现在奥古斯丁对记忆与遗忘的讨论中。在记忆的府库中,"我把亲身体验到的或根据体验而推定的事物形象,加以组合,或和过去联系,或计划将来的行动、遭遇和希望,而

---

① 海德格尔在 1921 年将 *Cura* 翻译为 *Bekümmerung* "被困扰"、"焦虑"、"不安",还不是《存在与时间》中的 *Sorge*。参见 *Postmodern Philosophy and Christian Thought*, ed. Merold Westphal, p. 206.
② 奥古斯丁著:《忏悔录》(11:14)。
③ 同上书(11:17)。
④ 同上书(11:18)。
⑤ 同上书(11:20)。

不论瞻前顾后,都和在目前一样"①。虽然依靠记忆,过去、现在与未来连接在一起,并可以呈现在心灵中,但这些不过是各种各样的"影像",甚至"我记忆所收藏的,不是意义的影像,而是意义本身",这些"并非肉体的感官所能体味,除了我心灵外,别处都看不到"②,那么,这些记忆中的意义与影像是否有着外部物质世界中的对应呈现呢?而当"我说'遗忘',我知道说的是什么;可是不靠记忆,我怎能知道?我说的不是遗忘二字的声音,而是指声音所表达的事物,如果我忘却事物本身,便无从知道声音的含义。……遗忘是什么?只是缺乏记忆。既然遗忘,便不能记忆,那未遗忘怎么会在我心中使我想见它呢?我们凭记忆来记住事物,如果我们不记住遗忘,那未听到遗忘二字,便不能知道二字的意义,因此记忆记忆着遗忘。这样遗忘一定在场,否则我们便会忘掉,但有遗忘在场,我们便不能记忆了。"③最终,在人的心灵当中,时间的问题还是没有最终解决,于是,奥古斯丁向天主承认"我依旧不明了时间是什么",并祈求"使我的灯发光,主,我的天主,你将照明我的黑暗"。

  奥古斯丁转向上帝寻求解决问题的出路,而这并不被海德格尔所采纳。因为,此时的他对"时间"的思考角度已经从神学转向了哲学,努力根据时间本身来理解时间。于是,有了1924年《时间概念》(*The Concept of Time*)④的问世。"时间是什么?"这个问题指向我们如何对发生在一定空间与时间结构中的事件进行理解,"因为时间本身不是运动,它是以某种方式与运动发生关联"⑤。由此,我们可以将这个问题更完美地表述为"时间是谁",它指向时间性(temporality)与此在(Dasein)之间原初的亲缘关系,而在《忏悔录》中可以发现奥古斯丁对此的关注,"我的心灵啊,我是在你里面度量时间。"⑥但海德格尔认为,奥古斯丁最终将这个问题悬置在那,因而他提出了他的解决办法"向死而在"(being towards

---

 ① 奥古斯丁著:《忏悔录》(10:8)。
 ② 同上书(10:10)。
 ③ 同上书(10:16)。
 ④ Martin Heidegger, *The Concept of Time*, trans. W. MacNeil, Oxford: Blackwill and Cambridge University Press, 1922.
 ⑤ Martin Heidegger, *The Concept of Time*, p. 3, 转引自 John D. Caputo and Micheal J. Scanlon edited, *Augustine and Postmodernism*, p. 121.
 ⑥ John D. Caputo and Micheal J. Scanlon edited, *Augustine and Postmodernism*, p. 121.

death),只有在这种状况当中,存在才能与"时间"自身最大的可能性达成一致。

海德格尔对奥古斯丁的解读旨在阐发自己的哲学思想,他始终寻求突破新柏拉图主义形而上的藩篱。因而,他找到了奥古斯丁在忏悔中开显出来的灵魂斗争之地,在这里他试图使那个处于诱惑挣扎中的自我存在挺立出来。然而,正如在奥古斯丁身上无法真正地区分新柏拉图主义和真实的基督徒经验一样,海德格尔也没有将那个活生生的基督与至善(summum bonum 拉丁文)的差别看清楚;他否认了忏悔是柏拉图式的灵魂提升,看到了忏悔中自我灵魂深处的斗争,但却忽视了忏悔面对着的那个绝对他者,忘记了奥古斯丁的忏悔更是上帝对他的寻找。

二 一个哭泣着祈祷的人:德里达的忏悔

与海德格尔不同,德里达《割礼忏悔》是他晚期的作品,它不像"奥古斯丁与新柏拉图主义"那样是一篇充满哲思的、探讨人真实存在的论文,更像是一篇自传体的文学作品。奥古斯丁的"忏悔"对于德里达而言,不是灵魂之地充满喧嚣的斗争,而是一个充满着泪水与秘密祈祷的时刻。正如他自己所说,"我在想,那些阅读我的人是否从中看到了泪水……他们是否猜想我的生命是一段长长的祈祷史。"①因而,德里达对《忏悔录》的兴趣并不像海德格尔那样,只限于第十卷,而更为前面自传的篇章、有关莫尼卡(Monica)与年轻时奥古斯丁的叙述所吸引。在《割礼忏悔》中,德里达记述了他正在垂死的母亲与他幼年时的割礼,这是对他者的发现与自我的断裂,而这些也构成了德里达所说的"事件"。

莫尼卡从未出现在海德格尔的演讲中,但《割礼忏悔》通篇都弥漫着母亲的身影,"乔吉特(Georgette Safar Derrida 德里达母亲的名字)在她移居的房屋中正在死去,地中海另一边的尼斯(Nice),正如奥斯蒂亚(Ostia)的莫尼卡"②。母亲对德里达而言是一个"他者",但这个他者是内在于我的他者,德里达在她的身上看到了自己的悲伤、泪水与祈祷。在德里达写作这篇文章时,母亲正躺在床上等待着死亡的来临,生着褥疮,记忆力与语言都在退化;而此时,德里达也正遭受着病痛的折磨,他的脸部瘫痪,起初并不

---

① Geoffrey Bennington and Jacques Derrida, *Jacques Derrida*, pp. 38—39.
② Ibid., p. 19.

知道病因,这成为一个警告性的预兆,也许有个更严重的、致命的疾病等着他。他也许会先于母亲死去,也许在完成这篇《割礼忏悔》之前。因而,对于 59 岁的德里达来说,正如奥古斯丁在他母亲去世后写作了《忏悔录》;利奥塔的《奥古斯丁的忏悔》①在他身后出版,忏悔与死亡相关。德里达正在他的写作中学习如何死亡,但这总是从他者的角度被看到。"看到我躺在我的背上","我哭泣,像那些在坟墓边上的我的孩子们一样"。② 死亡是无法经历的,当你正在经历时,你已经死去,你所能体验的只能是对他者死亡的悲伤。正因为如此,德里达害怕自己的生命,不是为他自己而是为她……因为他害怕,也许她死后他将不害怕死亡了。③《割礼忏悔》是一篇关于德里达母亲死亡的日记,是一个他者的死亡。

因而,德里达在对奥古斯丁的解读中发现了一个"他者"的向度。"忏悔"并不是"我"忏悔,而是内在于我的那个"他者"的忏悔。面对卡佩勒(Philippe Capelle)关于"我忏悔"的提问④,德里达回答,在《割礼忏悔》中"我"不是一个自主的责任人,而是一个受到他者影响而产生的效果,任何带着"我"的强力说"我忏悔"的人根本不是在忏悔,因为他已经将自己从罪中排除出去,被表述出的罪是一回事,而在做忏悔的我是另一回事。真正的忏悔是对"我"的放弃。在忏悔当中,可怕的是,我并不确定我就是那个能对做出的事负责任的人,我不是那个可以声称正在变好、开始悔悟的人。这就是为什么德里达在《割礼忏悔中》不断地说,当一个人忏悔时,他正在忏悔另一个人,甚至当我正在忏悔自己时……我也是在忏悔另外一个人。⑤ 我不能忏悔我自己。我使他者(the other)忏悔罪行;否则,我不能忏悔。这是一个忏悔的分裂结构。一个忏悔从来不是"我的",如果它是"我的",它将不是一个忏悔。总有一个"他者"在"我"中(the other in me)作出忏悔。这就取消了忏悔任何通常的意义,因为如果忏悔受到"目的论"的引导,为了和解、赎罪、改变自己,那这样的忏悔就变成了经济学,一种治疗,它可以成为任何

---

① Jean-François Lyotard, *The Confession of Augustine*, Stanford: Stanford University Press, 2000.
② Geoffrey Bennington and Jacques Derrida, *Jacques Derrida*, p. 40.
③ Ibid., p. 212.
④ 参见 John D. Caputo and Micheal J. Scanlon edited, *Augustine and Postmodernism*, p. 5.
⑤ Ibid., p. 25.

你想要的东西。

　　对他者的发现伴随着的是一个自我的断裂。正如德里达自己所说,我在《割礼忏悔》中尝试写一些东西,它们不能为本宁顿(Geoffrey Bennington)文本所说的"德里达式的基础"(Derridabase)所解释。① 他通过讲述幼时的割礼,表达了精神与肉体上的断裂为他带来的痛苦与内疚,而正是这种分离的自我构成了他整个生命与事业的激情。

　　"割礼"对于德里达而言,是一个标记,因着这个记号,无论他是否愿意,都被嵌刻进一个团体中。割礼发生在他身上,留下一个印记(mark)、一个伤疤(scar)、一个签名(signature),这是他无法否认的命运。这个标记表明了他作为上帝选民的犹太人身份,但这个身份是虚幻的。正如割礼象征的那个疼痛,"我已经不记得了,但它的痕迹是确定无疑的,因而这是一个'虚幻的疼痛'。我们甚至可以专断地认为,对于这个疼痛,婴儿是不会太在意的。我们以一种幻想来安慰自己:婴儿实行割礼仪式后,用菊花水洗澡可以起到镇痛的作用。这些虚幻的疼痛,我已经不能记得,但可以确定的,是母亲的疼痛。当整个仪式被实行时,她被隔离在另一间屋子里,满眼泪水,这当然也是莫尼卡与乔吉特的疼痛。因为割礼的疼痛留下的确定无误的印记是他者的疼痛,……但它对我而言总是虚幻的,正如割礼的痕迹,我看到它,但不能感觉到它,只能试着记住它。"② 而随着那个痕迹留下的,还有那个"罪"。而因为一个对其一无所知的罪而受到意外指控时,由此产生的绝望与痛苦使德里达与自身进行决裂。于是,德里达也将那个割礼看作是与犹太传统断裂的标志(de-circumcision)。这种分离使他成了一个漂泊者,他也曾引用《忏悔录》第十篇的那句话"与我一起哭吧,为我哭吧。但是你,圣神,我的主,求你倾听我,注视我,治愈我,在你眼中,我自身已经成为一个不解之谜",但这不是指事实生命强烈的喧嚣,而是德里达自身处境的写照。他可以说法语、英语、拉丁语,但却从未读过希伯来文,在他的生命源头是一个语言缺失之地,这也是为何《割礼忏悔》的原文为"circonfession",这是一个基督教的/拉

---

　　① John D. Caputo and Micheal J. Scanlon edited, *Augustine and Postmodernism*, p. 20.

　　② *Postmodern Philosophy and Christian Thought*, ed. Merold Westphal, pp. 218—219.

丁文/法文（Christian/Latin/French）构成的词语。但正是这种无处栖居之感使他更渴望爱与希望，于是他不停地重复着追问奥古斯丁那句话"当我爱我的上帝时，我爱什么？"①他一直流着眼泪摸索向前。在《盲者的记忆》中，沃尔泰拉（Daniele da Volterra）的画作"十字架下的女人"（Woman at the Foot of the Cross）描绘了一个哭泣的女人。这个悲伤的女人不仅仅是对一个基督徒，更是对德里达，对普遍人类状况的写照。

德里达的《割礼忏悔》是一个他者的忏悔，一个伤口的忏悔（the confession of cut）②，也是一个祈祷的事件。

人们通常认为，一个表述的言语行为构成了那正被说出的事件。但德里达认为，这种观点过于简单。事实上，事件（event）是不能被言语行为所表述的。原因在于③：一、翻译的问题。德里达指出本宁顿对他思想的概括无可挑剔、阐释精到，但真正对本宁顿构成问题与挑战的不是他正在写的"德里达式的基础"，而是他将把《割礼忏悔》翻译为英文。"当然他的翻译很精彩，但今天当我看它的时候，不得不说他不能翻译一些东西。"如：文章开始的那个词"cru"，本宁顿译为"天然的"（crude），但在法语中，这个词有"酒"（vintage）的含义，也有"相信"的意思。这简单的三个字母，其不同的发音保持了不可译性与不可读性。二、表述使事件的事件性无效。事件是绝对不可预料的，它超出任何表述能力。这是德里达始终专注于"割礼"论述的原因。割礼是发生在一个无力的孩童身上的事情，此时他还不能说话、不会签名，甚至还未拥有一个名字。而在德里达写作时，他的母亲正在走向死亡，但德里达始终不知道她的死何时会插入到自己所写的句子当中。因而，在《割礼忏悔》中不能被阐释的不是那些被德里达组织起来以挑战本宁顿所说的

---

① 奥古斯丁：《忏悔录》（10：7）。
② 德里达与犹太人的关系是既连续又断裂的，因而他不具有一个纯粹的犹太特征。参见 John D. Caputo and Micheal J. Scanlon edited, *Augustine and Postmodernism*, p. 96. 而相类似的观念我们可以在利奥塔在《奥古斯丁的忏悔》中对时间的叙述中看到，在他看来，时间总是以我们不知道的它方式表现出来，时间总是逃离当下。因而在最初的难以言语的经验与后来形成的清晰表达之间，存在着一个结构的断裂；同样，在《忏悔录》中，上帝对奥古斯丁的绝对到访是不能直接在场的。因为断裂是原初的，这之间的鸿沟无法跨越。参见 John D. Caputo and Micheal J. Scanlon edited, *Augustine and Postmodernism*, pp. 7－8.
③ Jacques Derrida, " Composing Circumfession", John D. Caputo and Micheal J. Scanlon edited, *Augustine and Postmodernism*, pp. 20－21.

"德里达式的基础"的事物,而是在没有任何可以预见的条件下发生在他身上的事物。

事件是一个无法预期的"到访"(visitation)。在这里,德里达区别了"邀请的好客"(hospitality of invitation)与"到访的好客"(hospitality of visitation)①。当我邀请某人,我仍保持主人的身份,你是被欢迎的,但这有前提要求:你要尊重我的房子、我的语言、我的规则等等。而"到访的好客"则不同,这是一种绝对的好客:不被期望的访客突然到访,没有任何条件,没有任何预兆,他甚至可以被看作是一个闯入者。而这即是事件的条件。在现象学、本体论、及解释学当中,一个必要的原则是"视阈"(horizon),但事件是不可预料的,不从任何视阈而来,没有任何前提条件。因而,在德里达看来,事件是限制的限度(the limit of the limit),因为 horizon 在希腊语中是"限制"的意思。这样一来,事件的结构打破了西方哲学所说的"时间性"(temporality)——现在(nows)的线性的或非线性的连续(这意味着有一个"未来的"、"正在来临"的视阈)。② 那么,忏悔如何处理这短暂性视阈的干扰呢?

"忏悔"是要求宽恕(forgiveness)。当我忏悔时,我不是在叙述某个事实,不是做了某些事情,然后再把这些说出来,因为上帝已经知道每一件事。仅仅当我要求宽恕时,它才成为忏悔。德里达认为,当某人要求宽恕、开始忏悔时,他不知道为什么、不知向谁要求宽恕和忏悔。因为假如我知道忏悔什么、向谁忏悔,那将没有一个事件发生。本宁顿区分了被忏悔忏悔的事件(the event confessed by confession)与忏悔事件本身(the event of the confessing itself)。③ 现在如果有一个事件,有了"什么"(what)和"谁"(who),一个确定的主体与客体,那什么事情也没发生。没有忏悔,也没有要求宽恕的事件发生。忏悔发生在我甚至不知道"向谁"、"为了什么"忏悔、要求宽恕的时候。

割礼将自我切断,那个属于自我的原初秘密被保存了,正如德里达将这部自传作品看作他的一个秘密,他在思考母亲的死亡时,忏悔了这个秘密,但他不知道那个秘密是什么,因为他已经与之决断,但

---

① John D. Caputo and Micheal J. Scanlon edited, *Augustine and Postmodernism*, p. 23.

② Ibid., p. 24.

③ Ibid., p. 25.

它仍留下了踪迹(割礼的伤疤)。他不断祈祷,希望可以找到那个答案,但它却一再地延迟。而正因为与自身传统的割断,他又不知向谁祈祷,像那张无处投寄的"明信片"(The Post Card)①,没有一个明确的目的地。德里达寻求一个不受存在(being)、真理(truth)、知识(knowledge)秩序规范的上帝,不为具体历史信仰的教义标准所限定的上帝,因为这都存在将那个充满无限激情的心灵理性化的危险。德里达为了祈祷本身而祈祷②,这当中充满了希望与害怕,"等待弥赛亚(Messiah)对他而言好比一个被告等待陪审团的宣判,这个审判在一个不可预见的未来突然到访我们,就像一个死亡,因为未来包括死亡,而死亡也意味着那个我们等待着的未来"③。

因而,与奥古斯丁相比,德里达《割礼忏悔》是一个更加彻底的忏悔。

"十字架下的女人"(沃尔泰拉作)
"Woman at the Foot of the Cross"by Daniele da Volterra④

三 忏悔的策略

奥古斯丁在《忏悔录》第十卷第五节中表白:"我要忏悔自己对

---

① Jacques Derrida, *Post Card*: *From Scrates to Freud and Beyond*, Chicago: University of Chicago Press, 1987.

② 关于德里达"祈祷"的讨论,本章第二节将继续深入阐释。

③ John D. Caputo and Micheal J. Scanlon edited, *Augustine and Postmodernism*, p. 102.

④ Jacques Derrida, *Memoirs of the Blind*: *the Self-Portrait and Other Ruins*, trans. Pascale-Anne Brault & Micheal Naas, Chicago and London: The University of Chicago Press, 1993, p. 125.

自身所知的一切,以及我对自身所不知的一切。我对我自身所知道的,是由于您光芒的照耀……"。而关于人自身的事情,圣保罗曾在《哥林多前书》中说,"除了在人里头的灵,没有谁知道人的事"①。但奥古斯丁回应到:"可是仍然有很多事,本人的灵也无从知晓"。不仅如此,他还继续说到,尽管我"不了解我自身,但对于您(圣主/上帝)却略有所知……因此,在我朝圣途中,还没有与您在一起的时候,我更多地面对自己,而不是面对您。可是我知道您绝对不会受到损害,而我对自己到底能抵御什么诱惑,不能抵御什么诱惑却还不知道。"②由此看来,奥古斯丁的忏悔并不是为了向上帝坦白,因为"假使我没有向您忏悔,我又能包藏什么呢?"在上帝那"能够洞察人意识深渊的眼中"③,一切都无所不知,他的忏悔正是承认对自身的无知,寻找自我的秘密。

奥古斯丁不断地追问"我是谁?"(Who am I?)"我的本性是怎样的?"(What nature am I?),这个关于自身的不解之谜始终困扰着他。然而,正如斯多克(Brain Stock)的论述,《忏悔录》的叙述正是在讲述一个故事的过程中建构了一个自我,在他看来,奥古斯丁"看到的那个在公元397年写作的人,正处于自我重新解释的过程中,而并非为生命限定了一个最终的版本"④。那么,对于奥古斯丁而言,为何自我是如此神秘与难解?他一步步地向上寻找,期盼灵魂能给出答案⑤,但"它为什么这么悲伤,为什么如此强烈地令我不安。我的灵魂不知道如何回答我"⑥。最终,他来到了"记忆那巨大的、隐藏的、神秘的府库中","它是我内心中无边无际的空间。谁能达到它最深处的底端?"⑦正是自我的无限使奥古斯丁感叹生命的变化多端、多样与广袤,对整个自我的无法完全掌控。因而,当他努力在自己的身内进行探索时,"我"难免成为自身辛勤耕耘的

---

① 《哥林多前书》(2:11)。
② 奥古斯丁:《忏悔录》(10:5)。
③ 同上书(10:2)。
④ Brain Stock, *Augustine the Reader: Meditation, Self-Knowledge, and the Ethics of Interpretation*, Cambridge, MA: Belknap Press of Harvard University Press, 1996, p.16. 转引自 James K. A. Smith, *Speech and Theology*, p.141.
⑤ 奥古斯丁的寻找过程描画了一个由外部世界到内部自身,由身体感官到灵魂的柏拉图式的上升过程;但实际上自我却是一个向下不断延伸的深渊,灵魂是一个无法丈量的深广之域。分别参见奥古斯丁:《忏悔录》(10:6)与(10:2)。
⑥ 同上书(4:4)。
⑦ 同上书(10:8)。

土地,一个困难之域。也正是在"我"与那个神秘的自我面对面时,才蓦然发现自身的无从把握恰恰在于"他"①与"我"的无比亲近(proximity)②,"一切非我的事物(即外在于我的事物 external or outside of itself)我都不能了解,这不足为奇。没有什么东西能比我自身更接近我自己。然而,在我之中的记忆的力量,我却不了解,虽然没有它我甚至无法指代我自己。"③

奥古斯丁对自我的探索与发现可以类比于后来胡塞尔所论述的内在时间意识(the consciousness of internal time)。在现象学看来,内在时间意识是不同于客体时间(objective time/world time)与内在时间(internal time)的流,它比内在时间居于人意识中的更隐秘、更深层处,却支配了内在时间与客体时间的出现,"事物成就为现象首度发生在这个层次之中,它不再奠基于任何其它事物上,它是终极的脉络、最后的界域、最后的底线……内在时间意识是在我们经验中所发生的所有区别与认同的根源,而且显然它也是一个难以被描述言说的层次"④;内在时间意识"是原初的,它也就是前于个人的(prepersonal),不是以任何个人之名而作用,我们无法影响它或改变它,它不在我们的控制范围内"⑤,但它却关联到存在之为存在的古典议题。因而,对奥古斯丁来说,自我始终是一个无法完全显现的在场,是一个永远缺席的在场,远远超出了"我"的把握。正是在忏悔中,他发现了自身内在无限性的秘密。

自身的秘密对"我"而言与上帝类似,都是一个绝对的超越,无法找到恰当的语言、概念对其进行表述,在这里有着天然的不相称性。但在上帝面前,如何将无法完整呈现的自我呈现出来,将不可言说的自我的秘密言说出来,不仅关系到一个自我的建构与形成,还关系到如何跨越众多内在性(interiorities)之间的深渊,将自我的秘密、我与上帝的秘密以不泄密的方式讲述给他者。

在《忏悔录》中,奥古斯丁表达了他写作的另一个目的。"我为

---

① 这里的"他"指"我"无法完全认识与掌控的"自身",这是一个内在与"我"的"他者",因为自我向一个无限开放,他始终逃离自身,"我"对自身的把握总是不完全的,总有一个"我"还没认识到的"自身/他者"在自我的深渊中存在。
② 与海德格尔的"真实性"(facticity)类似,参见 James K. A. Smith, *Speech and Theology*, p.135.
③ 奥古斯丁:《忏悔录》(10:16)。
④ 罗伯·索科罗斯基:《现象学十四讲》,第194页。
⑤ 同上书,第207页。

何要让别人听到我的忏悔?"是为了激起他人的心,因为,对于"我内心的状况","他们不能用眼睛、耳朵或是思想穿透的",而"我"通过这本书在上帝面前所做的忏悔,是"忏悔现在的我,而不是曾经的我"①。因而,对于奥古斯丁而言,"忏悔"并不是简单地对罪的忏悔,而是"见证",是对一个人与上帝相遇经验的表白,是对上帝在我生命中所作所为的证明。的确,作为一名教牧人员,奥古斯丁有责任履行向他人传播福音的义务,但他却面临着两个言说的障碍:一是如何言说上帝,另一个是如何将"我"经验到的与上帝的关系言说给他者。

奥古斯丁在他的早期著作《论教师》一书中讨论了符号与事物之间的吊诡关系:"没有符号无法教授任何事情",而"通过符号什么也学不到"②。对于前一个论断,我们一直习以为常,那后一个论断又应如何理解呢?"除非符号所指示的事物被了解了,符号才能被看作是一个符号,也就是说,对事物的经验先于符号的知识。……语词并没有教授什么,它们只是提醒我们去寻找事物,语词的作用如同'指示'(as pointers)"。③ 因而,事物不能完全相符于符号/语词,不能为一个概念所捕获;而符号本身是不自足的,具有结构上的不充足性。符号/语词如果只在自身的系统内指涉,那只能是一种语言的游戏,而如果我们忽视符号/语词所指示的事物停留于符号/语词本身,那将陷入一种马里翁所说的概念的偶像中。符号/语词与事物处于这样一种既必须又不充足的关系中,因而所指(reference)的观念尤为重要,符号必须超越自身指向事物本身才能实现符号的完整与充足。对于奥古斯丁来说,选择怎样的语词言说上帝是值得思考的问题,因为这种语言必须能够承担起将先于符号知识存在的事实经验呈现出来的任务,也即是说,要言说上帝并不是为听者提供关于上帝的知识,而是可以经验到事物本身,经验到上帝,就是使听者可以经验到我所言说的"我"与上帝相遇的这个事件,而这必然进入到另一个言说障碍中。

自我是一个极端内在、他人无法进入的领域,这样一来,在与他者的沟通与交流中,语言、言说通常作为一种外在的符号将内在

---

① 奥古斯丁:《忏悔录》(10:3)。
② 奥古斯丁:《论教师》(10:31)(10:33)。参见 Augustine, *Against the Academicians and the Teacher*, trans. Peter King, Indianapolis: Hackett, 1995.
③ James K. A. Smith, *Speech and Theology*, p. 119.

的意愿表达出来;但内在又是如此的幽秘,即便是"我"本人也无法窥探全貌,而将之完整而清晰地公开呈现更是不可能的任务。但"语言(对于奥古斯丁来说,那是为解释的必须性提供条件的语言)正是在内在性之间的裂口处,在内在性本身的深渊中发现了自身的起源"①。秘密自我的私人性与交往语言的公共性极不相称,而人与上帝的关系又是一个绝对的秘密,与所有主体性真理(subjective truth)一样,它不能适应于客观的、普通的、直接的交流。正如史密斯所例举的亚伯拉罕献祭的例子②:亚伯拉罕的呼召是一个纯私人的活动,牺牲他儿子要求的唯一性与语言的普世性恰恰是不相称的③,任何阐明这一呼召的尝试都将泄露呼召的唯一性,将它仅仅化约为一种悲剧英雄式的"精神上的考验",使他不再是亚伯拉罕。因而,亚伯拉罕不得不保持沉默,这种不相称性要求沉默,秘密不能被说出,因为,任何言说都不能对唯一性进行言说,而当它成为一个公共的真理,那就意味着一个秘密的牺牲。但紧接着史密斯追问,如果对这个秘密保持沉默,那如何又有了克尔凯郭尔的《恐惧与战栗》(Fear and Trembling)?而事实上,在这则圣经故事中,亚伯拉罕与上帝关系的唯一性与私密性已经被两种方式打破:一是为亚伯拉罕证明的天使("现在我知道你是敬畏神的了,因为你没有将你的儿子,就是你独生的儿子,留下不给我。"④),二是神圣的叙述者,这些无疑都使我们有可能了解到这个秘密,将亚伯拉罕的呼召讲述给我们。因而,如何才能将无法言说的秘密以不泄密的方式言说出来,这是言说成为可能的关键。

史密斯称,"忏悔"即是奥古斯丁讲述秘密的策略,这是对语言一种言成肉身式的理解(the incarnational understanding of language),只有这样,符号/语词才能作为"指示"从内在的层面指

---

① James K. A. Smith, *Speech and Theology*, p. 136.
② Ibid., pp. 138—141.
③ 史密斯指出,悲剧英雄之所以可以为人所理解,在于伦理责任是普适性的、可以为公共语言所解释,见 James K. A. Smith, *Speech and Theology*, p. 138. "悲剧英雄与亚伯拉罕之间的区别是非常明显的,悲剧英雄仍然处在伦理的范围之内。……这里毫无疑问存在着一种对伦理本身的目的论上的悬疑。亚伯拉罕的情况颇为不同。通过他的行动他超越了整个伦理的范围,并在它之外拥有更高的目的,而且由于这一目的,他对合伦理的事件进行怀疑"。参见克尔凯郭尔:《恐惧与颤栗》,一谌等译,北京:华夏出版社,1999 年,第 35 页。
④ 《创世记》(22:12)。

向超越。①《约翰福音》(1:14)中,"言成了肉身,住在我们中间,充充满满地有恩典,有真理。"上帝的超越性对我们而言本是无法接近的,但"他分享了我们的外衣,神性变得苦弱"②,因而,上帝下降(downward)进入内在有限的王国,人与上帝之间的深渊在耶稣基督(Christ/Logos/Word)这里架起了一道桥梁。麦考尼(David Meconi)称,"在将'参与'思考为一个向下的运动时,奥古斯丁远离了普罗提诺的柏拉图主义,因为当他对柏拉图主义的书籍与言成肉身的思想进行评论时,他强调'那是这些书里所没有的'(《忏悔录》7:9)。那为何言成肉身的思想是柏拉图主义所缺乏的呢? 因为如果想象这是可能的,那将反转柏拉图式的'参与'运动,永恒进入了时间……奥古斯丁现在正是能以不完美的方式言说了这种完美的参与。"③另一方面,在奥古斯丁对《约翰福音》(1:1)"太初有言"的"言"(Logos/Word)的观念进行讲解时,他说"尽管(圣言与人言)非常不同,根本无法比较对照,它仍提示给你某种相似。你在这,而我正向你言说;我首先在思想中拥有这些语词,然后它们朝向你而去,但却并未离开我,它开始进入你,因为之前它并不在你内。……因而,当我的语词呈现给你的感知,它并没离开我的思想,所以,圣言显现于我们面前却并未与父分离。我的语词与我在一起,言说出来进入我的声音中;上帝之言与父在一起,进入肉身中。"④于是,言成肉身的语言在超越与内在之间建立起了连接,这样的语词能够指示超越语言的东西而又不使其被化约到语言当中。在忏悔中,我将自我呈现在文字中,在读者和听者(他者)看来"我在场",但作为一个完整的"我"同时又始终缺席,这不仅对他者是个秘密,对于自我本身也是个秘密。因而,那关于"我"的秘密,关于我与上帝关系的秘密有可能在忏悔中以不泄密的方式被道说。

在忏悔中,"一个关系被建立了,但是,这不是一个在相同与他者之间瓦解差异的关系,而是维持、尊重不相称性的关系"⑤。正如

---

① James K. A. Smith, *Speech and Theology*, p. 134.
② 奥古斯丁:《忏悔录》(10:18)。
③ David Vincent Meconi, SJ, "The Incarnation and the Role of Participation in St. Augustine's *Confessions*," *Augustinian Studies* 29(1998):68 转引自 James K. A. Smith, *Speech and Theology*, p. 125.
④ James K. A. Smith, *Speech and Theology*, p. 143.
⑤ Ibid.

勒维纳斯在《总体与无限》中论述的,"在表达作用中,语言恰恰是维护了他者……语言建立了一个不可被化约为主—客关系的关系:他者的启示"。①

史密斯在论述奥古斯丁的忏悔时指出,"对于奥古斯丁而言,自我是在关系(relations)中、在以爱作为意向目标的关系中发现它的'意义'——即认同与定义。也就是说,自我依据爱什么来定义自身,依据它将自身指向什么来定义自我。"②由此,奥古斯丁正是在与上帝之爱的关系中呈现出自身,并向他者见证了他与上帝之间的秘密。而当我们将忏悔不仅仅看作是一种基督宗教的特殊仪式时,那忏悔本身就有可能突破神学的界限为存在在现象界如何得以突破原有本体论的束缚而事实地(factical)存在提供意义的支撑。忏悔中保有着他者的向度③,而当我们从对上帝这个绝对他者的爱过渡到对邻人之爱、对他人的责任时,一个此在有可能在"他者的面容"(the face of other)中理解超越存在的无限与超越的伦理意义(the ethical signification of transcendence and of the infinite beyond being)④,从而发现"我是谁"。

第二节　祈祷的现象学

在《论基督徒教义》(1.6.6)中,奥古斯丁提醒会众应该如何谈论上帝:"当我们谈论上帝时,如果你不能把握他,那有什么可惊奇的呢?我的意思是,如果你能够把握他,那他就不是上帝。让我们

---

① Emmanuel Levinas, *Totality and Infinity*, p. 73.
② James K. A. Smith, *Speech and Theology*, p. 134.
③ 忏悔中的他者向度包含:内在于我自身的"他者"、我所面对着的上帝这个"绝对他者"、将自我的秘密与我与上帝关系的秘密对之进行讲述的"他者"。
④ 从1947年《从存在到存在者》的发表开始,勒维纳斯努力在超越本体论的路径上进行他的哲学思考。在1961年发表的重要著作《总体与无限》中,他更是对西方文明整体提出了批判,在他看来,西方文明一直为希腊哲学精神所支配,致力于"总体化"的追求当中,但人与神圣他者是不能被化约到总体中的,"他者的面容"就是对任何总体化形式的反驳。"面容"不能在本体论的框架内被表达,而与他者的相遇是发现我处于一个根本的责任中,这也是为何勒维纳斯称伦理学为第一哲学的原因。参见 Emmanuel Levinas, "Preface", *Basic Philosophical Writings*. 而在忏悔中,人自身与神圣他者的不可化约不仅得以保存,而且他者成为定义自身的条件,差异被尊重而非被强制规约到同一中。这也是德里达尤其关注"忏悔"的原因,在他那里,忏悔成为对抗形而上学的策略。

为我们的无知做一个虔诚的忏悔吧,以此来代替对上帝无礼地认知。当然,当我们的心志与上帝有了一点点的接触,那是多么令人狂喜的事啊;但完全把握他、理解他却是不可能的。"①那么,与上帝的些许联系是如何达成的呢?在奥古斯丁看来,是因为上帝"接受了人们言语的崇敬"②。而这种以人言对上帝进行的赞美(praise),"作为一种非对象化、非确证性的言说模式,不但未将上帝化约为某个概念,而是尊重了上帝的超越性,指引听者获取关于上帝本身经验"③。因此,"赞美"成为奥古斯丁避免暴力的肯定性言说(kataphatics)与沉默的否定性言说(apophatics)的第三条言说途径。④ 而在《偶像与距离》(*The Idol and Distance*)"必要的距离与赞颂的话语:狄奥尼修斯"(The Distance of the Requisit and the Discourse of Encomium:Dionysius)一文中,当马里翁对狄奥尼修斯著作中"咏唱"(*hymnein*)一词进行解释时,他写到:"狄奥尼修斯倾向于以另一个动词来代替表示赋谓性(predicative)语言的言说,那就是'咏唱',也是'赞美'。这种代替意味着什么呢?它毫无疑问地将话语的使用指向祈祷,因为'祈祷是话语(logos),但它既不正确也不错误'(亚里士多德语)。"⑤在这里,我们似乎看到了对奥古斯丁努力进行发扬的现代继承者。而类似的论述还可以在马里翁的另一部著作《无存在的上帝》中读到,他强调:狄奥尼修斯将上帝命名为第一善(first Good)并不意味给了上帝一个专有名称(proper name),而是在对善(goodness)的理解中更清晰地划定出一个范围,在那里,对于上帝(Gxd)进行范畴表述的可能性不再有根据,将命名(de-nomination)倒转为赞美成为不可避免的选择。⑥对此,有学者评论,"在马里翁那里,赞美与赋谓(predication)的不同类似于勒维纳斯的说(saying)与所说(the said),是无休止的指示与确定意义的差别,在赞美中,对上帝的称颂将永无止境地指向

---

① ② Sanit Augustine, *On Christian Doctrine*, p. 626.
③ James K. A. Smith, *Speech and Theology*, p. 128.
④ Ibid., p. 129.
⑤ Jean-Luc Marion, *The Idol and Distance*, trans. Thomas A. Carlson, New York: Fordham University Press, 2001, p. 249.
⑥ Jean-Luc Marion, *God without Being*, trans. Thomas A. Carlson, Chicago: University of Chicago Press, 1991, p. 76.

上帝,而并不为上帝保留任何最终的意义"①。但是,德里达对此似乎存有疑问。在他看来,无论祈祷还是赞美当然都不是一种断定性的言说行为,但由此就可以忽视两者之间尽管微妙但却必然存在的差异吗?"祈祷本身不过是祈求对他者讲话……对他者的在场给出承诺……而没有任何决断;(而)赞美尽管不是一种简单的归属性言说(attributive speech),却保留了与归属不可化约的关系"②,德里达认为,巴尔塔萨(Hans Ursvon Balthasar)所说的"凡是与上帝、与神圣有关的地方,'赞美'这个词几乎代替了'说'"③这句话很大程度上表明了赞美所归属的范围,这样一来,赞美不仅证明了只有上帝才具有被赞美的资格,更限定了祈祷,限定了我们对其进行讲话(address)、进行祈祷的那个他者。因而,赞美虽然不是赋谓性言说的通常形式,但却保留了赋谓性言说的某种"风格"与"结构",赞美仍是"言说关于某人的某些事";祈祷则不同,祈祷是在呼吁中向他者讲话(address to the other),它保持了一个绝对的"先于—赋谓"(pre-predicative)状态。纯粹的祈祷是一个尚未确定的(undetermined)祈祷。

"多么令人惊奇啊,我正对你言说,我的主,我不知道你是否存在"④,这是法国诗人苏佩维埃尔(Jules Supervielle)《一个未知的祈祷》中的诗句。但这种对于一个未知他者的祈祷还是不是一个祈祷,这样的一个没有收件人(the addressee)的祈祷又能够祈祷什么呢?神学家克雷蒂安(Jean-Louis Chrétien)称,这种面对一个近乎是虚拟的上帝(无论他是宗教的还是诗性的)的祈祷,它本身并不是虚拟的,而是一个真实的祈祷。⑤而"即使信件在邮递系统中遗失,言说无论如何也需要一个意图目的(an intentional aim)"⑥。如果是这样,那对于德里达这样一个被看作为无神论者的世俗哲学

---

① Thomas A. Carlson, *Indiscretion: Finitude and the Naming of God*, Chicago: University of Chicago Press, 1999, p. 201 译文略有删减。转引自 James K. A. Smith, *Speech and Theology*, p. 130.

②③ *Derrida and Negative Theology*, p. 111.

④ 转引自 Dominique Janicaud, Jean-Francois Courtine, Jean-Louis Chrétien, Michel Henry, Jean-Luc Marion, and Paul Ricoeur, *Phenomenology and the "Theological Turn": the French Debate*, New York: Fordham University Press, 2000, p. 147.

⑤ Dominique Janicaud, *Phenomenology and the "Theological Turn": the Franch Debate*, p. 147.

⑥ James K. A. Smith, *Speech and Theology*, p. 130.

家,祈祷对他究竟意味的是什么? 为何他在自己的著作中称"我不仅祈祷,而且我的整个生命中从未停止过祈祷"①?

一　绝对的秘密

奥古斯丁在《忏悔录》中讲述了他与上帝相遇的奥秘,克尔凯郭尔在《恐惧与战栗》中讲述了亚伯拉罕献祭的秘密,这些在德里达看来不过都是一种委托人与代理律师对秘密的分享②,而秘密的秘密性并不在于秘密的私下传递与第三者的介入,而是绝对的不知。秘密就是没有秘密(no secret),没有任何接近秘密的途径,这是绝对的秘密(the absolute secret),是秘密更原始的经验。③ 这是"真的死结"(齐泽克)④、"结构的盲点"(卡普托)⑤,无条件(unconditional)/绝对的秘密永远不可能显露出来,一个主体只能在这之外寻求"真"的依托,通过寻找"真理过程"的"行为"来替代"不可能之真"⑥。正如奥古斯丁忏悔的目的并非为了上帝而是为了"信仰",是为他自身相信的热情与忠诚做见证。而德里达则是通过写作《割礼忏悔》,文本化地阐释了那个他称之为绝对的秘密,这正构成了他终身祈祷的动力与原因。"我们在秘密中,但这并不意味我们知道所有事。"⑦

德里达曾在对他的访谈中说到,他一直梦想着将来可以写一本关于"我的历史"的书,这"首先就是阿尔及利亚",而那些已经完成的"书",实际上只能是众多论文的汇集,作为书的计划,"我只有一个,却是我将无法写的一个,但它却吸引我去竭尽所能地读"。⑧《割礼忏悔》就是德里达生命中这样一本富有挑战性的书。它的全

---

① Geoffrey Bennington and Jacques Derrida, *Jacques Derrida*, p.56.
② 德里达对"秘密"的观念,及对绝对的秘密与普通的秘密的区分可参见 Jacques Derrida, *On the Name*, ed. Thomas Dutoit, Stanford: Stanford University Press, 1995, pp.22—31.
③ John D. Caputo, *More Radical Hermeneutics: On Not Knowing Who We Are*, Bloomington and Indianapolis: Indiana University Press, 2000, p.1.
④ Slavoj Žižek, *The Fragile Absolute*, p.91.
⑤ John D. Caputo, *More Radical Hermeneutics*, p.2.
⑥ 参见杨慧林,"'反向'的观念与'反转'的逻辑:对齐泽克"神学"的一种解读"。
⑦ Jacques Derrida, *On the Name*, pp.131—132.
⑧ Jacques Derrida, *Points … Interviews*, 1974 — 94, ed. Elisabeth Weber., Trans. Peggy Kamuf et al., Stanford: Stanford University Press 1995, p.119. p.203. p.142.转引自 John D. Caputo, *The Prayers and Tears of Jacques Derrida*, p.365.

名为《割礼忏悔:五十九个时期与迂说》。表面看来这似乎是一部记述德里达五十九年生命历程的自传式作品,但打开后却发现,书中每页的上半部分都是本宁顿的论述。他正在写一部关于"德里达的书"(Book of Derrida),尝试概括德里达所有工作的内在逻辑和基本原则。这就像是一套精密的计算机程序,并有着上帝[①]一般全知的视角,可以科学地显示出德里达目前正在说什么,推断出他以往曾说过什么,而未来将可能说些什么,它似乎知道德里达人生中全部的秘密。而文本的下半部分则是德里达写作的"割礼之书"(Book of Circumcision)/"以利亚之书"(Book of Elijah),"以利亚"是德里达的希伯来名字,它是德里达被实行割礼时获得的名字,所有有关德里达出生的证明与官方文件对此都没有记载,只有他最亲密的家里人才知道这个称呼,甚至德里达本人也是后来才对此有所了解。而德里达正是以这样一个秘密大大地震惊了本宁顿,展现了一个他从未知晓的德里达,在暗中彻底颠覆了本宁顿对自己的掌握。不仅如此,德里达还震惊了所有人,他在我们面前揭露出了一个充满无限激情的"宗教的"(religious)德里达,而且讲述了一个无人了解的"我的宗教"。更不可思议的是,这甚至震惊了德里达本人。原本,割礼这种古老的犹太习俗是为了标志犹太社群中成员的身份,这是上帝与他子民立约的记号,表明一个人去除个人意志接受上帝的话语,避免"未受割礼的耳朵",接受上帝的律法,避免"未受割礼的心"[②]。在这个意义上,从一出生开始,德里达就因着割礼而被嵌入一个无法摆脱的传统当中,并在青少年时期不断地遭受到不公正的待遇。但这个切割同时也是没有被切割,一个解—切割(de-circumcise),因为,成年后的德里达本人不仅没有公开的犹太信仰,更被视为通常意义上的无神论者,他的妻子是非犹太教徒,而他的儿子出生时也没有再实行割礼,德里达已经被分割进一个非犹太的世界当中。"割礼"将一段生命的开端史永远

---

① 卡普托将本宁顿对德里达的概述看作是一种全知式的掌握,而本定顿的名称Geoffrey的缩写"G."正可以代表上帝(God),参见 John D. Caputo, *The Prayers and Tears of Jacques Derrida*, p. 281.

② 《耶利米书》(6:10),(9:25),并参阅 John D. Caputo, *The Prayers and Tears of Jacques Derrida*, p. 283.

封存,这是一个"创伤性事件"①。从此,"我的宗教"、"我的生命"就处于两个世界的张力中,这是"一个阿拉伯犹太小男孩"②与法国哲学家德里达之间的鸿沟与裂口。不仅如此,在忏悔中德里达的"转变"(conversion)并非由无神或其它宗教观念转向对上帝的皈依,恰恰相反,他正是从"确定的犹太信仰"(a certain Judaism)转向一个"无神论者的上帝"(an atheist God)③,而也正因为他不知道这个上帝的名字,德里达又从世俗的文本与语言中转向带着泪水的祈祷,并在不断地祈祷中努力地寻找那激起"我"心中无限激情的"我的上帝"。

德里达处在被割裂的两个世界中祈祷,就像一个不知道自己"姓"的孩子,当他祈祷说"阿爸"(abba)时,却不知该如何称呼"你的姓名",因为,"我的上帝"并不是德里达父母所信仰的那个正统的犹太教上帝,正如面对奥古斯丁"当我爱我的上帝时,我爱什么"这句名言时,他说道,"除了将这句话翻译为我的语言,我还能做些什么"④。而我的上帝的名字不是可以窥视我最隐蔽思想与行为的见证者、不是律法、不是内在意识的声音、不是创造万物的造物主、不是任何形而上或道德的基础、不是存在的根基、更不是神学分析的目标,我的上帝只有在我的祈祷与泪水中才能被给出,只有在对不可能的激情中才能经验到。⑤ 我的上帝是一个绝对的秘密,我已经与之分割,这是"与真理的切断"⑥,没有任何形而上的或宗教的"真理"可以慰藉这个伤口;而这样的一个秘密是"一个难题之域",它不再提供确定的答案而是持续的提问。但目的地的缺乏并不能阻止祈祷的事件、不会终止祈祷,而是引起了连续不断地更多的祈祷,祈祷我的祈祷能够得到回答。

荷兰神学家范德雷(Gerardus van der Leeuw)在他的《宗教现

---

① 人类进入象征秩序的起点,被拉康描述为一个"创伤内核"(Traumatic kernel),齐泽克用"生成性的激烈形式"、"原初的、激烈的创始形式",也即是我们"与某一外在之'真'的创伤性的、激烈的相遇"(a traumatic, violent encounter with some external real)来描述"结构"、"秩序"和"思想"的开始,详见杨慧林:"创伤性事件:'事件'提供的逻辑起点",《事件》,未刊稿。
② Geoffrey Bennington and Jacques Derrida, *Jacques Derrida*, p. 58.
③ John D. Caputo, *The Prayers and Tears of Jacques Derrida*, p. 286.
④ Geoffrey Bennington and Jacques Derrida, *Jacques Derrida*, p. 122.
⑤ John D. Caputo, *The Prayers and Tears of Jacques Derrida*, p. 288. 译文略有改动。
⑥ Geoffrey Bennington and Jacques Derrida, *Jacques Derrida*, p. 314.

象学》(*The Phenomenology of Religion*)一书中论述了祈祷与崇拜(adoration)的区别,"祈祷产生于忧虑与关切",而"崇拜的人忘记了他的祈祷,只知道上帝的荣耀",因而,祈祷行为不同于崇拜,后者虽能带来对所有忧虑的解脱,但也意味着宗教经验的结束。①关于这一点,我们可以在德里达的身上得到很好的印证。当他第一次听到上帝这个称呼时,是母亲为正在生病的小德里达进行祈祷,她担心他像他的兄弟们那样死去。因而,对于德里达来说,祈祷总是"与泪水的产生混合在一起"。而当德里达祈祷时,他又总是充满着困惑,"是的,我记得今天早上母亲说了上帝的名字,诵读了上帝的文字,但那不是我正在寻找的'你',我的上帝,他不在一个确定的地方,并不提供问题的答案"②。那么,"我(应该)向谁祈祷?向你。但你在哪?在记忆中。但在我记忆的何处?"③德里达的记忆并不存在于一个隐蔽而无限的内在自我当中,这是奥古斯丁式的自我秘密,它当然也就不能在对上帝的找寻中重新发现自身。"我的生命"悬挂在分割开的两个世界间,这个世界与另一个(他者)世界,而正是这种创伤性的记忆构建了"我的生命"结构,它并不是一个可以分析的对象,因为任何分析的形式,无论是心理的、文学的、神学的等等,都有可能冻结那存在于"我"生命中的激情。那么,"你"是谁?德里达论述说,"你"是每一个人,不是特定的哪一个,也没有具体正确的名字,是任何一个他者,"在每个祈祷中,一定是对一个他者的讲话(例如:上帝),将自己言说给他者的行为当然就是祈祷,也即是恳求给予,一个纯粹的祈祷只要求他者倾听它、接受它,作为一个礼物、一个召唤呈现给它"④。祈祷总是祈祷知道该"如何祈祷"⑤,而"无论一个人祈祷什么,他首先祈祷的就是感谢(那个他者)将祈祷作为礼物赐予给他"⑥。这样,祈祷是祈祷一个他者的到来,保持与他者之间关系的开放,而德里达的一生始终忠实于这样的祈祷。但那个他者("你")又是被"我"背叛的收件人,他早已与"我"割断,因而任何人都不能将"他者"同化为

---

① Dominique Janicaud, *Phenomenology and the "Theological Turn"*, pp. 162—163.
② Geoffrey Bennington and Jacques Derrida, *Jacques Derrida*, p. 117.
③ John D. Caputo, *The Prayers and Tears of Jacques Derrida*, p. 293.
④ *Derrida and Negative Theology*, p. 110.
⑤ "我们本不晓得当怎样祈祷",《罗马书》(8:26)。
⑥ Dominique Janicaud, *Phenomenology and the "Theological Turn"*, p. 157.

"我的";这个切割是深渊,因而"我"只能祈祷"你宽恕我无法对你言说,(这是)为了保持不断地对你言说,即使你听不到我"①。上帝的名字对于德里达而言是一个绝对的秘密,是一个被切割的真理,而割礼就是"我"与那样一个可以包罗万象的真理的分离,任何我为了接近它而对这不可能之真进行的言说都是对它的背叛,但我又总是不能避免对那个永远无法抵达的目的地抱有期盼,于是,"我"不断地祈祷,乞求"你"的宽恕……

在《割礼忏悔》中德里达讲述了他生命中绝对的秘密,但这并非要为我们提供一个全方位的、更加透明的德里达,也不是为了表明有一个比本宁顿更符合逻辑的研究德里达的工作程序,并以此倒戈来占据整个文本的上半部。恰恰相反,"如果说在一个秘密中,一个人就能够有资格欺骗他人、获得其它人所没有的不公平的权力,那绝对的秘密则能保证我们的安全,无论它带给我们多少困难与挫败感,它仍是一件对我们有利的事情"②。绝对的秘密是真的死结,因而永远不可能通过逻辑推理与论证来获得真理,对于德里达而言,只有不断地祈祷、祈祷,在寻找真理过程的行为表述中寻找真的依托。

二 神秘的祈祷者

关于德里达在《割礼忏悔》中所做的祈祷,我们可以在中世纪发现与其类似的响应者:"因而我祈祷上帝他可以免除我的上帝"③,这是埃克哈特为那个他深深渴望的、非凡的绝对他者所做的祈祷。对此,卡普托更加明确地说道,使解构与神秘主义结合在一起的是它们"祈祷"的共同结构,是对于那无法想象的、无法相信的、不可能事物的祈祷。④

---

① Geoffrey Bennington and Jacques Derrida, *Jacques Derrida*, pp. 165—166.
② John D. Caputo, *More Radical Hermeneutics*, p. 2.
③ Meister Eckhart, *Meister Eckhart: The Essential Sermons, Commentaries, Treatises, and Defense*, trans. Edmund Colledge & Bernard McGinn, New York: Paulist Press, 1981, p. 202. 转引自 John D. Caputo, *More Radical Hermeneutics*, p. 250.
④ John D. Caputo, *More Radical Hermeneutics*, p. 250.

其实，神秘神学（mystical theology）与消极神学（negative theology）①似乎一直都有着一脉相承思想传统，它们之间最大的共同点即是将"沉默"看作是对上帝最高的赞美。因为关于上帝，无论我们说什么、怎么说，都是不充足的、不真实的。相反，只有"不说"才是最恰当的言说途径。而上帝的名字更是一个绝对的秘密，沉默是保证它安全不被泄露的最好方式，同时也成为我们了解秘密最难以攻克的形式，它拒绝所有言说秘密的要求。但是，在祈祷中，神秘的沉默并非是对说的完全拒绝，以这种绝对封闭的方式来表达对秘密的独占；恰恰相反，沉默是语言的最高活动，召唤更多言说的到来。因为，祈祷本身就是一种言说行动，是将自身呈现给不可见者的行动。费尔巴哈（Ludwig Feuerbach）甚至称"能够被听得见的祈祷才是显示了自身本质的祈祷"②。不仅如此，尽管祈祷通常被分为沉默的祈祷与言说的祈祷③，但前者与自我沉思与冥想有着根本的不同，虽然表面上看两者都是无声的行为，但沉默的祈祷并非是封闭的内在意识活动，而是始终保有一个朝向外部他者的请求，因为，祈祷人的言说，无论是有声还是无声都是为了一个先于他的言说已经到来的倾听，"沉默的祈祷是一个已经被上帝听到的沉默，它始终是一个对话，因为第一个沉默（完全的自我隐秘）已经被打破"④。在神秘的祈祷中，沉默仍是一种语言，但它并不是用声音符号讲述一个秘密的语言，而是渴望、确证一个绝对他者来临的语言。正如画家伦勃朗（Harmenszoon van Rijn

---

① 解构并不等于消极神学，但两者的思想内核具有同构性。而与通常的神学传统比较而言，"消极神学"指示一种特定的语言态度，认为肯定性的语言对于认识事物的本质并不充足，因而对于上帝这样超本质主义的论题只有通过否定式（apophatic）的言说才有可能接近他。关于德里达、解构思想与神秘主义（伪狄奥尼修斯为代表）和消极神学之间的关系。可参见《德里达与消极神学》（*Derrida and Negative Theology*）一书。

② Ludwig Feuerbach, *The Essence of Christianity*, trans. George Eliot. Buffalo, New York: Prometheus Bookds, 1989, p. 123.

③ 奥古斯丁在《忏悔录》中区分声音与意义、外在词语与内在词语。托马斯继承了这种区分，主张内在词语是上帝的词语，体现着上帝的创造力量，而外在词语是一种受造物，上帝可以通过外在词语对人说话，也可以直接通过内在词语对人的内心说话。而且，从神学角度看，祈祷是上帝赐予人的礼物，因而托马斯称"人应该从所有他在上帝那里得到的来服务上帝，不仅仅以意志的方式，更包括身体"，简单地对祈祷进行有声与无声的划分其实是西方哲学传统二元等级划分的方式，而在祈祷中，人意志与身体上表达是一体而非分离的。参见 Dominique Janicaud, *Phenomenology and the "Theological Turn"*, p. 168.

④ Ibid., p. 160. 借此，可以更好地理解言说的祈祷与沉默的祈祷。

Rembrandt)"以马忤斯的晚餐"(*Supper at Emmaus*)描绘的《路加福音》(*Luck* 24:13—32)①中的故事:两个门徒在去以马忤斯的路上为倾空的坟墓而争论,到了晚上,耶稣同他们一齐坐在桌子旁掰饼给他们,在画中,耶稣周身发光坐在中央,门徒们痴迷地望着他,而这正表现了对那样一个绝对他者到来的无声祈祷。

"以马忤斯的晚餐"(伦勃朗作)
"Supper at Emmaus" by Harmenszoon van Rijn Rembrandt②

卡普托称,神秘的祈祷是将语言推向它的极限、它的临界点,语言无法到达但却永远渴望到达的地方,这就是沉默,这是以没有语言的语言来言说语言无法言说的绝对他者,而这也即是德里达所论述的"困局/矛盾的死角/无穷的经验(interminable experience)"③。神秘的祈祷也是语言对自我的抹去,就像"我祈祷上帝免除我的上帝"一样,上帝的名字总是超越了我所希望的,我所说出的都不是"真"的,都不可能占领那最终的目的地,只能不断地抹掉,德里达甚至认为这正是我们需要不断言说、解释的原因,也是"差异"天然存在的合法条件。因而,在去以马忤斯的路上,耶稣并非对门徒一言不发,而是"从摩西和众先知起,凡经上所指着

---

① 卡普托在"在去往以马忤斯的路上:捍卫邪恶的解释学"中对这则圣经故事进行了新的阐释,参见 John D. Caputo, *More Radical Hermeneutics*, pp. 193—196.
② http://www.wga.hu/index1.html
③ John D. Caputo, *More Radical Hermeneutics*, pp. 250—251 并参见 Jacques Derrida, *Aporias*, Standford: Stanford University Press, 1993;"Post — Scriptum: Aporias, Ways and Voice", *Derrida and Negative Theology*, pp. 283—323.

自己的话,都给他们讲解明白了"①,因为,沉默为人留下了一条富有创造力的、不断言说的道路,使我们在去往以马忤斯的途中放慢脚步、谈笑风生。② 在卡普托看来,神秘神学家埃克哈特是这方面最杰出的代表,他甚至认为埃克哈特神秘的生命已经被铭刻进"差异"③中,但这并不意味着神秘主义将走向未知与玄妙的歧途,而是神秘的话语成为他表达对绝对他者期盼的丰富资源。埃克哈特正是以他的"解构实践"撼动了中世纪的本体论神学,用他无比丰盈的灵性工作对一个不可能的他者进行祈祷。

埃克哈特认为④,上帝与(人)灵魂的结合点,神源(Gottesgrund)与魂源(Seelengrund)的触碰处,是一个绝对沉默地交融,它外在于语言并高于语言,它不仅先于人言,甚至先于三一圣言(Trinitarian Word;这种观念依于一种经典的语言理论,语言是灵魂内在语词的外部符号),而他之所以承认语言的这种失败是为了超越语言的脆弱建立起先于上帝的超在,即"神源"(Godhead)。对此,卡普托指出,尽管埃克哈特这种神秘结合的观念实质上是更完美地表现了本体论神学的特色,以形上学本身难以完成的方式履行了形而上的愿望,但他身上所体现出的激进的解构锋芒正在于坚持以语言自我抹去的方式进行表达,语言始终保持"未说出"它的"所说"。不仅如此,埃克哈特对"在"与"无"有着自己精彩的解读,两者相互作用、彼此包含,一方是另一方记号与踪迹,任何单独一方都无法把握活生生的上帝,而即便是两者共同努力也不可能在黑格尔式的三段论中对上帝进行成功地演绎与推理。因而,埃克哈特始终都忠诚于那个亚伯拉罕与摩西的上帝,相信耶稣称作"阿爸"的父,认为基督的宗教应该是能够充满我们心灵、激起我们热情的教导,而不是坐在修道院的图书馆内进行无助地论证;他不断地提醒他的同伴们不要为自己使用的能指/符号

---

① 《路加福音》(24:27)。
② John D. Caputo, *More Radical Hermeneutics*, p. 252.
③ 在《德里达的祈祷与泪水》第一部分第一节"上帝不是差异"中,卡普托赞同德里达对我们的提醒:不要将差异与神秘神学的模式相混淆,尽管两者有着惊人的相似,但神秘神学指向超上帝的上帝,而差异不是上帝。参见 John D. Caputo, *More Radical Hermeneutics*, p. 253. John D. Caputo, "God is Not differance", *The Prayers and Tears of Jacques Derrida*, pp. 1—19.
④ 有关埃克哈特的论述在此均可参阅 John D. Caputo, *More Radical Hermeneutics*, pp. 254—256. 因而不再一一标注。

(signifiers)所俘获,明确地指出,当我们称上帝为"创造者"(creator)时是为了将他与"受造物"(creature)相区分,在称他为"第一动因"(cause)时又将他拖进了与"效果"(effect)的关系中,在用"善"(good)命名上帝时会联系到"意志"(will),而将他看作"真理"(truth)是相对于"知识"(intellect)而言,这每一种看似独一无二的对上帝的命名总是不可避免地进入一种"离题"(discursive)的链条中而没有固定的终点。正如德里达所说的,"如果上帝的名字是射向神圣存在的箭,那么脱靶则保证了上帝的安全,因而,上帝可能是他名称以外的任何事物"①。而在卡普托看来,尽管埃克哈特认为存在着一条更高的、沉默的神秘之路可以超越语言的脆弱,但与此同时他也不可避免地将这条道路继续置入疑问中,因为埃克哈特所论述的超越上帝的"神源"仍是新柏拉图主义思想的产物,是差异的又一个效果,因而,当我们说"神源"时总是难免回到"上帝",而在它的后面总是跟随着一连串的能指。

"我祈祷上帝免除我的上帝"中那个需要被免除的"我的上帝",可能是科学、宗教、经济、艺术、伦理、心理学等等,但无论是什么,它都是那个使人迷惑的金牛犊,而埃克哈特的祈祷正是要人们警惕所有的偶像,甚至是那无比崇高的、神秘的"神源"本身。因而,我们不得不再一次承认,"当我爱我的上帝时我爱什么"不仅是奥古斯丁与德里达的难题,更是每一个人不得不面对的困境。努力寻找一个绝对超越的能指来指示那个绝对的真理,以对抗陷于能指游戏中带来的挫败感,这是一个永远不可能到达的目标,因而唯一的出路就是承认我们根本无法逃离能指无休止的链条,承认这是一个恒久的困难,于是,无论如何只能继续祈祷。②

卡普托认为,在埃克哈特那里,神秘的沉默并没有带来一个令人绝望的不可知论,也没有因此为上帝不断延迟到来而感到灰心沮丧;而是敞开了一个没有终点的、需要不断阐释的空间,激发了对绝对他者更强烈的期盼。因而,埃克哈特的一生都在神秘能指的游戏中穿梭,写作了大量的布道文与专着,以一种极具改革性与震撼性的方式对圣经故事与传统教导进行重新解读,使它们熠熠生辉。例如,在"马大与玛利亚"(Martha and Mary)③的故事中,耶

---

① Jacques Derrida, *On the Name*, p. 62.
② John D. Caputo, *More Radical Hermeneutics*, p. 257.
③ 《路加福音》(10:38—42)。

稣说玛利亚已经选择了那上好的福分,在传统的解释中,这福分即是基督徒的灵修生活,可埃克哈特却有意篡改它的原义,认为是马大选择了那福分,因为耶稣叫了她两遍"马大,马大!你为许多事思虑烦忧",这对马大名字的重复意味着她得到了两个礼物:灵修的生活(vita contemplativa)与行动的生活(vita activa)。① 不仅如此,更有学者列举了埃克哈特利用中古德语与拉丁文之间声音与书写的异同对许多基督教文本进行的不一样的解读②:他将"相互作用"(mutuo)读做"我的是你的,你的是我的"(meo tuo et tuo meo);使我们在天使向圣母玛利亚道"万福"(ave)③中听到中古德语"免去痛苦"(ane we),这正是玛利亚顺应上帝要求后的感受;*ave* 则是将"夏娃"(Eva)这个名称变换了字母顺序,她是第一个将罪带入世界的女人,而玛利亚是唯一一个被免除原罪的人。埃克哈特的写作是如此多义、有趣,以致于当时的正统权威谴责他"即使当他的言说没有错误时,仍具有一定的危险性"④。他既是"沉默的主人"又是"雄辩的布道者",而之所以拥有这样吊诡的身份,正是因为艾克哈始终关心的是与那个活生生的上帝相关联的、富有无穷生命力的灵性生活,它既不专属于某些特殊的人群(如传教士),也并不被限定在教堂内。因而卡普托称,与在耶稣脚下渴望与上主合一的玛利亚相比,埃克哈特正是那个以生命全部的能量与激情为耶稣的到来忙碌准备的马大。

埃克哈特不断地"祈祷上帝免除我的上帝",而正是忠实于自己真实的生命,他才能发出这样的祈祷,对他而言,那个绝对的他者并不是被贴上"上帝"这个名称的上帝,而是在去往以马忤斯路上,我们不曾认出,但却和我们说话,给我们讲解圣经,让我们的心感到火热的耶稣⑤。

---

① 此处的例子转引自 John D. Caputo, *More Radical Hermeneutics*, p. 260.
② Frank Tobin, *Meister Eckhart: Thought and Language*, Philadelphia: University of Pennsylvania Press, 1986, pp. 171—179. 转引自 John D. Caputo, *More Radical Hermeneutics*, p. 260.
③ 《路加福音》(1:28—38)。
④ Meister Eckhart, *Meister Eckhart: The Essential Sermons, Commentaries, Treatises, and Defense*, p. 80. 转引自 John D. Caputo, *More Radical Hermeneutics*, p. 259.
⑤ 《路加福音》(24:32)。

"去往以马忤斯路上"(杜乔作)
"Road to Emmaus" by Duccio di Buoninsegna①

三 慷慨的祈祷

与一个绝对秘密的断裂,构成了德里达终生的祈祷;神秘的沉默使艾克哈祈祷"免除我的上帝",以避免任何确定性偶像的诱惑而保持灵性工作的生生不息,尽管两者有着本质的不同,但他们祈祷的内在结构都是通过忠实于一个不可能的事件,保持对更多可能的开放。因而,从严格的意义上来讲,祈祷虽然通常被看作是一种特定的宗教行为,但德里达与埃克哈特的祈祷却是他们真实的生命样态,而通过以伦理优先著称的犹太神学家勒维纳斯与以解构思想重新看待神学的法国思想家南希从各自不同的思想进路对祈祷这一现象进行的论述,我们可以更清楚地看到,祈祷并非是专属于宗教信仰者的仪式活动,更是生存于世的每个人都应有的生命结构。

1984年,勒维纳斯在《哲学研究》发表了一篇标题为"没有要求的祈祷"(Prayer Without Demand)②的文章,一经面世就引起了包括德里达在内众多哲学家的关注,他在这里主要阐释了犹太拉比沃洛日涅(Rabbi Hayyim Volozhiner, 1759—1821)《生命的灵魂》(*The Soul of Life*)一书,借用犹太教的传统与思想资源继续对本

---

① http://www.wga.hu/index1.html
② Emmanuel Levinas, "Prayer Without Demand", *The Levinas Reader*: *Emmanuel Levinas*, edited. Sean Hand, Cambridge: Basil Blackwell, 1989, pp. 227—234.

体论哲学进行反思,提出了"为他人"的伦理模式,而这正体现在犹太教的"祈祷"中。

根据勒维纳斯的论述,18世纪后半叶,神秘的哈西德主义(Hasidism)在波兰(Poland)地区的犹太人中间盛行,对此,当时著名的拉比学者、塔木德专家高恩(Elijah Goan,1720—1797)提出了强烈反对,认为这种沉迷于神秘主义的虔修方式将对以往献身于妥拉/律法(Torah)研究的宗教生活造成损害。高恩认为,对律法的研究是对如何执行律法的思考,它显示了神圣的顺从;而研究的行为本身则是与超越最直接的交流,因为上帝并非一个客体化、抽象化的上帝,相反,他的词语、意志、戒律创造了一个永不枯竭的文本,它每时每刻都是新的,因而不断的研究与解释正是保持这种真实的灵性生活永远充满激情的最好途径①。沃洛日涅是高恩最欣赏的犹太学者,而他对妥拉的研究不仅证明这是犹太教徒的职业,更是现实中每个人存在的基础。在《生命的灵魂》中,沃洛日涅称,现实的存在(即创造物的存在)是上帝与世界联系的标志,一旦上帝抛弃了它们,一切将变成"无"(nothingness),因而这个世界是神圣的发散,上帝就是世界的魂;而人作为最后的创造物,他是上帝的肖像,尽管身体处于实施(work/do)的现实层面,但灵魂却在最高处,位于上帝的旁边,因而通过上帝的意志,人得以行动、言说、思想,而人是否遵从或背离妥拉的戒命则影响着上帝与世界的关系,决定了所有创造物的"存在"或"无",上帝需要人忠实于律法是为了给予并保护世界上的生命,这样一来,每一个人都对其他(它)创造物的生存与死亡负有责任。在勒维纳斯看来,正是这种对他人的责任构成了人自我认同的意义。因为,确证了上帝之言的先在性,就是确证了妥拉/律法先于存在,确证了创造的伦理意义。于是人主体性的确认应该由"为自身"反转为"为他人",而这一观念突出地表现在沃洛日涅对祈祷的分析中,"祈祷从不为自身祈求任何事,严格来讲,祈祷根本没有要求,而是灵魂的提升"②。

作为一名犹太学者,沃洛日涅认为,祈祷在犹太教徒的生活中一直占据着非常重要的位置,甚至在巴比伦囚房时期以后,正是祈祷帮助恢复了犹太生活的连续性,而在犹太教的仪式中,祈祷所使

---

① 从高恩对宗教生活的论述,我们似乎又可以看到埃克哈特的影子,他们同样都注重在真实生活中与上帝的交流,而不是专注于积极的论证与神秘的冥想。
② Emmanuel Levinas, *The Levinas Reader: Emmanuel Levinas*, p. 232.

用的词语都是根据传统由先知与智者们仔细挑选组成并被赋予了特殊的灵性力量,可以将思想带入一种非常纯净的状态中。由此沃洛日涅称"祈祷是灵魂剥去身体的外衣",而这种"灵魂的倾倒"①并不是向上帝提出什么要求,而是坚持使灵魂来到那个最高处、上帝的旁边。因而,在希伯来语中,祈祷也被称为是"心的工作"、"心的侍奉",祈祷并非为了寻求自我的拯救,而是对他者的保护。在沃洛日涅看来,上帝需要人祈祷,正像他需要人忠诚于妥拉一样,它是上帝与世界之间保持联系的必要条件,祈祷是无条件的为他人,是一种给予的慷慨行为,而这种给予是精神的食粮,保证了生命的存在。在《生命的灵魂》一书中,沃洛日涅明确指出,每一个祈祷如果它关注的是自己的要求,那都不是虔诚的祈祷,但有一种情况例外,那就是受难者的祈祷,因为它代表着上帝的受难,但正是上帝慷慨地将自己的生命无条件地给出,他才可以与"我(受难者)"在一起,使"我"可以祈祷。

如果说勒维纳斯对"为他人"的祈祷的分析虽然具有普遍的伦理意义,但始终还基于浓重的犹太教传统,抹不掉的神圣光环很难让生活于现代的非信仰者感同身受,那南希则以"解神话"方式论说了祈祷对我们每个人的必要性。

在《解神话的祈祷》(*Prayer Demythified*)②这篇文章中,南希一开始就提出疑问,"在当下这样的时代,像我们这样不信神的人,谁能需要一个祈祷?"紧接着他回答说,有一个人敢这样做,他就是德盖伊(Michel Deguy),这位法国诗人曾写到:

> 让我们引述阿多诺所写的乐曲,"'解神话的祈祷',远离结果的魔力,它表现了人们的努力,无论多么徒劳,仍然尝试去说命名本身(the Name itself),以代替传达意义(communicate meanings)"。

> 解神话的祈祷是什么?如果解神话意味相信的反面,那解神话的祈祷就是一个强有力的矛盾表述(oxymoron),一阵潮涌,在这当中是信与不信之间的碰撞。③

---

① 《撒母耳记上》(1:15)。
② Jean-Luc Nancy, "Prayer Demythified", *Dis-Enclosure: The Deconstruction of Christianity*, trans. Bettina Bergo, Gabriel Malenfant and Michael B. Smith, New York: Fordham University Press, 2008, pp. 129—138.
③ Jean-Luc Nancy, *Dis-Enclosure: The Deconstruction of Christianity*, p. 129.

从字面上看,"解神话的祈祷"的确给我们出了一道难题,因为一个在神话之外的人是不能够祈祷的,而一个祈祷的人并不能使自身从所处的神话中摆脱出来。那么,一个解神话的祈祷如何能是一个祈祷?它又如何祈祷?德盖伊认为,我们应该保持"解神话"与"祈祷"的矛盾冲突,而"解神话的祈祷"的力量正是来自这当中的张力,而非彼此间的消融。对此,南希进一步分析指出,这种矛盾冲突就是一种对话的张力(dialogical tension),就是逻各斯本身,它所有的努力都是为了"说"(saying),说事物本身之所是(有时候这被称为"真理"、"名字"、"显现"),因而,矛盾表述(oxymoron)的力量就是呈现(presenting)的力量,这正是阿多诺所要论说的命名与意义的差别,前者是呈现事物自身,将名称与事物的差别都保持在同一层面,而后者使事物顺应它的所属,将事物指向一个不同于它自身存在的层面。因而,在南希看来,"解神话的祈祷"并不是一个范畴,也不是为了表达一个特殊意义而进行的语言活动,而是一种言说的状态:语言达到了它的极限,使事物在它不能被言说的地方被说出、呈现了自身。而德盖伊对阿多诺的引用,正是要求我们祛除可能笼罩在祈祷之上的任何一种神秘因素(无论是宗教的、艺术的、哲学的、心理的等等)而去思考祈祷本身。

在德盖伊看来,"解神话的祈祷"这种表述是"一个真理试图表现自身",但它是一个"倾空"(emptying out)的、"解命名"(de-nomination)①的真理,这两个术语通常被应用于宗教范围中,在这里恰恰是对原有神话色彩的祛除,是"对圣歌的拒绝"(dismissal of the hymn)②;但被清除了所有宗教/神话内容的真理并非是真理的不存在,并非一无所剩,而是还有语言,"这种被倾空的语言是一个没有对话者的交谈,是处在刚刚开始说的对话,它应被称做'没有

---

① denomination 在宗教语境中指"教派、宗派",如:浸礼派 the Baptist demonimation,而不同的教派对共同信仰的圣经与信条在许多地方都有不同的阐释,并且都认为本教派的理解是更接近所谓"真"的。而对 de-nomination 的理解可以从这个词被分解后各部分的拉丁语词根来看:nomination 是 nominate 的名字形式,而 nominate 的拉丁文为 nōmināre,英文翻译为 to call by name,中文是"以名字称呼",前缀 de-的拉丁文为 dē,英文翻译为 away from,中文有"脱离、取消、免去"等意。因而 de-nomination 应该为"解命名、取消名称、去除名称"。因为,"真理的名称"是德里达所说的"绝对的秘密",是埃克哈特说的祈祷上帝免除的"我的上帝",de-nomination 就是要去掉任何人、任何派别对真理所做的任何解释。

② 这是 Deguy 从南希的同事 Lacoue-Labarthe 那里借来的表述,见 Jean-Luc Nancy, *Dis-Enclosure: The Deconstruction of Christianity*, p.132.

神话的神话'"①。因而,"解神话的祈祷"是要提醒我们拒绝对任何超越的轻信。但如果祈祷去除了它的信仰、倾空了所有内容,那这种没有祈祷对象与要求的祈祷能够祈祷什么呢? 对此,南希称,有一种回答是:只要祈祷"说"(saying),它就可以"说任何事",但是,这"说"无论如何都是来自说的欲望,"说是为了说",这就意味着"说"的根本是要朝向"说"本身,因而,如果我们从祈祷自身存在的权力出发来思考"什么是祈祷"时,它并不需要从属于宗教的使用,也不需像一般的祈祷(非宗教的祈祷)那样说"我祈求你"、"请回答我",当这些都从祈祷中被去除后,剩下的只是"说"本身。通常当我们"说"时,这个"说"总是与"说 XX"相关联,总是假定了"说"的内容与目标在"所说"(said)中,很少有人充分地反思这两者之间已经被遮蔽的断裂关系,而正是在"所说"与"说"、"言说的内容与言说的主体"、"交流与语言"、"意义与书写"的区分中,这种裂隙被暗示出来,但事实上,"所说"并非是"说"的结果,它已经在开始"说"的同时被嵌入"说"中,"说"就是"让 XX 呈现"。南希非常赞同诗人瓦莱里(Paul Valéry)所说的"祈祷可能是宗教中唯一真实的事"②,认为与宗教中那些神秘的、想象的内容相比,正是在祈祷中,"真实/事实"(reality)才被言说出,祈祷并没有将"真实/事实"符号化、范畴化,也没有给它一个名称,甚至对它没有宗教式的信仰热诚,只是让"真实/事实"呈现其所是。因而,祈祷真正的收件人是"真实/事实",它只能在不断祈祷、不断地"说"中呈现自身,不能与任何已经被给出的显现相混淆,因为那些永远只是一些偶像式的替代。因而,没有任何目的与内容的祈祷是对一种补偿性的"经济交换循环"③的瓦解。正如卡普托对施洗约翰与耶稣关于悔改所做的阐释,前者是对罪的承认与反省,对以往的过错进行讲述,这可以对应勒维纳斯的"所说",而后者是"心的改变"要求宽恕,并非对罪进行报复或补偿,它对应的是"说",这不是交换的平衡而是"纯粹的礼物",如同亚伯拉罕的献祭,他并未考虑从上帝那里获得任何回报,这是一种牺牲了所有债务与债权关系的白白的花费。④ 正因

---

① Jean-Luc Nancy, Dis-Enclosure: *The Deconstruction of Christianity*, p. 132. 南希"没有神话的神话"的表达类似于德里达"没有宗教的宗教"。
② Ibid., p. 135.
③ *Religion with/out Religion: The Prayers and Tears of John D. Caputo*, eds. James H. Olthuis, London and New York: Routledge, 2002, p. 64.
④ Ibid., pp. 63—65.

为此，祈祷并非要求一个最终的回答、一种补偿，那些认为祈祷需要被回应或得到一个结果的想法不过是一种虚幻的期待与想象的自我满足，不过是一种交换的经济学。

南希所论述的"解神话的祈祷"取消了向任何神明祈求满足、宽恕与拯救的神话，也没有以任何对普适真理、最高善的要求来对前者进行代替，"解神话的祈祷"是一种完全虚己的行为、是一个无偿赠予的礼物和无条件地宽恕①，而忠实于这样一个被倾空所有内容的祈祷，是我们每个人的责任与义务，也是我们感受那无法还原的"真实"的唯一途径。

"当一个人开始言说，进入众多符号秩序当中的一种开始……如海德格尔所说，一个人就已经开始祈祷，开始有负罪感"②，的确，如果我们忽视了"纯粹的祈祷"（pure prayer）与狄奥尼修斯"赞颂"（encomium/hymnein）的差别，那即是否认了"祈祷对于每一个祈求来说，它的根本特性并不是基督教的"③。因而，对于德里达、南希而言，无论是强调"没有收件人"的祈祷，还是祈祷的"解神话"都是为了避免任何一种肯定的、暴力的言说方式，"纯粹的祈祷只是要求倾听……呈现自身（祈祷就是'说'）……它是一个（慷慨给出的）礼物……甚至就是祈祷的原因。"④但卡尔森（Thomas A. Carlson）评论到："如果祈祷是绝对纯粹的，那它只能发生一次；它将是唯一的、抵制所有的重复，因为无论哪种重复都将使祈求的唯一性化约为特定传统内一个名字的重复，甚至是一个概念的重复"⑤。保持祈祷倾空自身与"为他人"的结构的确是平等、公正言说可能实现的途径，但如何使不可能之下的各种可能的言说不流于众多嘈杂的声音，使无法避免的"众多符号秩序"与"特定传统"

---

① 卡普托认为礼物、给予的问题与宽恕相关联，而"for-give"这个语词本身就揭示了礼物与宽恕的内在关系，宽恕是捐赠、是给予，而并非是某种互惠的交换。参见 *Religion with/out Religion*, p. 65.

② Hent de Vries, *Philosophy and the Turn to Religion*, Baltimore and London: The Johns Hopkins University Press, p. 136. 在海德格尔看来，人的"被抛感"与"负罪感"在原初就是彼此关联的。

③ Ibid., p. 140.

④ Ibid., p. 138.

⑤ Thomas A. Carlson, *Indiscretion: Finitude and the Naming of God*, p. 219. 转引自 James K. A. Smith, *Speech and Theology*, p. 131.

褪去原有暴力色彩,这正是马里翁思考的问题①;而允许众声的存在,但却保持与主调的和谐而非混乱地喧哗,也是埃克哈特毕生的努力。因此,当"真"已被封存成为一个绝对的秘密,体验"真"的方式正在于言说"真"的过程,而非言说的结果、为"真"概括一个结论。而在史密斯看来,基督教神学之所以还有当下社会应当继承的遗产,正在于道成肉身(Incarnation)/自我倾空(kenosis)的耶稣基督(logos)为解决"真的死结"提供了一种策略②,也正是这"让我们的心感到火热"的耶稣比概念化的上帝的名称更能让我们感受到那人们不断追寻的"真"是怎样的。

小 结

歌德笔下的浮士德在一系列壮举中倒下了,他试图对自身主体进行不断证明的行为失败了。其实,人一直有这样一种理想,要做自己的主人,而在上帝死了之后,这个想法更越发强烈。但正如奥古斯丁所说的,这是一个难题之域,因为自我中存在一个与自身如此亲密的另一个我(他),以至于没有他我将无法成为我,但我对他却从不了解。于是,奥古斯丁通过向上帝的忏悔书写了一个寻找自我的旅程,这吸引了海德格尔、德里达,甚至更多人。但在这过程中,一个同一性的主体被打开了,奥古斯丁不断地远离那个原来的我,看见了那个亲密的他。因而忏悔成了一个"为他"的行为。

而同样的行为还有作为"前赋谓"的祈祷。正如德里达"不知向谁祈祷"的祈祷、埃克哈特"祈求上帝免除我的上帝"的祈祷、勒

---

① 马里翁在回应德里达对"赞美"与"祈祷"所做的论述时指出:并非所有的确定都是强制性的论断,一定意味着客观化与暴力;"赞美"即是论断秩序之外的一种言说方式,它虽然类似于论断,说关于某人某事,但却并没有规定与限制,这样一来,"赞美"中指涉"他"(Him)的名称不再是特定的命名,因而,构成论断"暴力"的原因不仅仅是确定性,还包括如何言说,那种暴力的、客体化的论断是所指的停止与意义的完成,而"赞美"是永远不充足的,需要不断地所指,"赞美"并不否定不确定性、同化不相称性。参见 James K. A. Smith, *Speech and Theology*, pp. 131—133.

② 史密斯在此处的看法与齐泽克、巴迪乌类似:"齐泽克用未确定的'事件'界说一个'真理过程'……借助'基督宗教的经验'来揭示意义的普遍结构。而(在巴迪乌那里)'一个真理也通过……忠实于一个不确定事件……宣告得以维持',于是,'真'在绝对意义上的'不可能性'及其'死结',便在基督教'道成肉身'的'事件'中找到了解决"。Slavoj Žižek, *The Puppet and the Dwarf*: *the Perverse Core of Christianity*, p. 173. Peter Hallward, *Badiou*: *A Subject to Truth*, University of Minnesota Press, 2003, p. xxv-xxvii. 详见杨慧林:"'反向'的观念与'反转'的逻辑:对齐泽克"神学"的一种解读"。

维纳斯"没有要求的祈祷"、南希"解神话的祈祷",祈祷并不提出任何要求,也不涉及任何超验事物,它只是让我们"倾听"一种将自我从主体中摆脱出来的"道说"(logos of the cross)。因而,祈祷是一个自我倾空的事件,但也正在这种弃绝自身的行为中,一种对"真"的体验成为可能。

余 论

从"逻各斯"到"倾空"

  德里达在他早期的三部重要著作《论文字学》、《声音与现象》、《书写与差异》中对"逻各斯中心主义"所做的批判,无疑从反面确证了"逻各斯"这个关键语词在西方文化思想传统中曾经产生过的巨大的辐射性影响。而逻各斯所具有的结构性功能更是为人们建构了一个条理清晰、而又颇具真实感的历史事实,在这里,希腊人得到了真理、犹太人获得了了律法、信仰者得到拯救、而普通人则收获了主体,一切事物都寻找到了意义的依托。于是,我们好像已经来到了《圣经》中所描绘的"新天新地",见到了既是"阿尔发"又是"欧米伽"的那一位①。然而,这种幸福的结局只能出现在叙述的文本中,但当书的最后一页被闭合时,却也意味着新的一页将被或正在被再一次的打开,这总是一个没有结局的结局,它不仅自身就是一个"续篇"(postscript),而且更是另一个续篇的"前文本"(pretext)②,于是,逻各斯神话的虚构性显露出来。

  不仅如此,那希腊化的逻各斯联合上帝的圣言制造了一种"太初有言"的假象,而它背后无疑隐藏着一个"太初有意"的梦想。于是,语言作为表意的工具,不仅为本体论的研究推波助澜,更是带领人们脱离一切肉体的、物质的、表象的束缚攀升至柏拉图所说的灵魂的高亮处。而当海德格尔宣称"语言是存在的家",人们才开始发现,原来一直以来对"在"、"意义"、"真理"的追求都是以牺牲语言本身为代价,语言从未真正地"说"过,而之所以要如此暴力地压制语言,正因为它具有"药"一般让人无法掌控的魔力,随时都有可能瓦解"一"的权威,将其拖入无限"延异"的深渊。因而,逻各斯的同一化暴力倾向表露无疑。

---

 ① 《启示录》(21:1),(1:8)。
 ② Mark Taylor, *Erring*, p.183.

而在尼采高喊出"上帝死了"之后，越来越多的人开始注意到，那个十字架上的逻各斯是德里达所说的"打叉"的策略，是一个悖论的语词，事件的幽灵，是逻各斯以自我的倾空对自身进行的解神话，他用一个软弱的死亡破坏了逻各斯同一化的强力结构，而这个神圣的创伤是"一个停顿"(caesura)①、"一个间隔"(space)②，一个事件的神学③，一个自我断裂的忏悔，这是对一个他者留下痕迹的关注，更是为他者到来的祈祷，在这里，我们可以听到对于一个声音的应答："'是了，我必快来！'阿门！ 主耶稣啊，我愿你来！"④因而，浪子回家带来的喜悦并不是因为那个漂泊者自身同一性主体的建立，而是那对"他"敞开的怀抱。⑤

逻各斯是名称，而倾空是事件，它以无力撼动着"太初有力"的暴力统治，而对于那些曾经有着"太初有为"式的梦想、如今却已沦落为压迫者或受害者的主体们，这种"为他"的行为是一个启示：正义总是正在"到来的正义"⑥，因而，一种无条件地虚己才使"爱"成为可能。

在被称为后现代的文化语境中，从逻各斯到倾空的发展进路，体现了西方众多学者面对"现代的消极性"及"艰难的现实"所做出的认真思考，它从哲学与神学开始，已经辐射到语言学、修辞学、叙事学、解释学、历史学、伦理学、甚至艺术等众多研究领域。在这当中，现象学与解构思想的贡献功不可没，但这并非对以往本体论研究的彻底否定，而是重新看待人的存在、主体乃至真理、意义等重要问题。对于生活在无限时空当中的有限个体，逻各斯虽然能够建构起一个看似先验的客观结构，使人获得意义的依托，但这不过是一种虚假的幻想，一个暂时性稳定，它不过是一个"插曲"(interlude)⑦，为了"消磨时间而讲述的故事"⑧，而在暗处不断涌动的时间之流不断地使开端成为上一个故事的结尾，使结尾成为下一个故事的开端。因而，一个绝对意义上的真是不可能的。但这

---

① Alain Badiou, *Saint Paul*, p. 17.
② Jonathan Culler, *On Deconstruction*, p. 97.
③ John D. Caputo, *The Weakness of God*, p. 1.
④ 《启示录》(22:20)。
⑤ "浪子的比喻"，《路加福音》(11:31)。
⑥ Jacques Derrida, *Rogues*, p. 78.
⑦ Mark Taylor, *Erring*, p. 183.
⑧ Ibid., p. 71.

并非意味着意义的虚无,恰恰相反,在承认了逻各斯神话的虚构性后,意义在不断地阐释与叙述中生成,这即是逻各斯自我倾空的力量,它将差异带进同一,给了众多不同话语平等言说的权力。正如德里达不断强调的,解构"它不是否定,对我而言它总是伴随着一种积极肯定的紧迫要求,我甚至可以说如果没有爱它绝不会有任何发展。"①

而且,从逻各斯到倾空的转向,不仅仅是单纯局限于思想领域中的探讨,这也正是那些后现代学者们所要极力打破的概念化、抽象化、客体化的研究困境。正如海德格尔所认为的,现象界是一个前理论的世界,这是一个充满变化而又生动丰富的事实经验领域,在这里,理性的认知远远抵不上"爱与恨"的心的逻辑②。而进入十九世纪以来,人类社会中不断发生的众多令人难以预料、又无法解释的灾难性事件,更是使这些思想者切身感受到了"约伯"般的痛苦,看到了理论的贫弱,因而,有了勒维纳斯伦理学先于形而上学的主张,有了德里达对哲学与文学"两种写作"的坚持,有了本雅明对诗歌翻译任务的要求,更有马里翁、卡普托、泰勒、沃德等人所要求的神学的增补,而这些积极的尝试无疑都是为了打破现实同一化的专制、唤起人们最真切的"心"的感受。因而,当我们今天再次阅读亚里士多德那句"吾爱吾师,吾更爱真理"的名言,也许会发现"真理并非意味着学习一个名称,而是使真理成真,使它发生……真理的事件是……一个行为"③。

古希腊爱智者们的思考开始于对世界中变之不变的探讨,逻各斯成为这稳定性结构的代名词;而十字架上的逻各斯,是一个倾空的行为、死亡的事件,它是复活的开始。于是,变从未变成过不变,没有开端、没有结束,因而,任何有关意义的讨论只能是"插曲"。而这样一本论文,这样一个结语,也只是一个插曲……

---

① Jame K. A. Smith, *Jacques Derrida*, xv.
② James K. A. Smith, *Speech and Theology*, p. 80.
③ John D. Caputo, *The Weakness of God*, p. 299.

参考资料

[德]阿多诺:《否定的辩证法》,张峰译,四川:重庆出版社,1993年。
[古罗马]奥古斯丁:《忏悔录》,周士良译,北京:商务印书馆,1998年。
北京大学哲学系编译:《古希腊罗马哲学》,北京:商务出版社,1982年。
[古希腊]柏拉图:《柏拉图文艺对话集》,朱光潜编译,北京:人民出版社,
　　1997年。
[古希腊]柏拉图:《理想国》,郭斌和、张竹明译,北京:商务印书馆,2002年。
[古希腊]柏拉图:《柏拉图全集》第二卷,王晓朝译,北京:人民出版社,
　　2002年。
[瑞士]鲁多夫.贝尔奈特,伊索.肯恩,艾杜德.马尔巴赫著,《胡塞尔思想概
　　论》,李幼蒸译,北京:中国人民大学出版社,2011年。
陈中梅:《柏拉图诗学和艺术思想研究》,北京:商务印书馆,1999年。
邓晓芒:《思辨的张力——黑格尔辩证法新探》,湖南教育出版社,1998年。
[法]德里达:《书写与差异》,张宁译,北京:三联书店,2001年。
[法]德里达:《胡塞尔〈几何学的起源〉引论》,方向红译,南京:南京大学出版
　　社,2004年。
[法]德里达:《马克思的幽灵:债务国家、哀悼活动和新国际》,何一译,北京:中
　　国人民大学出版社,1999年。
[法]德里达:《论文字学》,汪家堂译,上海:上海译文出版社,1999年。
[法]德里达:《声音与现象:胡塞尔现象学中符号问题导论》,杜小真译,北京:
　　商务印书馆,1999年。
[法]德里达:《德里达中国演讲录》,杜小真、张宁编译,北京:中央编译出版社,
　　2002年。
[德]费尔巴哈:《基督教的本质》,荣震华译,北京:商务印书馆,1984年。
[德]伽达默尔:《哲学解释学》,夏镇平、宋建平译,上海:上海译文出版社,
　　2004年。
[德]伽达默尔:《真理与方法》下卷,洪汉鼎译,上海:上海译文出版社,
　　1999年。
[德]伽达默尔:《伽达默尔集》,严平选编,邓安庆等译,上海:上海远东出版社,
　　2002年。
[日]高桥哲哉:《德里达:解构》,王欣译,河北教育出版社,2001年。
[德]歌德:《浮士德》,绿原译,北京:人民文学出版社,2008年。

[德]歌德:《歌德谈话录》,爱克曼辑录,朱光潜译,北京:人民文学出版社,
　　1980年。
[美]葛伦斯、奥尔森合:《二十世纪神学评论》,刘良淑、任孝琦合译,台北:校园
　　书房出版社,2003年。
《论瓦尔特·本雅明:现代性、寓言和语言的种子》,郭军、曹雷雨编,长春:吉林
　　人民出版社,2005年。
[德]海德格尔:《形而上学导论》,熊伟、王庆节译,北京:商务印书馆,1996年。
[德]海德格尔:《在通向语言的途中》,孙周兴译,北京:商务印书馆,2004年。
[德]海德格尔:《演讲与论文集》,孙周兴译,北京:三联书店,2005年。
[德]海德格尔:《存在与时间》,陈嘉映、王庆节译,北京:三联书店,1999年。
[古希腊]赫拉克利特:《赫拉克利特著作残篇》,罗宾森英译,楚荷中译,桂林:
　　广西师范大学出版社,2007年。
[德]黑格尔:《哲学史演讲录》第一卷,北京:商务印书馆,1981年。
[古希腊]荷马:《奥德赛》,陈中梅译,广州:花城出版社,1994年。
[瑞]胡塞尔著,钱捷译,《胡塞尔〈几何学起源〉导引》,台北:桂冠图书有限出版
　　公司,2005年。
[丹麦]克尔凯郭尔:《恐惧与颤栗》,一谌等译,北京:华夏出版社,1999年。
[英]卡罗尔:《爱丽丝漫游奇境记》,于学攻编译,上海:上海世界图书出版公
　　司,2003年。
[法]列维纳斯:《塔木德四讲》,关宝艳译,北京:商务印书馆,2002年。
[法]让-弗朗索瓦·利奥塔:《后现代状况:关于知识的报告》,车槿山译,北京:
　　三联书店,1997年。
[法]保罗·里克尔:《恶的象征》,公车译,上海,上海人民出版社。
梁坤主编,《新编外国文学史评论:外国文学名著批评经典》,北京:中国人民大
　　学出版社,2009年。
[英]麦格拉斯:《基督教概论》,马树林、孙毅译,北京:北京大学出版社,
　　2003年。
[德]尼采:《欢愉的智慧》,余鸿荣译,台北:志文出版社,1991年。
[德]尼采:《反基督》,刘歧译,台北:志文出版社,1981年。
[瑞士]索绪尔:《普通语言学教程》,高名凯译,北京:商务印书馆,2004年。
[美]罗伯·索科罗斯基:《现象学十四讲》,李维伦译,台北:心灵工坊文化事业
　　公司,2004年。
汪子嵩、范明生、陈村富、姚介厚:《希腊哲学史》第一卷,北京:人民出版社,
　　1988年。
杨慧林:《圣言·人言:神学诠释学》,上海:上海译文出版社,2002年。
[古希腊]亚里士多德:《形而上学》,李真译,上海:人民出版社,2005年。
[古希腊]亚里士多德:《亚里士多德全集》第一卷、第九卷,苗力田主编,北京:
　　中国人民大学出版社,1990年,1994年。

[古希腊]亚里士多德:《修辞学》,罗念生译,上海:人民出版社,2005年。

赵敦华:《基督教哲学1500年》,北京:人民出版社,1994年。

张一兵:《无调式的辩证想象:阿多诺〈否定的辩证法〉的文本学解读》,北京:三联书店,2001年。

Thomas Altizer, *The New Apocalypse*: *The Radical Christian Vision of William Blake*, East Lansing: Michigan State University Press, 1967.

Aristotle, *Poetics*, trans. Gerald F. Else, Ann Arbor: University of Michigan Press, 1967.

Augustine, *Confessions*, trans. William Watts, Cambridge: Harvard University Press, 1970.

St. Augustine's Confessions, trans. William. Watts, Cambridge: Harvard University Press, 1988.

Saint Augustine, *On Christian Doctrine*, trans. J. F. Shaw, Chicago: The University of Chicago, 1952

Augustine, *Against the Academicians and the Teacher*, trans. Peter King, Indianapolis: Hackett, 1995.

Erich Auerbach, *Mimesis*: *The Representation of Realith in Western Literature*, Princeton: Princeton University Press, 1953.

Alain Badiou, *Saint Paul*: *The Foundations of Universalism*, trans. Ray Brassier, Stanford: Stanford University Press, 2003.

Karl Barth, *The Epistle to the Romans*, trans. Edwyn C. Hoskyns, London: Oxford University Press, 1933.

Karl Barth, *Church Dogmatics vol. II. I*, Edinburgh: T&T. Clark, 1957.

Steven Best and Douglas Kellner, *The Postmodern Turn*, New York: The Guilford Press, 1997.

Walter Benjamin, *Illuminations*, trans. Harry Zohn, New York: Schocken, 1969.

Walter Benjamin, *Relections*, ed. Peter Demetz, New York: Schochen Books, 1986.

Walter Benjamin, *Walter Benjamin: Selected Writings Volume One*, 1913—1926, eds. Marcus Bullock and Michael W. Jennings, Cambridge MA: Belknap Press of Harvard University Press, 1996.

Walter Benjamin, *Walter Benjamin: Selected Writings*: 1938—40, ed. Michael Jennings, Cambridge: Belknap Press of Harvard University Press, 2003.

Geoffrey Bennington and Jacques Derrida, *Jacques Derrida*, Chicago: University of Chicago Press, 1993.

Thorlief Boman, *Hebrew Thought Compared with Greek*, Philadelphia: Westminster Press, 1960.

Dietrich Bonhoeffer, *Letters and Papers from Prison*, ed. Eberhard Bethge, New York: Macmillan, 1972.

Stanislas Breton, *The Word and the Cross*, trans. Jacquelyn Porter, New York: Fordham University Press, 2002.

John van Buren, *The Young Heidegger: Rumor of the Hidden King*, Bloomington: Indiana University Press, 1994.

John D. Caputo and Gianni Vattimo, *After the Death of God*, edited by Jeffery M. Robbins, New York: Columbia University Press, 2007.

John D. Caputo, *Deconstruction in a Nutshell*, New York: Fordham University Press, 1997.

John D. Caputo, *The Prayers and Tears of Jacques Derrida: Religion without Religion*, Bloomington & Indianapolis: Indiana University Press, 1997.

John D. Caputo, *The Weakness of God: a theology of the event*, Bloomington: Indiana University Press, 2006.

John D. Caputo, *Philosophy and theology*, Nashville, TN : Abingdon Press, 2006.

John D. Caputo, *Questioning God*, ed. Mark Dooley & Michael J. Scanlon, Bloomington, Ind. : Indiana University Press, 2001.

John D. Caputo, *On Religion*, London & New York: Routledge, 2001.

John D. Caputo & Micheal J. Scanlon, *Augustine and Postmodernism: Confessions and Circumfession*, Bloomington: Indiana University Press, 2005.

John D. Caputo, *More Radical Hermeneutics: On Not Konwing Who We Are*, Bloomington and Indianapolis: Indiana University Press, 2000.

Thomas A. Carlson, *Indiscretion: Finitude and the Naming of God*, Chicago: University of Chicago Press, 1999.

Harold Coward & Toby Foshay, eds. *Derrida and Negative Theology*, New York: State University of New York Press, 1992.

R. S. Crane, ed., *Critics and Criticism*, Chicago: University of Chicago Press, 1952.

Jonathan Culler, *On Deconstruction: Theory and Criticism after Structuralism*, New York: Cornell University Press, 1983.

Gilles Deleuze, *The Logic of Sense*, ed. Constantin V. Boundas, trans. Mark Lester with Charles Stivale, New York: Columbia University Press, 1969

Jacques Derrida, *Of Grammatology*, trans. Gayatri Chakravorty Spivak, Baltimore and London: The John Hopkins University Press, 1974.

Jacques Derrida, *Speech and Phenomena*, trans. David B. Allison, Evanston:

Northwestern University Press, 1973.

Jacques Derrida, *Derrida and Negative Theology*, edited by Harold Coward & Toby Foshay, New York: State University of New York Press, 1992.

Jacques Derrida, *Dissemination*, Chicago: The University of Chicago Press, 1981.

Jacques Derrida, *Margins of Philosophy*, trans. Alan Blass, Chicago: The University of Chicago Press, 1982.

Jacques Derrida, *Writing and Difference*, trans. Alan Bass, Chicago: University of Chicago Press, 1978.

Jacques Derrida, *Intrudoction to Husserl's Origin of Geometry*, trans. John P. Leavey, Stony Brook: N. Y. : N. Hays, 1978.

Jacques Derrida, *Positions*, trans. Alan Bass, Chicago: University of Chicago Press, 1981.

Jacques Derrida, *Difference in Translation*, ed. Jeseph Graham, Cornell University Press, 1985.

Jacques Derrida, *Aporias*, Standford: Stanford University Press, 1993.

Jacques Derrida, *Of Spirit: Heidegger and the Question*, trans. Geoffrey Bennington and Rachel Bowlby, Chicago: Chicago University Press, 1989.

Jacques Derrida, *Negotiations: Interventions and Interviews: 1971—2001*, trans. Elizabeth Rottenberg, Stanford, Calif: Standford University Press, 2002.

Jacques Derrida, *Rogues: Two Essays on Reason*, trans. Pascale-Anne Brault and Michael Naas, Stanford: Stanford University Press, 2005.

Jacques Derrida, *Memoirs of the Blind: the Self-Portrait and Other Ruins*, trans. Pascale-Anne Brault & Micheal Naas, Chicago and London: The University of Chicago Press, 1993.

Jacques Derrida, *Post Card: From Scrates to Freud and Beyond*, Chicago: University of Chicago Press, 1987.

Jacques Derrida, *On the Name*, ed. Thomas Dutoit, Stanford: Stanford University Press, 1995.

Jacques Derrida, *Points... Interviews*, 1974—94, ed. Elisabeth Weber. , Trans. Peggy Kamuf et al. , Stanford: Stanford University Press 1995.

Meister Eckhart, *Meister Eckhart: The Essential Sermons, Commentaries, Treatises, and Defense*, trans. Edmund Colledge & Bernard McGinn, New York: Paulist Press, 1981.

Umberto Eco, *The Search for the Perfect Language*, trans. James Fentress, Cambridge: Blackwell, 1997.

Ludwig Feuerbach, *The Essence of Christianity*, trans. George Eliot. Buffalo, New York: Prometheus Bookds, 1989.

Michel Foucault, *The Order of Things: An Archaeology of the Human Sciences*, London & New York: Routledge, 2002.

Anatole France, *The Garden of Epicurus*, trans. Alfred Allinson, New York: Dodd, Mead, 1923.

Hans Frei, *The Eclipse of Biblical Narrative: A Study in Eighteenth and Nineteenth-Century Hermeneutics*, New Haven: Yale University Press, 1974.

Garrett Green, *Postmodern Philosophy and Christian Thought*, ed. Merold Westphal, Bloomington and Indianapolis: Indiana University Press, 1999.

W. K. C. Guthrie, *A History of Greek Philosophy volume* 1, Cambridge University Press, 1962.

Martin Hägglund, *Radical Athesim: Derrida and the Time of Life*, Stanford: Stanford University Press, 2008.

Peter Hallward, *Badiou: A Subject to Truth*, University of Minnesota Press, 2003.

Susan A. Handelman, *The Slayers of Moses: The Emergence of Rabbinic Interpretation in Modern Literary Theory*, Albany: State University of New York Press, 1982.

Susan A. Handelmen, *Fragments of Redemption: Jewish Thought and Literary Theory in Benjamin, Scholem, and Levinas*, Bloomington & Indianapolis: Indiana University Press, 1991.

Kevin Hart, *Trespass of the Sign: Deconstruction, Theology and Philosophy*, New York: Cambridge University Press, 1989.

Martin Heidegger, *Identity and Difference*, trans. Joan Stambaugh, New York: Harper & Row, 1969.

Martin Heidegger, *The Concept of Time*, trans. W. MacNeil, Oxford: Blackwill and Cambridge University Press, 1922.

Joanna Hodge, *Derrida on Time*, London & New York: Routledge, 2007.

Edmund Husserl, *Logical Investigations*, trans. J. N. Findlay, New York: Humanities Press, 1970.

Roman Jakobson, *On Translation*, ed. R. A. Brower, Cambride, Mass: Havard University Press, 1959.

Dominique Janicaud, Jean-François Courtine, Jean-Louis Chrétien, Michel Henry, Jean-Luc Marion, and Paul Ricoeur, *Phenomenology and the "Theological Turn": the French Debate*, New York: Fordham

University Press, 2000.

Søren Kierkegaard, *Attack Upon Christendom*, Princeton: Princeton University Press, 1972.

Theodore Kisiel, *The Genesis of Heidegger's "Being and Time"*, Berkeley: University of California Press, 1993.

Paul Lakeland, *Postmodernity: Christian Identity in a Fragmented Age*, Minneapolis: Augsburg Fortress, 1997.

F. N. Lee, ed., *Exegesis and Argument: Studies in Greek Philosophy Presented to Gregory Vlastos*, Assen, Netherlands: Van Gorcum, 1973.

Emmanuel Levinas, *Totality and Infinity*, trans. Alphonso Lingis, Pittsburgh: Duquesne University Press, 1969.

Emmanuel Levinas, *Basic Philosophical Writings*, eds. Adriaan Peperzak, Simon Critchley, and Robert Bernasconi, Bloomington: Indiana University Press, 1996.

Richard Lints, *The Fabric of Theology: A Prolegomenon to Evangelical Theolgoy*, Grand Rapids, Mich: Eerdmans, 1993.

Walter Lowe, *Theology and Difference: The Wound of Reason*, Bloomington and Indianapolis: Indiana University Press, 1993.

Jean-Francois Lyotard, *The Postmodern Condition: A Report on Knowledge*, Manchester University Press, 1986.

Jean-Francois Lyotard, *The Cofession of Augustine*, Stanford: Stanford University Press, 2000.

André Malruax, *The Metamorphosis of the Gods*, trans. S. Gilbert, New York: Doubleday, 1960.

Jean-Luc Marion, *God Without Being*, trans. Thomas A. Carlson, Chicago: University of Chicago Press, 1991.

Jean-Luc Marion, *The Idol and Distance*, trans. Thomas A. Carlson, New York: Fordham University Press, 2001.

Alister E. McGrath, *Luther's Theology of the Cross*, Oxford: Blackwell, 1990.

Johann Baptist Metz, *Faith in History and Soiety*, trans. D. Smith, New York: Crossroads, 1980.

John Milbank, eds. *Radical Orthodoxy: A New Theology*, Catherine Pickstock and Graham Ward, London & New York: Routledge, 1998.

John Milbank, *Theology and Social Theory*, 2nd ed., Oxford: Blackwell, 2006.

Raoul Mortley, *From Word to Silence: The Rise and Fall of Logos*, Bond University, 1986.

Jean-Luc Nancy, *Multiple Arts*, California: Standford University

Press, 2006.

Jean-Luc Nancy, *Dis-Enclosure: The Deconstruction of Christianity*, trans. Bettina Bergo, Gabriel Malenfant and Michael B. Smith, New York: Fordham University Press, 2008.

H. R. Niebuhr, *The Meaning of Revelation*, New York: Macmillan, 1967.

Nietzsche, *The Portable Nietzsche*, ed. W. Kaufmann, New York: Viking Press, 1968.

Christopher Norris, *Derrida*, Cambridge: Harvard Univsersity Press, 1987.

Paul Ricoeur, *Rule of Metaphor*, Toronto: University of Toronto Press, 1978.

Paul Ricoeur, *The Symbolism of Evil*, trans. E. Buchanan, Boston: Beacon Press, 1967.

Paul Ricoeur, *Interpretation Theory: Discourse jand The Surplus of Meaning*, Fort Worth: The Texas Christian University Press, 1976.

Edward Said, *Beginnings: Intention and Method*, New Basic Books, 1975.

Steven Shakespeare, *Radical Orthodoxy: A Critical Introduction*, London: SPCK, 2007.

Yonne Sherwood & Kevin Hart, ed., *Derrida and Religion: Other Testements*, New York & London: Routledge, 2005.

Jame K. A. Smith, *Jacques Derrida: Live Theory*, New York&London: Continuum, 2005.

James K. A. Smith, *Introducing Radical Orthodoxy: Mapping a Post-secular Theology*, Grand Rapids: Baker Academic, 2004.

James K. A. Smith, *Speech and Theology: Language and the logic of incarnation*, London and New York: Routledge, 2002.

James K. A. Smith, *The Fall of Interpretation: Philosophical Foundations for a Creational Hermeneutic*, Downer Grove: InterVarsity Press, 2000.

James K. A. Smith and James H. Olthuis, eds. *Radical Orthodoxy and the Reformaed Tradition*, Grand Rapids: Baker Academic, 2005.

George Steiner, *After Babel: Aspects of Language and Translation*, Oxford and New York: Oxford University Press, 1998.

George Steiner, *Extra-Territorial*, London: Faber and Faber, 1975.

Brain Stock, *Augustine the Reader: Meditation, Self-Knowledge, and the Ethics of Interpretation*, Cambridge, MA: Belknap Press of Harvard University Press, 1996.

Ferdinand de. Saussure, *Course in General Linguistics*, trans. Wade Baskin, London: Peter Owen, 1960.

Frank Tobin, *Meister Eckhart: Thought and Language*, Philadelphia: University of Pennsylvania Press, 1986.

Mark C. Tyalor, *Erring: A Postmodern A/theology*, Chicago: University of Chicago Press, 1984.

Mark C. Tyalor, *Deconstructing Theology*, New York: The Crossroad Publishing Company, 1982.

Kevin J. Vanhoozer, *Postmodern Theology*, Cambridge University Press, 2003.

Gianni Vattimo, After Christianity, trans. Luca D' lsanto, New York: Columbia University Press, 2002.

Ben Vedder, *Heidegger's Philosophy of Religion*, Pittsburgh: Duquesne University Press, 2006.

Hent de Vries, *Philosophy and the Turn to Religion*, Baltimore and London: The Johns Hopkins University Press.

Graham Ward, *Barth, Derrida and the Language of Theology*, Cambridge University Press, 1995.

GrahamWard, ed. *The Postmodern God: A Theological Reader* , Oxford: Blackwell, 1997.

Graham Ward, *True Religion*, MA : Blackwell Pub. , 2003.

Slavoj Žižek, *The Puppet and the Dwarf: the Perverse Core of Christianity*, Cambridge, Mass. MIT Press, 2003.

索　引

A

阿多诺(Theodor W. Adorno) 3,160—161,169
亚里士多德(Aristotle) 12,16—17,20—22,25,31,36—38,45—52,117,130,146,168
奥古斯丁(St. Augustine) 14,33,42,70,94—95,101—103,107,111,127,128—135,137,139—146,148,150—151,153,156,164
阿那克西曼德(Anaximander) 22
阿那克西美尼(Anaximenes) 22
阿佛洛狄特(Aphrodite) 28
阿蒙-阿(Ammon—Ra) 41
阿蒙(Ammon) 41
埃瑞斯多斯(Aristos) 48
奥尔巴赫(Erich Auerbach) 51,52
安布罗斯(Ambrose) 70
阿里阿德涅(Ariadne) 73
汉娜·阿伦特(Hannah Arendt)
奥提哲(Thomas Altizer) 122,124
阿奎那(Thomas Aquinas) 128

B

伯默(Wilhelm Böhm) 1
朋霍费尔(Dietrich Bonhoeffer) 6
本雅明(Walter Benjamin) 13,75—91,104,106,110—111,168
卡尔·巴特(Karl Barth)
阿兰·巴迪乌(Alain Badiou) 121
伯奈特(J. Burnet) 26
伯曼(Thorlief Boman) 53,54
布莱希特(Bertolt Brecht) 76—77
[大]勃鲁盖尔(Pieter [the Elder] Bruegel)
巴拉巴(Barabbas) 108
波克霍斯特(Jan van Boeckhors) 109
保罗(St. Paul) 3,11—13,75,82,88,106,113—120,140
勃雷东(Stanislas Breton) 114—115
博施(Hieronymus Bosch) 125
范布伦(John van Buren) 131
本宁顿(Geoffrey Bennington) 136—138,149,152
巴尔塔萨(Hans Urs von Balthasar) 147

C

康斯坦丁(Constantine) 5,117,124
卡普托(JohnD. Caputo) 8—10,13,94—96,98—110,112—117,120,148,149,152,154—157,162—163,168
卡罗尔(Lewis Carroll) 105
卡拉瓦乔(Michelangelo Merisida Caravaggio) 120
卡佩勒(Philippe Capelle) 135
克雷蒂安(Jean-Louis Chrétien) 147

卡尔森(Thomas A. Carlson) 163

D

德里达(Jacques Derrida) 3—4,8—9,
　11—14,35—45,47—53,56—59,61—
　68,72,75—78,84—96,98—105,107,
　109,112—115,117,120—122,128,
　129,134,139,145,147—156,158,
　161—168
德勒兹(Gilles L. R. Deleuze) 13,
　105,118
德莫斯提斯(Demosthenes) 15
第尔斯(H. Diels) 21—22,26
伪狄奥尼修斯(Pseudo-Dionysius the
　Areopagite) 153
德盖伊(Michel Deguy) 160—161

E

埃克哈特大师(Meister Eckhart)
恩培多克(Empedocles) 47
恩格尔(Ulrich Engel) 112
扬·凡·艾克(Jan van Eyc) 125
夏娃(Eve) 157

F

浮士德(Faust) 1—3,12,16,164
福柯(Michel Foucault) 13,121,123
弗里曼(K. Freeman) 26
费尔巴哈(Ludwig Feuerbach) 153

G

歌德(Johann Wolfgang von Goethe)
　1—2,12,16,164
伽达默尔(Hans-Georg Gadamer) 15—
　17,32,45,61,113
格思里(W. K. C. Guthrie) 18,24,
　26,117
高尔吉亚(Gorgias) 47
格列柯(El Greco) 55
高恩(Elijah Goan) 159
乔吉特(Georgette) 134,136

H

海德格尔(Martin Heidegger) 1,4,9—
　12,14—17,23—24,27—38,45,
　47,61,67,84,99—100,111—112,
　117,127—134,141,163—164,
　166,168
黑格尔(Georg Wilhelm Friedrich
　Hegel) 2—3,17,22—23,25,36,68—
　69,76,121—122,155
哈贝马斯(Jürgen Habermas) 7
赫拉克利特(Heraclitus) 9,11—12,
　17—21,23,25—27,30—32,71
哈德曼(Susan A. Handelman) 12,
　37,47,48,51,53,56
胡塞尔(Edmund Husserl) 13,33,
　40,42—44,62—69,74,78,104,
　128,141
哈曼(Johann Georg Hamann) 15—
　17,20,30
赫尔德尔(Johann Gottfried von
　Herder) 15
威廉姆·冯·洪堡(Wilhelm von
　Humboldt) 15
荷马(Homer) 24,25,28,52
希罗多德(Herodotus) 24
海伦(Helen) 24,28
赫希俄德(Hesiod) 25
荷尔德林(Friedrich Hölderlin) 29,
　79—80

何露斯（Horus）41
赫尔墨斯（Hermes）41
希尔德布兰德（Eduard Hildebran）124

I

伊索克拉底（Isocrates）47

J

雅斯贝尔斯（Karl Jaspers）1
约伯（Job）2,168
耶稣（Jesus）3—4,9—11,69—71,
83,97,99,102,106,108—109,111,
113—114,116,119,123,144,154—
155,157,162,164,167

K

克尔凯郭尔（Sören Kierkegaard）6,
35,111,143,148
基尔克（Geoffrey Steph Kirk）26
康福德（F. M. Cornford）26
卡夫卡（Franz Kafka）83
齐西尔（Theodore Kisiel）131

L

利奥塔（Jean-Francois Lyotard）6—
7,76,135,137
勒维纳斯（Emmanuel Levinas）14,56,
61—62,97—98,127—128,145—
146,158,159,160,162,168
利西阿斯（Lysias）47
路德（Luther）110—111,117,130
范德雷（Gerardus van der Leeuw）150

M

梅菲斯特（Mephistopheles）2
墨奈劳斯（Menelaos）24
马里翁（Jean-Luc Marion）34,85,
128,142,146,164,168
麦克基恩（Richard McKeon）46
马西昂（Marcion）69
莫里斯（Robert Morris）74
马拉美（Stephane Mallarme）79,87
保罗·德·曼（Paul de Man）75,88
麦考马克（Bruce Lindley McCormack）
93—94,97,103
麦格拉斯（Alister E. McGrath）
69,70
马尔罗（André Malruax）123
莫尼卡（Monica）134,136
马大（Martha）157
玛利亚（Mary）123,156—157
摩西（Moses）37,51,54—56,126,
154—155

N

尼采（Friedrich Wilhelm Nietzsche）4—
6,8,10,38,67—69,72,116—117,
121,167
南希（Jean-luc Nancy）14,158,160—
163,165
诺里斯（Christopher Norris）37
尼布尔（H. Richard Niebuhr）72

O

俄克阿诺斯（Oceanus）21
奥西里斯（Osiris）41

P

保罗(St. Paul) 3,11—13,72,75,82, 85,88,106,113—120,140
巴门尼德(Parmenides) 9,11—12, 25—30
柏拉图(Plato) 12,22,24—25,31—32,34,36—40,44—45,49,53,61—62,70—71,107,111,119,129—130,134,140,144,156,166
帕斯卡(Blaise Pascal) 33,34
皮尔士(Charles Sanders Peirce) 42
珀里菲洛斯(Polyphilos) 48
彼拉多(Pilate) 108
菲利普四世(King Philip IV) 124

R

罗宾斯(Jeffrey W. Robbins) 5, 11,112
保罗.利科(Paul Ricouer) 12
拉文(J. E. Raven) 26,123
卢梭(Jean-Jacques Rousseau) 36,44
罗蒂(Richard Rorty) 38
拉比(Rabbi) 37,51—53,55—58, 102,158,159
罗伊多威克兹(Simon Rawidowicz) 55,56
罗丹(Auguste Rodin) 60
罗兰·巴特(Roland Barthes) 121
伦勃朗(Harmenszoon van Rijn Rembrandt) 153,154

S

史密斯(James K. A. Smith) 7,10,35, 63,75,103,104,128,143,145,164
斯坦纳(George Steiner) 35,75, 91,93
索绪尔(Ferdinand de Saussure) 36, 42,65—67
斯特劳斯(Claude Lévi-Strauss) 44
肖洛姆(Gershom Scholem) 76,81
斯皮瓦克(Gayatri Spivak) 89
西门(Simon) 108
斯多克(Brain Stock) 93,140
苏佩维埃尔(Jules Supervielle) 147

T

泰勒(Mark C. Taylor) 6,13,21—22,58,69—74,105,120—124,168
泰勒斯(Thales) 21—22
蒂希斯(Tethys) 21
忒勒马斯科斯(Telemchos) 24
修昔底德(Thucydides) 25
泰悟特(Theuth) 39,41,44
塔姆斯(Thamus) 39,41
透特(Thoth) 41
太拉旦(R. Haninah ben Teradion) 58
忒修斯(Theseus) 73

V

瓦蒂莫(Gianni Vattimo) 4—5,10, 112—113
维拉斯奎兹(Diego Rodriguez de Silvay Velazquez) 123,124,126
沃尔泰拉(Daniele da Volterra) 137,139
沃洛日涅(Hayyim Volozhiner) 158—160
瓦莱里(Paul Valéry) 162

W

沃德(Graham Ward) 13,76,93—94,96—99,101,103—104,168

Z

齐泽克(Slavoj Zizek) 3,11,13,30,59,94,107,148,150,164

后 记

　　这本书的原稿是我的博士学位论文,毕业后经过修改、补充成为目前的样貌,而能有机会付梓出版则源于教育部人文社会科学重点研究基地项目"当代神学与人文学的交叉概念及学术对话"的项目基金资助。因而,我首先要感谢我的导师杨慧林教授,杨老师的言传身教,给予了我莫大的帮助和鼓励,更是一种鞭策,师恩如海,难以言表!同时衷心感谢台湾辅仁大学黎建球教授!在辅仁大学近两年的博士后研究,令我可以进一步地深入思考学位论文中触及到的重要议题,并延伸出新的问题意识。特别感谢耿幼壮教授多年来的关心与帮助!

　　感谢北京大学赵敦华教授、清华大学王晓朝教授、中国人民大学曾艳兵教授在博士论文答辩会上中肯而宝贵的建议。感谢夏可君老师、杨煦生老师、杨恒达老师、范方俊老师在我论文写作过程给予我的启发与帮助,感谢黄克剑老师、雷立柏老师,这些师长们严谨的治学态度与生动的课堂讲解令我收益匪浅。

　　本书的研究工作从博士学习阶段开始,直至今日可以出版,许多资料的收集得益于加拿大英属哥伦比亚大学维真学院为期半年的学习,因而,我特别要感谢那里的师长:许志伟教授、潘玉仪老师。此外,还要感谢厦门大学人文学院周宁教授的大力提携。

　　本书的部分篇章发表于《道风:基督教文化评论》、《哲学与文化》、《汉语基督教学术论评》、《基督教文化学刊》、《基督教思想评论》等学术刊物上。得到了沈青松教授、曾庆豹教授、曾念粤教授、杨熙楠教授、林子淳教授及各位编审的悉心指导,特此致谢。

　　另外,在博士学习阶段,许多同学与朋友给予我关心与鼓励,感谢室友赵奉蓉,以及张靖、王涛、郑鹏、汪海、葛体标诸位同学。

　　求学这些年来,家人的爱与支持始终是我前进的动力,因而,我要感谢我深爱的父母以及我的先生杨慧,论文写作中他的那些建议与讨论使我得以一遍遍的思考与修改,而求职重任的分担更是使我得以全力投入论文的写作。

最后，我真心期待各位专家与学者对于拙著的批评与建议。

芮欣
2013 年 4 月 18 日于厦大